# 数字城乡融合

## ——新媒介、新空间、新路径

贾雯霞 著

厦门大学出版社
XIAMEN UNIVERSITY PRESS
国家一级出版社
全国百佳图书出版单位

图书在版编目（CIP）数据

数字城乡融合：新媒介、新空间、新路径 / 贾雯霞著. -- 厦门：厦门大学出版社，2023.10

ISBN 978-7-5615-9151-2

Ⅰ. ①数… Ⅱ. ①贾… Ⅲ. ①数学技术-应用-城乡建设-研究-中国 Ⅳ. ①F299.21-39

中国版本图书馆CIP数据核字(2023)第187590号

出 版 人　郑文礼
责任编辑　刘　璐
美术编辑　张雨秋
技术编辑　朱　楷

出版发行　厦门大学出版社
社　　址　厦门市软件园二期望海路 39 号
邮政编码　361008
总　　机　0592-2181111　0592-2181406(传真)
营销中心　0592-2184458　0592-2181365
网　　址　http://www.xmupress.com
邮　　箱　xmup@xmupress.com
印　　刷　厦门市明亮彩印有限公司

开本　720 mm×1 000 mm　1/16
印张　15.25
插页　1
字数　270 千字
版次　2023 年 10 月第 1 版
印次　2023 年 10 月第 1 次印刷
定价　69.00 元



厦门大学出版社
微信二维码

厦门大学出版社
微博二维码

# 前　言

## 一、研究源起

当前，数字化技术已经成为驱动全球经济社会发展的关键力量。以5G、大数据、人工智能为代表的新一代信息技术日益深入赋能城市与乡村的各个领域和环节，深刻改变着城乡生产和居民生活方式。在城市，智慧城市的建设作为新一轮科技和产业革命浪潮的基点，是实现城市治理现代化的生动诠释；在乡村，农业领域从20世纪80年代开始就引入信息化，几十年来积累了大量经验。当前新一代信息技术创新空前活跃，伴随着网络化、信息化和数字化在农业农村经济社会发展中的应用，以及农民现代信息技能的提高，数字乡村建设应运而生，并成为乡村振兴战略的方向，数字中国建设正在路上。

**1.城乡融合发展的意义解读**

现阶段推进城乡融合发展，有着现实而深刻的时代背景和重大深远的历史意义。这既是破解新时代社会主要矛盾的关键抓手，又是现代化的重要标志，也是促进发展的强大动力。稳步推进城乡融合发展是实现农业农村现代化的必由之路，也是提升国家治理体系和治理能力的现代化发展应有之义。随着大数据、区块链、人工智能、移动互联网等数字技术的迅猛发展与广泛应用，数字乡村和智慧城市的融合成为数字时代新型城乡关系建构的焦点议题。数字技术的兴起和发展不仅促进了城乡社会资源的挖掘、放大和利用，亦助推着传统城乡经济发展关系、政策赋值关系、文化观念关系和治理空间关系的解构与重构。①

中国的城市与乡村是一个有机体，二者相互依存、相互融合、互促共荣。

① 陈潭.数字时代城乡融合发展的着力点与新路径[J].人民论坛·学术前沿，2021(2)：19.

《中华人民共和国国民经济和社会发展第十四个五年规划和2035年远景目标纲要》强调："农业基础更加稳固，城乡区域发展协调性明显增强。"这对"十四五"时期推动城乡融合发展提出了新的更高要求。增强城乡发展协调性，要从乡村和城市两方面着力，健全城乡融合发展体制机制。[①] 由此可见，城市与乡村的互动与融合是当下社会中很重要的一组关系。

在农业占主导地位的传统社会中，乡村往往是社会的主体部分，而在产业化的现代社会中，城市会成为社会的主体部分。但无论是传统社会还是现代社会，我们都不难从中同时发现乡土性和城市性。费孝通先生所描述的中国基层乡村社会的一些基本属性，被扩大为中国整体社会的本质特征，中国城镇社会、城乡关系的传统及传统的城市性等，相应被忽略。长期以来，将中国社会的传统性归结为"乡土性"，遮蔽了城市性对中国社会发展的重要作用，在当前中国社会卷入世界范围内城市化进程的新形势下，这种论调极大地限制了学术研究对中国社会的解释力。[②] 在传播研究中，必须打破以上提到的二分法，中国社会的乡土性和城市性应该同时被看见。

**2.数字时代面临的新机遇**

数字时代，城乡融合发展面临着新的机遇。数字技术正成为破解城乡分治、推进城乡融合发展的重要驱动力量，技术的介入为城乡融合发展带来了全新动力，成为基础的技术支撑。数字技术也造就了新的媒介形态和传播在场的多元情境，如同城乡间飞架起的"数字桥梁"，深刻地影响着城乡间各要素及配置，并催生出新经济形态、新产业形态，成为引领城乡融合发展的主要着力点。数字技术作为"桥梁"的功能正说明了传播的意义——作为中介而存在。传播在数字时代的城乡融合中发挥的作用越来越重要并且多元，涌现出大量的数字传播与公共文化实践，这些实践层面的创新也提醒学术研究领域需要正视数字技术、关注数字实践并能从传播学理层面认知和批判数字传播实践，推进传播学的理论创新。

数字化发展背景不仅为城乡各自发展带来新变化，而且使得城乡的互动与融合发展面临更多的新场景、新机遇以及新挑战。对城乡融合发展以及城乡关系的研究，已经集合了大量学科的、从不同角度切入的研究成果，

---

① 黄锟.走城乡融合发展之路，增强城乡发展协调性[N/OL].(2021-04-12)[2021-11-30].http://opinion.people.com.cn/n1/2021/0427/c1003-32088870.html.

② 孙玮.城市传播的研究进路及理论创新[J].现代传播，2018(12)：36.

尤以社会科学、管理学、政治学、经济学等学科的成果居多。而基于当下传播学研究的范式创新，如果从城市传播研究的角度来审视，传播是一种日常生活实践，是生产性与构成性的——构成社会及主体的基础性要素。城市传播为我们提供了一种新的视野和思维逻辑去重新考察媒介的历史，重新思考媒介、传播和人的关系，立足中国本土化的历史与经验，在城市化、新技术、全球化浪潮互相激荡的时代，重建传播与人的根本性关系。[①] 城市传播中的媒介，涵盖连接、中介、居间，是一种打破两元的存在；媒介除了是常识意义上的“载体”“渠道”“工具”之外，还是生产性的——参与意义的生产；媒介除了特定历史阶段指专业化、建制化的大众媒介机构以外，当环境发生变化时，媒介的意义会发生拓展，城市作为交流系统，本身就是一种媒介，它关联了人与人，人与自然，人与实体、虚拟世界的多重关系。[②]

当然，以上对媒介的释义中，乡村并没有被排除在外，原先的隔离主义的城乡观必须被打破，并从流动关系的视角出发，重新审视传播中的城乡关联。城市传播并不是在“与乡村对立的城市”中的传播，而是一种新的传播形态，它体现了城市作为汇聚、并置、交流之所的特点。城市传播已然超越了空间界限，在一个更为开放、流动的网络中建构或者解构关系，是与当今社会、技术形式更为契合的传播方式。[③] 同时，乡村传播也不是碎片化学科分野中的乡村传播研究，而是有乡村视野的中国传播研究。在当前的乡村振兴大背景、发展中国家的城乡融合互补的发展契机下，这个语境中的传播学者应该有所作为，以一种学者的使命感和自觉性投身于历史发展的大潮大浪，结合中国的实践和国情有所探索。[④] 传播学者应该从自己的主体性问题意识和实践品格出发，突破被置于城乡分隔或对立的空间场景中的城市传播与乡村传播，重新理解“在城市中”“在乡村中”的传播——城乡关联需要传播学的重新审视。因此，在新的城乡传播研究实践中，需要从展现城乡互联、复杂交融的关系中关注城市与乡村，打破以往的城市传播、乡村传播被习惯性置于城乡分隔或对立的空间场景中的“隔离主义”的城乡观，致

---

① 孙玮.城市传播的研究进路及理论创新[J].现代传播，2018(12)：38-39.

② 孙玮.城市传播的研究进路及理论创新[J].现代传播，2018(12)：36.

③ 谢静.连接城乡：作为中介的城市传播[J].南京社会科学，2016(9)：108.

④ 赵月枝.乡村振兴与新闻传播研究前沿[EB/OL].(2021-07-24)[2021-11-30]. https://mp.weixin.qq.com/s/a_WVfyujWV5lnsw0vaFcrg.

力于对数字时代的城乡融合进行传播学审视，从流动关系视角出发，从城乡关系视角和历史实践中发掘资源，在城乡融合道路中创新发展，并着眼于"智慧城市""乡村振兴""数字城乡融合"等政策背景，为建立城乡新型关系提出传播学的主张，得出有时代特色和现实需求的学术回应。这不仅关涉中国道路的未来，更关乎人类命运共同体的未来。

**3.传播学迎来研究范式之变**

长久以来，以技术媒介为渠道和导向的大众传播几乎占据了传播学理论研究的全部视野，传播研究长期以来有重内容、轻媒介的倾向。造成这一现象的原因不外在于人类社会发展，特别是在信息获取方面的技术崇拜，以及传播学的母体——社会学理论研究中空间观念长期以来的缺失。20世纪60年代，西方国家由于战后城市生活和思想斗争的迅猛发展带来的巨大激荡而产生了诸多严重的社会问题，频发运动，这促成了社会学理论的空间转向，空间得以被看见。在数字时代城乡融合命题域中，探讨技术影响下新城乡空间的媒介意义，及其在推动融合方面的积极作用，具有传播学和媒介研究的重要学术价值。

美国实用主义哲学家杜威曾经在他的作品中展示出他对传播仪式观的理解："在共同(common)、社区(community)、传播(communication)这三个词之间，有一种比字面上更重要的联系——人们由于拥有共同的事物而生活在一个社区里。即使他们之间拥有共同事物的途径，也必须有共有的事物，包括目标信仰、知识渴望。这种共同的理解，也就是社会学家所说的想法一致(likemindedness)，这种东西不可能像传递砖块那样靠身体一个人传给另一个人，也不可能像人们分吃一块馅饼那样切成小块来分享。——共识需要传播。"①

詹姆斯·W.凯瑞在谈到传播的文化作用时说道，传播是人类共处的基础所在，它产生了社会连接，无论是真情还是假意，它把人们连接在一起，并使相互共处的生活有了可能。正是因为分享信息的凝聚力在一个有机的系统内循环，社会便成为可能。② 城市传播的研究也在践行这种范式之变：城市传播深入挖掘城市本身的特质、动力，建立传播与城市历史的、理论的、现实的内在勾连。摈弃将城市仅仅视为传播实践发生的容器、仅仅作为传播

① 杜威.经验与自然[M].傅统先，译.南京：江苏教育出版社，2005：108.

② 詹姆斯·W.凯瑞.作为文化的传播[M].丁未，译.北京：中国人民大学出版社，2019：21.

学一个具体经验对象的做法，力图开掘城市中的传播要素。力争在人类社会逐步迈入城市世界时，探究传播与人的存在、与社会发展的根本性关系。①

将这种对传播突破内容、渠道限制的功能探讨放置到当前数字城乡融合的实践，我们可以理解为：基于传播建立一种共同的社会连接和共享系统，这对于城乡融合的研究具有重要的意义。除了在政治学、经济学、社会科学、区域管理等学科研究方面的合力之外，传播学在这个问题中的学术贡献也非常值得关注。

## 二、研究内容

本书力求理论与实践相结合，以社会学、传播学、文化地理学、文化研究、技术哲学、城市传播等学术理论和概念为基础进行研究，在数字化发展以及乡村振兴等经济政策背景下，为读者充分展示数字时代城市与乡村新发展、新融合的理论及个案，提供在数字时代观察城乡互动交融的新视角，梳理并发现城乡融合的新特征与新思路。全书按照以下脉络展开：

第一章对当前的数字时代进行分析，力图展示当下城乡关系发展和学术研究的新背景与新机遇。这其中包括厘清数字经济、智慧城市与数字文化产业等概念，以及阐明背景与环境的变化给城乡融合关系带来的改变。

第二章着眼于理论梳理，基于当前数字时代下传播范式更新以及当前城乡融合前沿的实践特点，对“数字城乡融合”这一命题中涉及的学术理论和学术概念进行全面综述。可借鉴的理论涉及传播学、社会学、文化地理学、媒介学等学科；进一步可以从城市传播、乡村传播、空间研究、技术哲学等领域和角度去审视和思考。第一节从理论上确定传播学关注城乡融合的必要性与合理性——此处从传播学最重要的流派之一媒介环境学的学术宗旨和研究说起，同时也说明了本研究的合理性和可行性。第二节则从与“数字城乡融合”关系密切的学术理论说起，既有社会学对城市、乡村的关注，又有文化地理学对城乡空间的研究；既有城市传播对城乡的综合考量，也有依据媒介学理论对媒介“中介作用”的进一步拓展，以及包括当前乡村传播研究的学术进展及其研究内容。众所周知，技术对媒介和传播生态的影响非

① 孙玮.城市传播的研究进路及理论创新[J].现代传播，2018(12):32.

常大，所以第三节从技术哲学的角度思考，对技术进行理论性的考量和评析，以期对数字城乡融合能有更全面深入的洞察。

第三章致力于对数字技术应用前后发生分离的中介化过程进行观照，并突出对媒介的重视——关注从传统媒介到新媒介，是如何创造和开启了人与城市之间的新关联。前数字化时代，媒介更多的是通过感知-再现模式影响实践。而在当前的数字化时代，媒介成为社会系统及运作机制的传导器和转换中枢，开启了媒介勾连社会的新方式。从传统媒介到新兴数字媒介，媒介作为中介化过程的形态和功能变迁，彰显了城乡融合中传播发展的新特点。这一章节包含了笔者从传统媒体时代就持续关注的部分媒介，如福州本土的"福建 FM913 汽车音乐广播"，分析其如何联结人与空间，创造新关联、新交往；还包括福州本土微电影、社交媒体、影视剧，以及数字时代的自媒体、短视频，从乡村题材影视剧以及乡村短视频的发展和内容中，寻找基于城乡融合叙事的内容。整个章节通过对媒介中介机制的探寻和展示，试图发现和前瞻媒介作用的嬗变。

第四章与第五章主要从空间媒介价值的角度开展研究。社会学与地理学的最终联手具有十分明显的学术与实践意义——它为人类社会的问题研究提供了空间角度的认知。历史决定论一直占据主流的社会学思想体系，使人们习惯于从历史溯源中解读当前的困惑。事物的发展固然有其时间的累积性和因果联系，但空间要素的加入则给予了历史缘由以准确定位。福柯指出，我们这个时代的焦虑，主要与空间相关，而与时间无甚关联。[①] 对空间价值的忽视和滥用会导致城乡面临恶化的环境、无度的扩张，以及种种社会问题，因而从空间角度的警醒和反抗亟待进行。尤其在数字时代，城乡空间纯粹地理学上的意义在技术的侵袭下已然被消解，"人类合作网络的维系将依赖于这一空间的配合"。是任由技术将这一网络虚拟化、冷漠化，还是重新强调空间的媒介作用，建立起健康的社会共同体？对城乡融合中的空间重要性的反思非常迫切。

在第四章中，笔者主要着眼于福州城市中的各类新空间的分析研究，这些空间包括福州知名的三坊七巷老街区景区、福州古厝聚落、福州新兴的沉浸式怀旧空间"M17"广场、福州新公共休闲娱乐空间"大众茶馆"和推动福

---

① Edward W. Soja.第三空间：去往洛杉矶和其他真实和想象地方的旅程[M].陆扬，等译.上海：上海教育出版社，2005(8)：199-200.

州红色文化传播的各类红色古迹、展览空间，以及无人机构建的新数字空间等。通过分析新传播技术背景下，此类新型空间建构新阅听体验方式的新路径，本章研究分析了以这种新型的阅听和媒介接受方式为基础的各种城市公共设施和文化实践如何开展，以及如何在中国的城市场景中建立新“共同体”文化精神，如何建构新型社会交往关系，进而阐释这种新型的文化实践对于城乡公共生活的意义和价值，挖掘出新空间更多的媒介和文化意义，探求其在融合发展中的更多可能。

在第五章中，笔者则把目光聚焦在乡村，探寻“乡村新空间作为媒介”的作用发生机制。本章主要以福建乡村为例，笔者从自己所在的高校“乡村文化研究院”的研究项目出发，结合自己的田野经历，收集研究了众多的乡村振兴以及传播案例，这里面涵盖了通过艺术介入振兴乡村的屏南县龙潭村，通过在地文化研学项目的设计推广促进融合的泉州市永安村，通过传说文化资源的发掘助力乡村振兴的屏南县后章村，通过“非遗＋乡村振兴”打造出的剪纸文化发展特色村——宁德市柘荣县靴岭尾村，以古民居、博物馆为载体传播农耕文化、打造新融合空间的屏南县漈头村，以特色产业文化作为融合媒介的屏南县北墘村等几个经典案例。这些案例反映了福建的乡村围绕自身条件、在地文化、产业特点等独特的资源优势努力探求走出特色乡村振兴之路的努力。本研究将福建乡村放置在数字城乡融合的背景下，重点关注其结合数字时代背景的新范式、新思路，及其乡村振兴措施中促进城乡融合的传播与文化意义。

在前面研究的基础上，笔者在第六章总结提炼出数字时代下城乡互动与融合的路径、特征以及规律的关键词。第一，媒介在城乡融合发展和信息传播中的基础与核心的关键地位仍要得到重视，并进一步强调传播学在城乡融合等社会问题上的研究和在场作用不能被削弱。从传统媒体到地理媒介，不管媒介的范畴如何拓展、如何在内容与载体内部发生着研究的偏向，媒介作为核心的载体这个地位始终不变。因此，在“数字城乡融合”的新语境下仍应关注媒介从内容到渠道的建设，包括原有的媒体、各类数字化平台，以及城乡各种空间媒介，并在规划和使用中都更注重融合的功能和属性的设置。第二，文化作为城乡互动融合对话的智力支持和底层逻辑，须谨防在融合发展中被遮蔽和遗失。互动与融合致力于消灭信息与技术鸿沟，但是绝不能以特色本土文化的消失为代价，这不论是对城市还是对乡村都具有警示作用。在融合发展中，既要建立可融合、可对话的动态新型文化形态，也要保护城乡各自的文化在地特性，不能在无序挪用中被同化。第三，要围绕技术发展而进行批判和反思。一方面，需要厘清技术与人的关系，不能盲目倚重技术而无视人的主体性，这方面技术哲学研究中包括基特勒(Fredirch Kittler)、贝尔纳·斯蒂格勒(Bernald Stiegler)等学者的观点都可以给我们启发和思辨的依据。另一方面，在面对技术发展的迅猛浪潮时，地方政府组织与人的媒介素养的提升也是必须考虑到的部分。

## 三、研究创新

本研究的创新点在于：

从数字智慧城市、数字乡村发展背景以及涉及的概念入手，同时结合国际、国内先进的理论和学术概念，对当前我国城市与乡村发展的数字化进程进行审视。

梳理了数字化时代的政策、环境和技术变化，分析了其为城乡融合互动带来的新要求和新挑战，力图为数字时代城乡融合发展提炼出新问题，找到新经验、新方向和新路径；强调传播学在城乡融合等社会问题研究中的“在场”。本研究分析了“数字城乡融合”这一命题中涉及的学术理论和学术概念，涉及传播学、社会学、文化地理学等学科，以及城市传播、乡村传播、空间研究、媒介学、技术哲学等概念和思潮，综合运用跨学科的理论，站在突破学科边界的立场，去发现和研究当下城乡实践中的“传播问题”，打开了传播研究的视野，丰富了中国现实实践中的传播研究理论成果。

确立了媒介在城乡融合发展和信息传播中的基础与核心的关键地位，从传统媒体到数字媒介、地理媒介，关注到了媒介的内容、形态、载体与范畴的变迁，强调“数字城乡融合”的新语境下以“泛媒介”视角重新审视媒介建设的重要性。

致力于发现城市与乡村中的各类媒介构建传播、关系的路径和方式，寻找数字媒介与城乡新空间下衍生出的更多传播新场景，如三坊七巷的城市空间意义与空间拓展，各种传统空间的数字化再造与再现，乡村中的新空间在促进交往和行为方面的媒介和融合意义等。这些符号系统的建构和传递中的大量崭新的实践，尤其是与数字技术相结合的案例，从媒介内涵在不同历史场景的传播实践中的变化入手，根据地方媒体的行为一一展示传播实例，考察各种有意义的符号形态被创造、被理解和被使用的过程。我们建构、维系、修正、改造现实的努力是发生在历史中的可以公开观察的行为，我们通过对各种符号系统的建构来创造、表达、传递关于现实的知识和对现实的态度，这些符号系统，包括艺术、科学、新闻、宗教、常识乃至神话传播。技术的变迁也在影响着我们的创造与理解。① 这些出现于当下城市与乡村的新空间、新交往、新体验，都是数字时代下城乡融合的新尝试和新途径。城乡当下的关系以及未来融合的一些更多的可能和机制就在这种建构中得以被再现与观照。

另外，本研究始终强调文化对于城市与乡村都适用的作用，并始终践行将文化视作城乡互动融合对话的智力支持和底层逻辑。同时，注重对技术的批判，一方面，需要厘清技术与人的关系，不能盲目倚重技术而无视人的主体性，呼吁人们辩证看待技术，关注具身性实践的价值；另一方面，提出在面对技术发展的迅猛浪潮时，地方政府组织与人的媒介素养的提升也是必须考虑到的部分。

综上，本研究基于传播学研究的前沿理论和范式，审视中国当下“数字城乡融合”的现实实践，对城乡融合中的各种媒介行为做出传播学的回应，并为数字时代下建立城乡新型关系提出传播学的主张。

① 詹姆斯·W.凯瑞.作为文化的传播[M].丁未，译.北京：中国人民大学出版社，2019：29.

# 目　　录

# 第一章　数字时代：城乡融合研究的新背景与新机遇

中国的城市与乡村是一个有机体，二者相互依存、相互融合、互促共荣。《中华人民共和国国民经济和社会发展第十四个五年规划和2035年远景目标纲要》强调："农业基础更加稳固，城乡区域发展协调性明显增强。"这对"十四五"时期推动城乡融合发展提出了新的更高要求。增强城乡发展协调性，要从乡村和城镇两方面着力，健全城乡融合发展体制机制。[①]

数字时代，城乡融合发展面临着新的机遇。数字技术正成为破解城乡分治、推进城乡融合发展的重要驱动力量，技术的介入为城乡融合发展带来了全新动力，成为基础的技术支撑。数字技术也造就了新的媒介通达与传播在场情境，如同城乡间飞架起的"数字桥梁"，深刻地影响城乡间各要素及配置，并催生出新经济形态、新产业形态，成为引领城乡融合发展的主要着力点，在城乡融合中发挥的作用越来越重要。

## 第一节　数字时代城乡融合发展与关系建构的研究意义

数字技术带来了社会发展、建设、结构、观念等全方位的变化，日益成为社会学研究的重要命题，研究主要围绕数字社会建设的路径与机制、数字时代社会结构以及各类关系的发展与建构、数字时代的社会观念和文化变迁等领域，探究数字技术与社会发展的关系。尤其新冠肺炎疫情暴发后，数字技术在构建新的人际沟通、国家治理、社会治理、文化传播环境等方面的作用越发凸显，与传统社会运行模式结合，打造了线上线下联动的运行机制，

① 黄锟.走城乡融合发展之路，增强城乡发展协调性[N/OL].(2021-04-27)[2021-11-02].https://politics.gmw.cn/2021-04/27/content_34798604.htm.

促进了资源配置的有效性、精准性，成为促进社会整体高效运转的牵引性工具。根据《中华人民共和国国民经济和社会发展第十四个五年规划和2035年远景目标纲要》，“十四五”时期，积极应对人口老龄化国家战略、提高全民数字技能、加强数字社会数字政府建设、提高数字治理能力等应作为社会学研究的长期重点。

数字技术亦是一把双刃剑。数字技术迅猛发展以及带来的“自动化社会”（斯蒂格勒）的出现，导致了各种关系顽疾和各类鸿沟的出现，如知识鸿沟、消费鸿沟、认知鸿沟等。另外，人在数字化、智能化浪潮中出现的深度思考能力的退化，主体性与参与性的降低，城乡文化传播中的沟通壁垒，城乡经济协调发展中面临的政策性、结构性等失衡难题，城乡治理面临的空间区隔等，均是数字时代城乡融合发展中必须直面的问题。本章梳理与数字时代城乡融合发展相关的数字技术关键领域和关键词，从数字化讲起，内容包括数字经济、数字文化经济、智慧城市与数字乡村等。因为本书主要从传播与文化的视角来研究数字城乡融合，所以特别加入了对数字文化产业的分析。

## 一、数字经济与数字文化经济的兴起和发展

### （一）数字经济的发展对创意经济产生巨大影响

数字经济强劲的生产能力，使得数字经济成为当前全球经济增长的关键词。2016年《20国集团数字经济发展与合作倡议》中定义数字经济的用语如下：数字经济是指以使用数字化的知识和信息作为关键生产要素，以现代信息网络作为重要载体，以信息通信技术的有效使用作为效率提升和经济结构优化的重要推动力的一系列经济活动。在这个概念下，数字经济时代具有三大特征：第一，数据成为推动经济发展的关键生产要素；第二，数字基础设施成为新的基础设施；第三，供给和需求的界限日益模糊。[①]

我们可以通过华为、牛津经济研究院的一组研究，来了解数字经济的发展现状。数字经济近年来迅速发展，在发达经济体中的GDP占比为18.4%，而在发展中经济体中的GDP占比仅为10%。尽管如此，主要的发展中经济体（如中国、马来西亚和智利）对数字资产的积累和使用仍可比肩发达经济体，即

① 郭顺义，杨子真.数字乡村：数字经济时代的农业农村发展新模式[M].北京：人民邮电出版社，2021：3.

便是数字化程度极低的国家,数字经济亦愈发重要,这意味着数字技术已成为全球经济的重要组成部分。①

美国著名的科学哲学家托马斯·库恩在他的范式理论中很早就论证过,"科学革命"实质上是"范式转换":范式的变革不可能是单纯的知识积累,而是量变到质变的创新和飞跃。这种变革是对原有秩序的突破与反叛,过去在工业和技术领域处于下风的发展中和欠发达经济体反而在适应数字化方面更为灵活,因为数字化手段直接填补了原本社会生活中缺乏的部分。全球数据流(数字数据的发送,包括流媒体、监控设备实时发送数据和实时通讯)的增长速度已经超过了贸易或者资金流的增长速度。② 数字技术的发展,创建了新产品和服务,也通过提高生产率或降低与传统商品和服务流相关的成本,减少了障碍,间接增加了传统行业的价值。目前谈论较多的数字技术包括互联网、人工智能(AI)、增强和虚拟现实技术(AR/VR)、数字平台和区块链技术。华为的一项研究提出了"数字溢出"(digital spillovers),认为数字技术带来巨大的经济价值:过去 30 年中,数字技术投资(ROI)每增加 1 美元,便可撬动 GDP 增加 20 美元;而 1 美元的非数字技术投资仅能推动 GDP 增加 3 美元。由此可见,数字技术投资的长期回报率是非数字技术投资的 6.7 倍。全球数字经济在 2016 年产值为 11.5 万亿美元,占全球 GDP 的 15.5%。过去 15 年间,数字经济的增速是全球 GDP 增速的 2.5 倍,相比 2000 年,规模几乎翻了一番,其中美国占 35%,中国从 4%增至 13%,日本占 8%,欧洲经济区约占 5%。这一趋势在当下仍在高速上扬。③

数字技术的应用已经深入影响到具体产业。以创意产业为例,人工智能(AI)可改变创意内容的价值链,通过学习和分类用户的偏好来帮助创作者更有效地将内容与受众匹配,从而使提供商能够推荐专门定制的内容。人工智能被用于创意产业内容创作,包括音乐、艺术、时尚和电影,大幅降低专业门槛和成本,增强用户体验。再以新闻行业为例,美联社利用人工智能帮助记者释

---

① Digital Spillover: Measuring The True Impact of The Digital Economy [EB/OL]. (2017-09-05) [2021-05-01]. http://www. huawei. com/minisite/gci/cn/digital-spillover/index.html.

② Digital Trade and U.S.Trade Policy[EB/OL].(2019-05-21)[2021-05-01].https://fas.org/sgp/crs/misc/R44565.pdf.

③ Digital Spillover: Measuring The True Impact of The Digital Economy [EB/OL]. (2017-09-05) [2021-05-01]. http://www. huawei. com/minisite/gci/cn/digital-spillover/index.html.

放了大约20%的时间，并将产出增加了10倍；中国腾讯新闻使用智能写作系统，一年写作字数2.4亿字，输出稿件107万篇，该部门采用的全自动短视频生成算法引擎，每天可以生产1000条短视频。① 在文化旅游行业，互联网和人工智能技术的运用有力促进了旅游目的地实时监测游客数据、智能化展开景点的游客流量管理等业务，也优化了用户体验。同时，数字技术的运用也开拓了文旅新业态。新冠肺炎疫情刚暴发的2020年年初，在旅游业以及各种传统文化行业受到重创的至暗时刻，该行业内部应用互联网技术、VR、云直播等新数字技术，通过“云逛展”“云旅游”等形式，打造新型旅游产品和体验，增强用户的参与感，既保持了旅游产品的持续传播，又拓展了文化旅游体验的边界。如2020年3月，武汉市委宣传部、武汉市文化和旅游局与百度联合推出“云游·春光中的武汉”项目，通过百度搜索引擎、好看视频等产品平台，对武汉知名景点元素黄鹤楼、东湖、樱花等进行慢直播，用镜头让全国观众云见证了武汉结束封城、全面重启的关键时刻，为解封复苏后的武汉乃至整个湖北旅游行业的重振积蓄了力量。该项目因搭载数字技术，与百度合力，发挥出多渠道生态资源优势，通过媒体资源矩阵并结合直播、图文话题等多种数字内容，实现了多层次、高频率的人群覆盖，既有高曝光率又有高口碑与人文性，更是获得了第12届金鼠标·数字营销大赛移动营销类的金奖。

### （二）数字文化经济的兴起概述

科技迅猛发展，加上国家数字经济发展规划等方面的政策红利、新冠肺炎疫情带来的变局，以及“新基建”等工程推动等因素的作用，文化和科技正在走向深度融合。这种深度融合带来了文化产业消费模式、生产方式和产业边界的变量革新和增量释放，文化和科技融合催生“数字文化经济”的新经济形态，成为文化和科技融合未来的发展方向，而这个发展方向与城乡融合、文化传播的关联是非常密切的。

对于数字文化经济的定义和核心特点，腾讯研究院与清华大学文化创意发展研究院在2021年推出了《文化科技融合2021：迈入数字文化经济时代报告》，报告中有着非常前沿与深入的论断。该报告关注到“文化与科技融合”成了近年来政策的热点领域，党中央、国务院和各部委连续出台相关政策，从顶

---

① The Impact of Emerging Technologies on the Creative Economy [EB/OL].(2018-06-23)[2021-05-01]. https://weforum.org/whitepapers/creative-disruption-the-impact-of-emerging-technologies-on-the-creative-economy.

层设计上推进文化科技融合的进程。从2017年文化部发布的《关于推动数字文化产业创新发展的指导意见》，到2019年科技部等六部门出台的《关于促进文化和科技深度融合的指导意见》，再到2020年文旅部发布的《关于推动数字文化产业高质量发展的意见》等，有效地加快了我国文化与科技的融合进程，加深了文化与科技的融合程度，提高了我国文化产业和文化事业的数字化水平。

2020年，习近平总书记在湖南考察时，更是明确指出："文化和科技融合，既催生了新的文化业态、延伸了文化产业链，又集聚了大量创新人才，是朝阳产业，大有前途。谋划'十四五'时期发展，要高度重视发展文化产业。"显而易见，文化与科技融合产生的数字文化经济和新文化业态，是"十四五"期间的重点产业，而在城乡融合的命题中，也将是重要的破题之策。

文化与科技的深度融合带来文化产业、消费模式、生产方式和产业边界的变量革新和增量释放。文化科技融合将催生数字文化经济的新经济形态，成为文化科技融合未来的发展方向。数字文化经济的核心是数字文化企业是按照市场细分、产品制造类别聚集起来的相似产品和服务的供给主体的集合，核心关注点在文化产业内部范畴。数字文化经济是数字经济与文化经济深度融合的新经济形态，关键特征是将"科技"与"文化"这两个渗透到经济社会运行各个环节的变革力量和影响因素纳为一体，使数字文化产业超越文化产业边界，与其他行业深度融合，真正成为"五位一体"发展格局的重要组成部分，凸显文化的重要位置，经济社会进入智能化运行状态的新型经济形态。①

在数字文化经济时代下，数字科技催生更多新文化业态和新消费模式。文化产业数字化，推动文化的深层次结构性改革。数字文化资源作为生产要素，深入泛文化行业，推动文化经济与数字经济深度融合。这些变化和特征都将在城乡文化传播与城乡融合发展的领域中带来巨大的变化，提供新的实践案例。

数字文化经济的四大核心特点，包括文化的要素化生产、创意的工业化转化、消费的沉浸化重塑和文化的价值化引领。这四大核心特点的第一要义就是文化的要素化生产，是指文化作为生产要素进入更多行业，文化的要素化

---

① 腾讯研究院和清华大学文化创意发展研究院联合课题组.《文化科技融合2021：迈入数字文化经济时代报告》重磅发布[EB/OL].(2021-03-18)[2021-07-20].https://new.qq.com/omn/20210318/20210318A0B9V600.html.

生产使得“文化＋”成为行业标配。数字技术、数字创意手段、数字传播工具等方式助力文化资源转化为数据资产形态的生产要素，注入更多行业的生产要素之中，成为更多行业的标准配置，从而打破文化产业边界，推动文化要素与实体经济融合发展，形成文化资源—文化要素转化—实体产业融合的产业链条。现阶段，文化要素化主要以“文化 IP＋”“文化内容＋”等路径实现。[①]

## 二、数字化与城乡融合的结合可行性以及应用路径

当前，新一代信息技术空前活跃，在城市与乡村均以网络化、信息化和数字化的趋势在城乡经济社会中发生作用。在城市，智慧城市的建设正如火如荼地进行；在乡村，一系列政策、纲要等文件明确了数字乡村建设为乡村振兴注入全新动能。数字化带来的普惠性增长、信息智能化、治理能力现代化等变化，深刻地改变了城市与乡村的发展道路。通过查阅中国互联网发展报告最新的版本，可查到农业数字经济占行业增加值比重，较前期的增长数额而言，农业数字化转型加速推进智慧农业发展与农机装备智能化转型，数字化赋能后的三农发展势头强劲，数字化正在全面推动农村电商、“互联网＋”乡村旅游等各类新业态蓬勃发展。

数字化与数字文化经济的这些核心特点，都将是可以应用在城乡融合中的利器。在城乡融合的研究领域内，体制机制建立、城乡要素流动、公共资源配置、信息沟通共享、人的交往实践，这些与城乡融合紧密相关的业务领域均已受到数字化技术的影响，催生了新产业、新业态、新模式，表现出新转型、新升级，践行了新变革、新成果。数字技术在城乡融合领域中大有用武之地，不仅能通过与实体经济融合发展，形成叠加效应、聚合效应、倍增效应，让原有的城乡融合实践被赋予新动能和新活力，而且能够在文化传播、媒介建设等方面，对原有媒介形态进行全方位、全链条改造，开拓出新形态、新可能，丰富城乡传播的当下实践，推进数字媒介时代的传播理论研究。

---

① 张铮.数字文化经济时代“文化＋”构筑泛产业链接的基础[N/OL].(2021-04-15)[2021-07-01].http://www.ce.cn/culture/gd/202104/15/t20210415_36475046.shtml.

# 第二节　数字时代的城乡发展:从智慧城市与数字乡村说起

## 一、智慧城市的建设和发展

智慧城市与数字乡村作为数字中国的组成部分,彼此之间形成了基础与目标的关系,它们之间的互动为我国全面建设数字中国打下坚实的基础。

早在2016年,习近平总书记就提出新型智慧城市的概念。2020年3月,习近平总书记赴浙江考察时指出,通过大数据、云计算、人工智能等手段推进城市治理现代化,大城市也可以变得更“聪明”。从信息化到智能化再到智慧化,是建设智慧城市的必由之路,前景广阔。“新型智慧城市建设”是以习近平同志为核心的党中央立足我国城市发展实际,顺应信息化和城市发展趋势,主动适应经济发展新常态,为培育新的增长点、增强发展新动能而做出的重大决策部署。

近年来,全国各地坚持以人民为中心的发展思想,积极推动新型智慧城市建设,在政务服务、交通出行、医疗健康、公共安全等方面取得了显著成就和进展。2021年初,各大城市的“十四五”智慧城市发展行动纲要陆续发布。以《北京市“十四五”时期智慧城市发展行动纲要》为例,其中说明了北京建立智慧城市的目标:在城市感知体系、整体数据治理能力、全域场景应用智慧化水平方面,均力求有大的提升。[①] 在城市作为文明的载体及具体形式下,智慧城市成为一种数字时代的未来城市。智慧城市发展过程中,信息技术已经成为城市发展的重要形式之一,全球范围内媒体在智慧城市当中的定位以及发展,基于传播、政务、服务与智慧城市的交叉领域中,都需要去着力建设,改进综合效益。但随着信息化技术的持续发展,传媒产业也发生了根本的变化,传媒行业的边界逐渐消失,媒体发展中的数字化技术服务内容也都有了新的业态,媒体的服务形态也在不断地增强和拓展。

当前,城市治理是国家治理现代化的重要基点,以信息化为驱动力,建设新型智慧城市无疑是实现城市治理现代化的生动诠释。

---

① 陈旭.北京发布“十四五”时期智慧城市发展行动纲要[N/OL].(2021-03-18)[2021-11-01].http://www.xinhuanet.com/2021-03/28/c_1127265043.htm.

新型智慧城市的含义包括，在未来新基建和新技术的融合过程中，政府将充分发挥平台作用，汇聚各方资源，不断地创新发展模式，从而逐渐完成由“管理型政府”向“服务型政府”的彻底转型，服务效果由“尽力而为”向“无微不至”转变，治理模式由“单向管理”向“双向互动”转变。政府将通过开放的合作模式，鼓励和支持企业、社会组织、群众等多方力量参与社会治理，组建“企业主建、政府主用、社会共享”的建设运营体系，形成共建、共治、共享的城市新发展模式。

在新技术驱动、新基建保障、新模式发展、新服务引导的背景下，新型智慧城市将在未来实现经济新增长。这里的新增长是指以数据驱动、技术赋能的数字经济作为核心，如数字农业中的农业物联网、农业大数据，工业数字化中的工业互联网、智能制造，数字服务产业中的智慧金融、数字物流，区域数字产业中的智慧园区等。从农业到工业，从制造业到服务业，从行业到园区，数字经济的扩张效应将覆盖整个中国，成为赋能新经济的推进器，为中国经济发展提供更大的回转空间和韧劲。

新型智慧城市是适应我国国情和信息化发展实际提出的，是智慧城市概念的中国化表述。新型智慧城市建设要紧紧围绕统筹推进“五位一体”总体布局和协调推进“四个全面”战略布局，践行新发展理念，技术创新与制度创新并重，通过数据融合汇聚和共享开放，激发新的发展动能，提升智慧城市建设成效，实现城市治理现代化。①

## 二、数字乡村的提出

数字乡村是乡村振兴的战略方向，也是建设数字中国的重要内容。② 数字乡村概念可以理解为：数字乡村是伴随网络化、信息化和数字化，在农业农村经济社会发展中的应用，以及随着农民现代信息技能的提高而内生的农业农村现代化发展和转型进程。

数字乡村的内涵是以新一代信息通信技术作为农业生产经营的新工具、农民生活幸福的新驱动、乡村生态保护的新手段，以信息化赋能农业生产、经营、管理、服务等环节，不断提高农业农村数字化、网络化、智能化的水平，提高

---

① 丁艺.建设让人民满意的新型智慧城市[EB/OL].(2020-07-22)[2021-11-30].https://article.xuexi.cn/articles/index.html.

② 中共中央办公厅 国务院办公厅印发《数字乡村发展战略纲要》[EB/OL].(2019-05-17)[2021-11-20].http://www.gov.cn/zhengce/2019-05/16/content_53922.

农民生活的智慧化水平,促进农民收入稳步增长、生活质量显著提升。[①]

数字乡村为乡村振兴战略的实施提供了强大的动力和先进的手段,是乡村振兴战略实施的重要抓手和重要途径,同时也是推动自主发展、创新性发展和高质量发展的新引擎。发展农村数字经济,提升农村数字化生产力,带动农村数字文化生产,推动农村的数字生态和社会政治经济各个领域的发展。这些都是数字技术能够为行业带来的进程加速和助推。

作为数字乡村发展的纲领性文件,2019 年中共中央办公厅、国务院办公厅印发的《数字乡村发展战略纲要》提出,统筹发展数字乡村与智慧城市,强化一体设计、同步实施、协同并进、融合创新,促进城乡生产、生活、生态空间的数字化、网络化、智能化发展,加快形成共建共享、互联互通、各具特色、交相辉映的数字城乡融合发展格局。鼓励有条件的小城镇规划先行,因地制宜发展"互联网+"特色主导产业,打造感知体验、智慧应用、要素集聚、融合创新的"互联网+"产业生态圈,辐射和带动乡村创业创新。分类推进数字乡村建设。引导集聚提升类村庄全面深化网络信息技术应用,培育乡村新业态;引导城郊融合类村庄发展数字经济,不断满足城乡居民消费需求;引导特色保护类村庄发掘独特资源,建设互联网特色乡村;引导搬迁撤并类村庄完善网络设施和信息服务,避免形成新的"数字鸿沟"。[②]《数字乡村发展战略纲要》遵循不将城市与乡村割裂对待的原则,既充分看到了城乡的互动互融在数字时代以及数字乡村建设中的重要性,也看到了这种城乡高度的交流是避免产生新的数字鸿沟的必要手段。数字化不是单独地影响城市或者乡村,而是在加入技术的同时对城乡及其共融的模式产生影响。数字乡村与智慧城市之间不是区隔的,而是相互联系和相互促进的。智慧城市在建设中的一些相关的理论模式、经验技术等也可以迁移应用于数字乡村。通过技术的应用,让城乡在经济、社会、生态等方面都产生良好的互动和融合;通过对新产业、新模式、新业态的探索,让城乡之间都完成对新理念、新开放、新经验的使用,共同推进数字技术建设和数字应用与创新。

2021 年 3 月 12 日,十三届全国人大四次会议通过了《中华人民共和国国民经济和社会发展第十四个五年规划和 2035 年远景目标纲要》,其第五篇"加

---

① 郭顺义,杨子真.数字乡村:数字经济时代的农业农村发展新模式[M].北京:人民邮电出版社,2021:20.

② 中共中央办公厅 国务院办公厅印发《数字乡村发展战略纲要》[EB/OL].(2019-05-17)[2021-11-20].http://www.gov.cn/zhengce/2019-05/16/content_53922.

快数字化发展　建设数字中国”和第七篇“坚持农业农村优先发展　全面推进乡村振兴”中的第二十五章“健全城乡融合发展体制机制”中，均提出了促进数字城乡融合的具体措施。

2021 年 12 月，中共中央网络安全和信息化委员会印发了《“十四五”国家信息化规划》，提到了数字社会建设稳步推进以及数字政府建设水平的提升。

2022 年 1 月，国务院印发了《“十四五”数字经济发展规划》，明确了“十四五”时期推动数字经济健康发展的指导思想、基本原则、发展目标、重点任务和保障措施，其中第七部分提到：持续提升公共服务数字化水平，提高“互联网＋政务服务”效能，提升社会服务数字化普惠水平，推动数字城乡融合发展。

2022 年 1 月，中央网信办等十部门印发了《数字乡村发展行动计划（2022—2025 年）》，对“十四五”时期数字乡村发展做出部署安排：到 2025 年，数字乡村发展取得重要进展。具体部署了数字基础设施升级行动、智慧农业创新发展行动、新业态新模式发展行动、数字治理能力提升行动、乡村网络文化振兴行动等 8 个方面的重点行动。

2022 年 2 月，国务院印发了《“十四五”推进农业农村现代化规划》，强调全面推进乡村产业、人才、文化、生态、组织振兴等领域的发展，并且提到城乡互补与协调发展的关系。

以上相关的各种纲要规划都体现出中国政府对乡村发展的重视，以及从政策层面对融合发展趋势的确立。在福建，数字乡村包括数字信息基础设施建设、大数据、云计算、人工智能和物联网在农业领域的应用。建设智慧农业，发展数字乡村，推动信息技术与三农融合，促进生产生活、生态生命自身协调发展等全方位支撑。通过产业振兴、人才振兴、文化振兴、生态振兴、组织振兴，促进农业高质高效发展，乡村宜居宜业，是布局基于 4G、5G 物联网等技术设施，引入信息化主流技术，实现数字技术与农业的深度融合，协助筑牢数字乡村的发展基础。

数字乡村建设是数字中国与乡村振兴战略的结合点。当前数字产业化、产业数字化已经成为驱动经济社会发展的强大引擎，在乡村也不例外。社会上的数字化企业等力量也要为数字乡村的建设助智赋能。例如，福建寿宁县探索建立了数字大数据分析平台、全国首个可视化扶贫定制茶园、全省首个乡村 5G 基站，以及一批益农信息社站点和中小学远程互动课堂，走在数字乡村建设的前列。

## 三、数字城乡融合的再解读

自2018年中央一号文件首次提出"实施数字乡村战略"后,连续四年中央一号文件都对建设数字乡村作出了明确指示和部署。2019年5月,中共中央办公厅、国务院办公厅印发《数字乡村发展战略纲要》,明确了数字乡村建设的目标任务。

2021年3月12日,《中华人民共和国国民经济和社会发展第十四个五年规划和2035年远景目标纲要》(以下简称《纲要》)正式发布,为我国未来信息技术的发展指明了方向。《纲要》指出,要聚焦新一代信息技术、生物技术、新能源、新材料、高端装备、新能源汽车、绿色环保产业,以及航空航天、海洋装备等战略性新兴产业,加快关键核心技术创新应用,增强要素保障能力,培育壮大产业发展新动能。深化北斗系统推广应用,推动北斗产业高质量发展。深入推进国家战略性新兴产业集群发展工程,健全产业集群组织管理和专业化推进机制,建设创新和公共服务综合体,构建一批各具特色、优势互补、结构合理的战略性新兴产业增长引擎。

《纲要》中明确提出建设智慧城市和数字乡村:"要以数字化助推城乡发展和治理模式创新,全面提高运行效率和宜居度。分级分类推进新型智慧城市建设,将物联网感知设施、通信系统等纳入公共基础设施统一规划建设,推进市政公用设施、建筑等物联网应用和智能化改造。完善城市信息模型平台和运行管理服务平台,构建城市数据资源体系,推进城市数据大脑建设。探索建设数字孪生城市。加快推进数字乡村建设,构建面向农业农村的综合信息服务体系,建立涉农信息普惠服务机制,推动乡村管理服务数字化。"

2021年12月12日,国务院印发《"十四五"数字经济发展规划》,进一步明确了数字经济是继农业经济、工业经济之后的主要经济形态,是以数据资源为关键要素,以现代信息网络为主要载体,以信息通信技术融合应用、全要素数字化转型为重要推动力,促进公平与效率更加统一的新经济形态。数字经济发展速度之快、辐射范围之广、影响程度之深前所未有,正推动生产方式、生活方式和治理方式深刻变革,成为重组全球要素资源、重塑全球经济结构、改变全球竞争格局的关键力量。该规划在第七部分"持续提升公共服务数字化水平"中,专门提到数字城乡融合发展的推动路径。

在"推动数字城乡融合发展"这部分,《规划》提到要统筹推动新型智慧城市和数字乡村建设,协同优化城乡公共服务。深化新型智慧城市建设,推动城市数据整合共享和业务协同,提升城市综合管理服务能力,完善城市信息模型平台和运行管理服务平台，因地制宜构建数字孪生城市。加快城市智能设施向乡村延伸覆盖，完善农村地区信息化服务供给，推进城乡要素双向自由流动，合理配置公共资源，形成以城带乡、共建共享的数字城乡融合发展格局。构建城乡常住人口动态统计发布机制，利用数字化手段助力提升城乡基本公共服务水平。

在这里，城乡要素的流动、信息的共建共享、智能设备的覆盖和传播、公共服务的协同和优化等均是一种传播的场景，也就是说数字城乡融合中的举措都有传播学学术解读的合理性。

## 第三节　数字文化产业：城乡文化融合与传播的产业背景

《纲要》中首次专设一篇“加快数字化发展　建设数字中国”，指明数字化发展包含四方面的核心内容：数字经济，数字社会建设，数字政府，数据作为生产要素的一些基本的要求。[①] 可见数字化发展成为当前以及下一个十年的发展关键词。

数字信息时代的到来极大地改变了文化传播的路径。在技术方面，“媒介即信息”——数字信息技术和以智能手机、移动互联网等为代表的新型媒介，对当代文化传播的形态与途径等皆有巨大的形塑作用，前所未有的新特征强烈地冲击着认知。因此，有效建构数字时代传统文化传播的新战略与新话语体系，具有相当重要的意义。

数字时代的文化产业也面临着大革新与业态的大调整——“文化产业数字化”是文化和科技深度融合的集中体现。2020 年 9 月 17 日，习近平总书记在长沙马栏山视频文创产业园考察时指出：“文化和科技融合，既催生了新的文化业态、延伸了文化产业链，又集聚了大量创新人才，是朝阳产业，大有前途。”《纲要》也明确提出，要实施文化产业数字化战略，加快发展新型文化企业、文化业态、文化消费模式。[②] “十四五”时期将突出“文化和科技融合”，顺应数字产业化和产业数字化发展趋势，高质量发展文化产业新业态，加快发展

---

① 马兴瑞.加快数字化发展[J].智慧中国，2021(Z1)：41.

② 高晗.以数字化赋能文化产业高质量发展[N/OL].(2021-04-19)[2021-11-24].https://theory.gmw.cn/2021-04/19/content_34773782.htm.

新型文化企业、文化消费模式，改造提升传统业态，为中国文化产业提供强大动能。

以上调整带来媒介内容生产范式以及媒介形态上的双重巨变。同时，数字时代的公共文化服务、文旅产业，均在数字技术的影响下出现了数字化、信息化、智能化的变革。数字技术加大了文化产业跨界融合的强度。数字技术推动“文化＋”与“科技＋”协同创新，促进文化产业与多领域实体产业融合，大大延伸了文化产业链条，推动互联网线上与实体经济线下融合。[①] 数字文化产业作为城乡融合发展中的重要背景和阵地，全面进行了数字化的转型，面临着一系列新机遇和新挑战。

## 一、数字媒介与数字传播

从媒介内容来看，前数字时代，在实证主义的理性逻辑深刻影响下，我国媒体内容的生产范式更多的还是追求理性客观。组织化、制度化和规范化的社会秩序，使个人情感部分不被重视。然而近些年来由于互联网媒体的迅速发展，用户得到赋权，用户情绪价值凸显，原先固有的模式与话语显现出无力，文化传播的个性化表达需要被看见。如果说传统内容生产重视专业与理性，提倡超越主观情感之外的客观表达，那么在数字空间中，用户赋权下的社交媒体透明化，公众情绪的可见性放大了个体的原始本能，多元主体在追求理性的过程中也呈现出对感性表达的渴求，在理性逻辑与感性逻辑的交互下，媒介内容生态在触达、接受、解码和认知四个环节迎来了新的生产范式。[②] 例如，传统媒介机构与各种移动微端传播的融合，构建出一种立体多元的媒介结构形式，基本弥合了虚拟空间和现实空间的鸿沟。在这种融合后的媒介结构中，视频语言将理性、逻辑性的内容以感性化的方式进行传播，提供了感性的情绪价值。

从媒介的形态来看，数字技术的介入拓展了媒介的边界，丰富了媒介的形态，提升了媒介的功能。与以往的大众媒介不同，数字媒介改变了内容与受众之间发生关联的方式，带来了观看、交互、反馈的新玩法和新体验。数字媒介技术日新月异的发展，让各类数字交互平台和传播基础设施逐渐成为社会生

---

① 黄永林.数字文化产业发展的多维关系与时代特征[J].人民论坛学术前沿，2020(9)：23.

② 喻国明，陈雪娇.理性逻辑与感性逻辑的交互与协同：媒介内容生产的新范式[J].湖南师范大学社会科学学报，2021(4)：120.

活交流的必要渠道，成为日常体验背后发挥着架构作用的技术系统。这种新的数字媒介和技术系统改变了文化的传播方式。数字化的开发转换是赋能传统文化产业的利器。数字技术的应用能促进传统文化内容的多元化衍生，同时实现影视、动漫、听书、出版等多种业态的发展。在数字新基建基础方面，传统文化可以进入国家文化大数据服务和应用体系的采集和标注，参与下一步开发；同时，在数字技术时代，以数字娱乐、数字阅读、数字游戏、在线教育等为代表的数字内容产业快速崛起，传统文化或原有的文化元素均能顺应这种潮流，切入数字文化、艺术品、创意设计、文化会展、直播平台等文化产业领域，打造出具有国际影响力和竞争力的传统文化产业体系。基于此，应广泛对接新需求，优化供需关系，实现提质增效和融合发展，尝试为行业发展提供参考。

从产业上来看，数字时代，随着大数据、物联网等应用场景不断多元化，随之而来催生了很多数字化业态。一方面，利用数字手段、互联网新技术新应用，对传统产业进行全方位、全角度、全链条的整合，促进文化传播与多业态的联合，助力传统产业转型；另一方面，数字化技术亦不断赋能文化行业，加速文化产业创新升级，创造出文化＋电商、文化＋旅游、文创产品创意、销售、研学等新业态。应利用传统文化作为内核，加载技术赋能的方式，开拓出其他创新业态。

除了实体空间中的变化以外，随着数字时代移动和植入式媒介设备、连同被扩展后的各类数字网络的发展，城市亦被重造为媒介内容与网络连接无处不在、无时不在的媒介空间。这种“无处不在”关涉着社会实践更深刻的变迁。数字媒介无处不在的特性也正改变着城市的社会空间，改变着个人或用户的选择，而且这种变化可以扩展到社会生活的各个方面。这不仅包括用户的媒介接受内容、接触习惯在技术影响下发生了巨大的变化，还包括人与环境的新关系的建立。过去建构城市边界的传统方法，比如城市的基础设施和硬件建设，对当下城市社会交往的影响越来越小，取而代之的是分散反复且牵涉全球的传播实践催生出的新的交往关系，而新的交往关系深刻地重塑了社会交往的整体过程。① 地理媒介作为现代城市中与不同媒介平台的空间化过程紧密相关的新技术条件，重新结构化了各种社会实践。

当前，用户具身性行为的变化、空间体验的全新改变，媒介与人、与城市空

① 斯科特·麦夸尔.地理媒介：网络化城市与公共空间的未来[M].潘霁，译.上海：复旦大学出版社，2019：3.

间之间新结构性的建立，都指引着城市生活以及文化传播的方向。文化的传播从原有媒介环境下基于地理范围的信息覆盖，转变为多元化的场景分发。例如，早先主流媒体或官媒在刊登发布传统文化的相关信息时，更多的是一种以固定渠道以及地理范围信息为主的生产和传播，而在互联网环境下，则是通过活动直播、社交平台推送、话题参与转发等，塑造城市公共交往的场景，真正地拓宽渠道。

数字时代的传播确实发生了很多关键变化，如传播活动的主体更加多样化。在传统的认知中，传播活动的主体主要是人。而在数字经济大发展的背景下，物质也将成为传播活动的主体，传播活动将由人传人的单一关系向人传人、物传人、人传物、物传物的多层次、多角度、立体化的复杂关系转变。

再如，媒体形态向镜像生态转变。目前社交媒体是媒体形态发展的最高阶段。而在数字经济大发展的背景下，媒体形态将发生颠覆性变革。虚拟世界和现实社会将逐渐融合，每个现实中的事物在虚拟世界中都将有一个"镜像孪体"，其与对应物之间相互作用、相互联系，形成一种全新的媒体形态——镜像生态。镜像生态不仅将成为新的主导性的媒体形态，而且将逐渐进化为社会的重要形态。

传播活动发展需要整个社会经济的发展作为支撑，而当前我国对数字经济的发展蓝图给予我们传播未来发展的信心，这必将推动我国传播环境迭代升级的速度和质量达到国际领先水平，从而为传播学理论创新提供充分的前提和条件。因此，我国应利用好在数字经济发展中的优势，准确地把握媒介和传播活动发展的数字化新趋势，加速实现在数字媒介、数字传播实践和理论创新上的重大突破，占领世界传播领域理论创新的制高点。

## 二、数字时代的公共文化服务

### （一）公共文化服务在城乡融合中的重要作用

党的十八大以来，我国公共文化服务建设投入稳步增长，覆盖城乡的公共文化服务设施网络基本建立，公共文化服务体系建设取得显著成效，呈现出整体推进、重点突破、全面提升的良好发展态势，人民群众享受公共文化服务更加便利，文化获得感、幸福感不断提升。[①] 作为文化建设的重要组成部分，作

① 高鑫.完善城乡公共文化服务体系[N/OL].(2020-04-24)[2021-11-30].http://opinion.people.com.cn/n1/2020/0424/c1003-31685810.html.

为实现、维护和发展人民群众基本文化权益的主要途径，公共文化服务在实现文化大发展、大繁荣和乡村振兴中发挥着重要作用，而覆盖城乡的公共文化服务体系更是城乡融合过程中重要的一环。公共文化服务的内容、渠道、参与方法等每一个环节，都是推动融合发展、建立城乡居民沟通交流的契机。

在城乡融合发展中，我们需要看到当前城乡公共文化服务仍不同程度地存在着质量效率不高、规模不足和发展不平衡等问题，高水平、高品质的公共文化供给还相对比较缺乏，公共文化服务供需矛盾仍然存在。为此，自 2016 年开始，我国相继出台了《中华人民共和国公共文化服务保障法》《关于推动公共文化服务高质量发展的意见》《“十四五”公共文化服务体系建设规划》等文件，强调要改善乡村公共文化服务，加强乡村公共基础设施建设，实施农村人居环境整治提升五年行动，提升农村基本公共服务水平，推进城乡公共文化服务体系一体化建设，创新实施文化惠民工程。2021 年 4 月颁布的《中华人民共和国乡村振兴促进法》则明确要求各级人民政府应当健全完善乡村公共文化服务体系。

为推动公共文化服务高质量发展，2021 年 3 月，文化和旅游部、国家发展改革委、财政部三部委联合印发《关于推动公共文化服务高质量发展的意见》，紧紧围绕公共文化服务发展中的重点领域和关键环节，明确了新发展阶段公共文化服务高质量发展的目标和主要任务，尤其关注到数字时代由于技术和环境变化带来的公共文化服务的新变局和新挑战，为当前和今后一个时期公共文化服务工作提供了政策依据。

《关于推动公共文化服务高质量发展的意见》提出了高质量发展的具体工作和措施，顺应数字时代的大局，具体包括深入推进公共文化服务标准化建设、完善基层公共文化服务网络、创新拓展城乡公共文化空间、促进公共文化服务提质增效、做大做强全民艺术普及品牌、加快推进公共文化服务数字化、进一步强化社会参与、促进文化志愿服务特色化发展、加强乡村文化治理等九项具体工作。

可见，公共文化服务从广度、深度以及效率、技术层面，都需要结合数字时代的要求，因时而变，融合统筹。例如，技术上，要加强云服务平台建设、数字资源建设、数字文化服务场景应用和平台合作。在深度和效率上，以县级图书馆、文化馆为抓手，优化布局服务网络，加强乡镇文化站建设，要立足城乡特点，满足城乡居民对高品质文化生活的期待，营造“小而美”的公共阅读和艺术空间，这些具体措施都具有传播学研究的意义。乡村文化建设应融入城乡经济社会发展全局，融入乡村治理体系。文化服务与文化建设对活跃乡村文化生活、提升乡村文化建设品质、推动乡村文化和旅游融合，甚至对城乡融合提供动力和经验等均有显著的作用。

### （二）数字城乡融合中的公共文化服务创新

近年来，在党和政府的高度重视下，我国公共文化服务体系建设取得了显著成效。但由于我国地域广阔、人口众多，区域发展和城乡发展不平衡的问题还比较突出，距离公共文化服务建设的目标差距还较大，距离实现人民群众的精神文化需求也较远，基层公共文化服务仍然是我们的“短板”，目前公共文化服务建设方面还存在诸多亟待解决的问题。针对公共文化建设中存在的问题和不足，国家出台了一系列有关公共文化方面的政策。

2011 年，文化部、财政部联合印发的《关于进一步加强公共数字文化建设的指导意见》，首次将公共文化服务的数字化、信息化、网络化统称为“公共数字文化”，提出要加大文化共享工程、数字图书馆推广工程和公共电子阅览室建设计划三大公共数字文化惠民工程的实施力度。2015 年，中共中央办公厅、国务院办公厅联合印发的《关于加快构建现代公共文化服务体系的意见》提出，要推进公共文化服务与科技融合发展，加大文化科技创新力度，要加快推进公共文化服务数字化建设，提升公共文化服务现代传播能力。结合“宽带中国”“智慧城市”等国家重大信息工程建设，通过国家网络建设、信息化建设战略的推进，促进数字图书馆、数字博物馆、数字艺术馆、数字文化馆、数字农家书屋等公共文化机构数字化建设；灵活运用宽带互联网、移动互联网、广播电视网、卫星网络等手段，拓宽公共文化资源传输渠道。大力推进“三网融合”，促进高清电视、互动电视、交互式网络电视（IPTV）、手机电视等新业务发展，推广数字智能终端、移动终端等新型载体。推进数字出版，构建数字出版物传播平台。

2015 年 8 月，国务院印发的《促进大数据发展行动纲要》指出，要在公用事业、文化教育和社区服务等领域全面推广大数据应用，以及优先推动文化和教育等民生保障服务相关领域的政府数据向社会开放。2016 年，国务院印发的《国家信息化发展战略纲要》提出以信息化驱动现代化，建设网络强国。在信息化时代的文化方面，提出提升网络文化供给能力、提高网络文化传播能力、加强网络文化阵地建设、推进“互联网＋”行动计划的具体要求；在“互联网＋公共文化服务”方面明确要求加快文化资源的数字化建设，整合公共文化资源，提升网络文化供给能力，满足人们对网络文化产品的多样化需求。2017 年，文化部印发的《“十三五”时期公共数字文化建设规划》明确提出，“十三五”

时期公共数字文化建设的重点任务是构建互联互通的公共数字文化服务网络、打造公共数字文化资源库群、加强公共数字文化建设管理、创新服务方式等。2017 年 11 月，由文化部主导打造的公共数字文化服务总平台“国家公共文化云”的正式开通，开启了公共文化数字服务的新时代。

在互联网、大数据时代背景下，数字技术的飞速发展，不仅给全球范围内的政治、经济、社会带来巨大变革，更深刻地改变着人们的生产和生活方式，塑造着这个时代的文化气质。人们的生产生活方式也随着网络数字化的普及而不断改变，传统的公共文化服务在服务对象、服务内容、服务范围和服务形式上已无法满足数字时代人民群众的精神文化需求，公共文化数字化服务已然成为时代发展的新趋势。大数据作为一种全新的技术和理念，为我国构建现代公共文化服务体系提供了重要技术支持和思维方式，也为实现基层公共文化数字化服务创造了契机。因此，基于大数据时代背景进行基层公共文化数字化服务创新研究具有重要的现实意义。①

运用数字化成果实现城乡文化资源共享是推动乡村文化振兴的有效路径，目前全国已有多地建立了公共文化服务数字化供需平台，如北京市门头沟区的公共文化服务配送机制、上海的公共文化服务内容供给平台、四川巴中市的文化智慧服务管理平台、河南省焦作市的百姓文化超市、山东省淄博市的“淄川文化云”公共数字文化服务等。提供公共文化服务数字化产品的形式也越来越丰富，移动图书馆、数字博物馆、在线云观影、在线云观展等公共文化服务数字化产品深受百姓喜爱。当然，在公共文化服务的数字化过程中也存在一些短板和不足。数字化服务的落地有难度，城乡资源共享任重道远；地域差异、城乡差异明显，很难形成一致并进的步调；融合的质量也有参差，如留守在乡村的主要是老人、妇女及小孩，受年龄、文化水平等因素的限制，属于“数字弱势群体”，在技术培训层面、文化需求等方面难以得到精准对接，大量文化资源和服务呈粗放式、无效式和分散式供给现象，城市遍地开花的数字化公共文化服务产品无法落地乡村，城乡数字化文化资源共享任重道远。

在数据信息管理方面，也缺乏对资源供给内容的定时更新和有效整合，缺乏对资源供给软硬件设备的定时检修和对资金流向的定时公开，缺乏对不同区域之间、不同产业之间、不同机构之间的资源共享和技术整合等，难以实现资源供给管理的协调性、高效性和精准化。

---

① 眭海霞.大数据视角下基层公共文化数字化服务研究[J].成都理工大学学报(社会科学版)，2021(1)：104.

即使有困难存在,我们也不能无视数字化的趋势。在移动互联网时代发展的背景下,百姓文化需求的重心向线上转移。数字公共文化服务能有效地整合文化资源,深化全民艺术普及,扩大公共文化服务品牌影响力。尤其在新冠肺炎疫情之下,数字化让公共文化服务获得了新的发展契机,看到了突破阴霾的曙光。文化和旅游部积极与“全国一体化在线政务服务平台”项目组对接,将服务推送至全国一体化政务服务平台,并在国家平台“新型冠状病毒肺炎防控专题”下开设“文化和旅游部防控疫情工作”专题,为打赢疫情防控阻击战发挥积极作用。同时,各类博物馆、文化馆作为数字公共文化服务的推出平台,也是全民艺术普及的重要平台。很多线上博物馆、文化馆可以打造成向上对接国家公共文化云,向下延伸服务触角至基层文化馆数字平台,这些文化形态均可以做成对接基层、对接百姓、跨越城乡、沟通融合的全开放、不打烊、高品质的公共数字文化服务平台。

## 三、数字文旅助推城乡深度融合

文旅融合近年来成为高频热词,尤其在数字时代的城乡融合的问题域中,更是为城乡融合的改革提供了一条可行的路径。2019 年,《中共中央国务院关于建立健全城乡融合发展体制机制和政策体系的意见》(以下简称《意见》)正式发布,标志着城乡融合进入纵深发展期。《意见》提出的关于生产要素、基础设施和公共服务、产业融合等方面的体制机制变革,破解了制约城乡融合发展的核心问题,充分发挥文化和旅游在城乡融合发展中的重要作用,推动乡村旅游发展。文旅产业的发展成为乡村振兴、城乡融合中的生力军。同时,乡村旅游的发展也会充分释放旅游业对关联产业和地方经济发展的带动作用,加速城市资本、劳动力、技术、人才等向乡村流动,缩小城乡差距,加速城乡融合。①

### (一)数字时代的文旅融合发展

数字技术的发展,为文旅行业注入了创新的力量。从工业文明社会到数字社会,文化和旅游业的数字化进程从未停止,数字化正与资本、知识、创新等要素一起,成为激活传统文化和旅游资源,叠加催化产业的新动能。从顶层设计到底层建构,数字化不仅改变了需求端的认知与行为,变革了供给侧的生产与交付方式,也完善了行政监管手段,提升了公共服务效能。数字文旅概念的

① 吴丽云.文化和旅游发展助推城乡深度融合[N/OL].(2019-05-20)[2021-12-01].http://cact.bisu.edu.cn/art/2019/9/6/art_15704_229457.html.

提出与运用，能够有效地促进文化产业进步。[①] 数字化为文旅产业从高速增长走向高质量融合发展提供了路径与动能。由于数字化的加入，各种文化资源与旅游资源有了更好的、更为创新的数字化转换途径，将旅游产品提升转化为可消费以及具有丰富体验的新产品。以数字化为代表的科技力量，正在不断地深入渗透并贯穿于整个文旅行业，让数字文旅成为当前数字时代，以及城乡文旅的视野下，文化旅游行业发展的关键词。

随着大数据、信息化、智慧化、网络化、智能化等数字科技的深入发展，全社会的数字化发展趋势日趋明显，以 5G、智能硬件、AR\VR、数字媒体等为代表的数字经济也影响到了文化和旅游产业，重构文化和旅游产业的新格局。数字化技术在文化和旅游产业中的深度应用大幅提升着游客的需求行为，重塑了文化和旅游产业的资源基础，改变了整个文化休闲和旅游消费的路径和方向。例如，数字化技术打通了旅游产业中各类产品的边界，如旅行的住宿行业、景区购物行业等，原来传统行业的边界在统一的数字化平台下得以重构，新产品、新模式、新体验不断推出；再如各类数字技术、装置性艺术在景区中内置服务的技术集成，创新的各类云服务、短视频、云端直播、新型平台和小程序等产品，激发了游客的消费需求，丰富了游客的消费体验。由于数字手段的加入，文旅行业中的很多知名景点、文物、文博机构等都以崭新的数字化面貌和科技化的形态出现在公众面前，突破了地域的限制，也打破了新冠肺炎疫情防控期间的各种空间阻隔，实现了文旅行业的跨时空连接。

### （二）数字时代文旅融合的案例和发展路径

在福建省，当前文化产业新业态已经呈现集中发展的态势：在文旅方面，通过打造一批旅游演艺精品项目，培育云演艺、数字艺术、沉浸式体验等旅游新业态；培育旅游演艺领军企业和培训基地；提升品牌化、专业化、特色化发展水平；推动文化旅游团体进旅游区，非遗和文创产品进景区、历史文化街区、旅游度假区和文化产业园区、酒店。在文旅品牌方面，福建省委、省政府正全力打造“全福游、有全福”的品牌，不断推出世遗文化新产品，打造福建世遗旅游新线路，深入开展世遗旅游、康养、文创、游学等新活动，持续扩大福建世遗品牌的影响力；设立福建省世茂海上丝绸之路博物馆，与故宫博物院在保护与传承文化的道路上共进，发挥各自优势，共同致力于“丝路精神”和中华文明的继承；推出了福建省首个“乡村文化的嘉年华”；通过海上丝绸之路（福州）国际旅

---

① 戴斌.数字时代文旅融合新格局的塑造与建构[J].人民论坛，2020(2)：153.

游节(简称“海丝国际旅游节”)，切实提升海丝品牌的影响力。2021年年底永定客家土楼与《天涯明月刀》战略合作发布会在福建省龙岩市永定区举办。此次发布会以“缘起永定，土楼焕新”为主题，合作方主要围绕振成楼、环兴楼、振福楼等三座永定区知名土楼开展“三楼一线”合作，合作内容包括携手在振成楼举办“潮聚东方·耀世风华——瑞丽永定客家土楼国风之夜”，在振福楼拍摄贺岁大片，在环兴楼打造集“沉浸式导游”“互动式展览馆”“角色扮演实景剧本杀”于一体的沉浸式剧场。推出主题电竞酒店、主题华服国风旅拍等沉浸式IP文化和旅游项目，联手定制“客从何处来——天刀×永定土楼”专属出游线路。此外，合作方还将推出一系列线上文创内容，并携手客家籍歌手光良推出客家话与普通话双语演唱的主题歌曲。从这些项目可以看出，传统旅游优势产品永定土楼也在数字时代积极寻求与互联网文创产业展开合作。此次合作是永定区政府和腾讯互娱合作的首个乡村旅游电竞数字文化和旅游体验项目，与数字化的结合让游客体验到了科技驱动的现代服务行业。①

在数字时代来临时，福建省也开拓出一批文化产业新消费模式。一是拓展线上消费模式，开发云产品，发展直播、社群、数字商业等。在2020年新冠肺炎疫情防控期间，福州三坊七巷多次利用5G、VR、人工智能、云计算、物联网、直播、短视频等数字技术打造“云会展”“云旅游”产品，满足消费者的线上文化消费需求；在泉州成立福建省首个淘宝直播基地，发展“直播＋产业”产销新模式；福建广电集团开发的直播助农、社交消费、云上购物等成为热点与风口，市场反应良好。二是拓展夜经济品牌，创新线下消费模式。福州拓展夜间文旅消费新场景，培育特色精品夜市；举办夜间主题文旅活动，融入文创市集、夜游、夜娱、夜秀、夜购、美食、特色民宿等业态，丰富夜间旅游体验，培育一批夜间文旅消费集聚区。三是拓展体验消费，培育文旅消费新热点。2021年，福州以举办第44届世遗大会为契机，培育非遗古厝等文化主题景区，推出新文化体验游，打造“福建文创市集”，复制推广坊巷市集、园区市集、村镇市集等系列活动，革新消费体验，同时强化了福州本土文化的传播和文化认同；策划了福州“宜夏”榕城文化艺术季、厦门“清新福建、倾心山海”旅游惠民季活动、平潭旅游嘉年华，利用互联网营销，启动了文化旅游消费季。福建省的文旅行业在数字技术的助力下，展现出了全新的业态和风貌，打造出具有时代性的新文旅品牌。

---

①　李金枝.福建永定探索土楼数字文化和旅游新模式[N/OL].(2021-12-28)[2022-01-03].http://travel.cnr.cn/dsywzl/20211228/t20211228_525700335.shtml.

除了可以帮助相关企业和部门在需求方面定位更精准、直击痛点以外，数字化对文旅产业的影响还体现在消费端和供给侧结构性改革上。数字化的加入可以更细化地洞察用户的需求，可以更精准地掌握需求趋势变化，能直接使整体的供给更加贴近市场需求，同时深入洞察的市场需求可以指导产品的精准研发。数字化转型中供应链的重构成为决定整个文旅行业效率和竞争力的焦点。当前数字化战略对供给侧结构性改革已经进入数据智能阶段，逻辑是以数据来驱动人和业务。如旅行服务业目前已经将线上线下打通，构建出实体世界与数字世界的联动闭环，线上与线下成为不可分割的整体，彼此支撑与赋能整个行业。这方面的案例可以关注在福建省知名的传统优势文化项目《印象大红袍》。数字时代下，演艺行业的技术环境和观众的观看期待都发生了变化，这对传统优势品牌既是机遇，也是挑战。《印象大红袍》也随着技术的发展不断更新舞台技术，包括声光电、水雾火、投影、多维激光等视觉呈现技术，将大红袍文化创意与虚拟科技耦合。同时，《印象大红袍》还通过各种线上直播、营销的形式，创新《印象大红袍》品牌文化传播的新形态，激发网友的参与、讨论和点赞。由于品牌营销的卓越影响，印象大红袍公司更是荣获了2020年第十届福建省文化企业十强、全国文化企业30强的荣誉称号。

在全国范围内，也有一些优秀的数字文旅案例诠释了数字技术的创新运用。在四川省广元市的剑门关景区，由剑门关华侨城投资8800万元打造的实景崖壁灯光演艺秀——《剑门长歌》，就是融产品、数字、科技、艺术为一体的复合产品——以天然崖壁为幕，将剑门“天险”崖壁与绚丽的灯光科技结合起来，通过利用全息投影、声效互动等科技手段，再加入戏剧、音乐、舞蹈等艺术形式，并植入大型通关互动游戏，让游客在行进观演中体验全感官的户外真人通关游戏，丰富了游客的游览体验，创新了旅游产品的供给形式和在地文化的传播方式。

在四川省峨眉山市，由著名导演王潮歌创作并执导的“戏剧幻城”《只有峨眉山》开创了旅游演艺“戏剧幻城”的全新模式，实现了艺术要素与技术要素的高度融合。该产品不仅是一般意义上的新型旅游演艺，而且是新时代文旅融合发展浪潮中展现中国文化自信、传递中国核心价值观的文化艺术精品。

此外，借助声光电等新科技手段，《梦境光雾山》《阆苑仙境》《梦回巴国》等一大批旅游演艺项目也逐渐成为各地传播特色文化、丰富旅游产品的实践。

在甘肃省，拥有莫高窟、玉门关、悬泉置三处世界文化遗产的敦煌市从

2013年被列为国家智慧城市试点起,就开始进行产业数字化的探索,建成了莫高窟数字展示中心,利用数字摄影、三维扫描等技术采集洞窟内景和壁画彩塑,通过8K影院系统让游客获得身临其境的感官体验。2020年新冠肺炎疫情防控期间,敦煌在原有的数字化建设基础之上,进一步发挥智慧化、数字化文化旅游发展新优势,开启"云游"模式、开通"云端"直播、开展"云上"营销,迅速引起大众广泛关注,并且占据了"云游"的认知先机和技术先机,使敦煌文旅品牌得以进一步推广。

综上所述,近年来在文旅行业的数字化升级过程中,大量的成功案例都是以数字化深入洞悉、成本可控的方式,在解决一些需求痛点的同时,在供给侧发力,精准地把握住了时代的机遇。

在数字时代,文旅融合的发展已经与数字化牢牢绑定,密不可分。在发展中,可通过加大数字化开发力度、拓宽平台辐射范围和探索科技文化融合模式来打造创新发展路径。加大数字化开发力度,指的是积极将优秀的传统文旅资源与数字技术相结合,推动文旅相关部门、机构积极开发数字产品和服务。拓宽平台辐射范围,指的是重视互联网平台的赋能和辐射作用,鼓励各文旅相关部门、机构建立综合性的平台,打通勾连,与现有的各大互联网平台开展业务合作,包括开发文旅产品、联合策划活动,共享流量优势。探索科技文化融合模式,则是指将数字化融入旅游项目中,将科技与文化深度融合,探索出一种用科技的形式更好地诠释和传承文化的机制,打造出动态化的、数字化的新文化形态。

## 第四节 政策层面:城乡融合的方向与思路

国家层面对"建立健全城乡融合发展体制机制和政策体系"的长期部署,是城乡融合发展的制度保证。政策层面的规划是推动城乡融合的合理性诠释和前瞻方向,明确了发展目标、思路、主要任务和机制,城乡融合有望进一步快速推进,高质量发展。在本章节,我们从国内对城乡融合的政策思考说起。

自21世纪以来,我国开始解决城乡发展均衡性问题。2003年10月,党的十六届三中全会明确提出"统筹城乡发展",其位于5个统筹的首位,核心是要解决城乡收入差距加大、城乡之间发展不平衡、城乡居民享受公共服务不均等问题。政策更侧重于政府行为,由政府指导资源配置。

2012 年 11 月，党的十八大报告提出“推动城乡发展一体化”，形成以城带乡、城乡一体的新型城乡关系。不过显而易见，彼时政策重心依然强调城市的主导地位，通过城市带动乡村的发展来谋求一体化。

2017 年 10 月，党的十九大报告提出了“乡村振兴战略”：推动实施乡村振兴战略，坚持农业农村优先发展，按照“产业兴旺、生态宜居、乡风文明、治理有效、生活富裕”的总要求，建立健全城乡融合发展体制机制和政策体系，加快推进农业农村现代化。把乡村作为与城市具有同等地位的有机整体，实现经济社会文化共存共荣。

党的二十大擘画了全面推进乡村振兴的宏伟蓝图，在“坚持农业农村优先发展，坚持城乡融合发展，畅通城乡要素流动”“推进以人为核心的新型城镇化”“推进以县城为重要载体的城镇化建设”“提高城市规划、建设、治理水平”的基础上，进一步从中国共产党使命任务的战略高度，提出了以中国式现代化全面推进中华民族伟大复兴的重大战略任务，并强调推进城乡融合发展和维护社会公平正义。在学习领会党的二十大报告精神时，我们进一步明确了实现城乡融合发展是社会主义发展的必然趋势，实现城乡融合发展是中国式现代化的应有之义，以及实现城乡融合发展是坚持发展正义的必然要求的观点。

通过以上政策可以看出，从党的十九大开始，我国城乡关系发生了历史性变革，城乡发展进入了新的发展阶段。几个阶段性的提法，从“统筹城乡发展”到“推动城乡发展一体化”，再到“城乡融合发展”，符合各时代的阶段特征和具体要求，也反映了中央政策的动态性和继承性。以下对近年来几个较为明确提出“城乡融合”的文件进行简要的梳理和分析。

## 一、2019 年 5 月 5 日发布的《关于建立健全城乡融合发展体制机制和政策体系的意见》

党的十八大以来，我国在统筹城乡发展方面取得了显著进展，但是也面临一些新的问题，如城乡要素流动不顺畅、公共资源配置不合理等。这一方面是经济与社会发展的研究领域，另一方面也可以从传播的角度来认识：城乡间的融合与要素流动、人员沟通本身也是传播学关注的范畴。从传播角度研究此类问题，也会碰到融合发展机制障碍的问题，因此政策的助推力度也是我们密切关注的范畴。

中共中央、国务院颁布的《关于建立健全城乡融合发展体制机制和政策体系的意见》（以下简称《意见》），提出了政府对“城乡融合”发展的目标规划：

2022年城乡融合发展体制机制初步建立,打通城乡要素自由流动制度性通道,提升公共服务水平,以及建立都市圈、城市郊区等空间。到2035年,城乡融合发展体制机制更加完善,体现在发展与生活水平的差距缩小,人口有序流动,城乡在用地、公共服务、治理体系方面更有融合特征。而到21世纪中叶,能达到城乡全面融合的理想目标。为了保证这些目标的实现,《意见》通过制定完善的体制机制,详细列出了打破壁垒、促进流动、注入动能、健全机制、完善制度等各种细化条款。

在具体的机制中,如城乡人才双向流动渠道的打通、城乡一体的基本公共服务提供机制的建立、城乡一体的基础设施建设、城乡公共资源配置等方面,除了有经济、社会等相关学科的关注之外,也有传播学介入和研究的空间,如城乡人才之间的流动,涉及人与环境、人与人的交往关系建立,本质上是一个传播的问题,而促进公共文化服务融合中,文化的传播与媒介的互动作用也是融合发展实现中的关键部分。

## 二、2019年12月印发的《国家城乡融合发展试验区改革方案》

2019年12月,国家发展改革委、中央农村工作领导小组办公室、农业农村部等18个部门联合印发《国家城乡融合发展试验区改革方案》(以下简称《方案》),并公布11个国家城乡融合发展试验区名单。福建省福州市东部片区是11个片区之一,被列为首批国家城乡融合发展试验区。可以说这是在《意见》颁布的基础上进一步对城乡融合发展的政策扶持。福建省福州市东部片区入选,宏观政策上的利好也为其发展带来了新机遇。

设立试验区的目标是,2022—2025年,试验区实现城乡生产要素双向自由流动的制度性通道基本打通,城乡有序流动的人口迁徙制度基本建立,城乡统一的建设用地市场全面形成,城乡普惠的金融服务体系基本建成,农村产权保护交易制度基本建立,农民持续增收体制机制更加完善,城乡发展差距和居民生活水平差距明显缩小。

正式被列为城乡融合发展试验区,对于福州城乡融合工作的推进有指导性的推进功能。根据《方案》,福建省福州市东部片区试验范围包含福州市仓山区、长乐区、马尾区和福清市、闽侯县、连江县、罗源县、平潭综合实验区、宁德市霞浦县。该区域面积约8935平方千米,试验重点为建立城乡有序流动的人口迁徙制度,搭建城中村改造合作平台,搭建城乡产业协同发展平台,建立生态产品价值实现机制,建立城乡基础设施一体化发展体制机制。《方案》发布后,相关地区的工作目标进一步明确,工作程序也进一步清晰:基于国家城乡融合发展目标，致力于通过缩小城乡发展差距和居民生活水平差距，以协调推进乡村振兴战略和新型城镇化战略为抓手，以促进城乡生产要素双向自由流动和公共资源合理配置为关键，突出以工促农、以城带乡，破除制度弊端、补齐政策短板，率先建立起城乡融合发展体制机制和政策体系。地方融合发展试验区则要从地方实际出发，创新拓展融合的新路径和新方法，为全国提供可复制可推广的典型经验。

在具体执行经验上，《方案》印发后，平潭综合实验区作为福建省福州市东部片区的一部分，将以工促农、以城带乡、缩小城乡发展差距和居民生活水平差距作为目标，一同为全省乃至全国提供城乡融合发展样本和可复制、可推广、利修法的典型经验。国家城乡融合发展试验区（福建福州东部片区）共分两步走：计划到2022年在城乡融合发展体制机制创新上率先取得突破，形成一批可复制、可推广的改革创新措施；到2025年，基本打通试验区城乡生产要素双向自由流动的制度性通道，打造滨江滨海现代化国际大都市。①

作为福州市东部片区的组成部分，平潭综合实验区也在政策探索上紧随《意见》，于2020年7月发布了《平潭综合实验区建设国家城乡融合发展试验区的指导意见》（以下简称《指导意见》），重点推动释放人口、土地、生态等要素红利，积极为国家城乡融合发展试验探索出一条具有平潭特色的发展新路。

《指导意见》提出：到2022年，城乡融合发展的制度框架和政策体系要初步建立，各片区改革试点成型，阻碍城乡要素流动的制度性障碍明显减少，城乡基本公共服务差距逐步缩小，农村人均可支配收入年均增长9%以上，城镇化率达到60%；到2025年，城乡融合发展体制机制要建立完善，片区成熟试点经验向全区推广，城乡生产生活要素互济畅流，城乡建设用地市场体系改革成型，城镇化率达到65%以上，实验区向“一岛一城”的目标迈进。

《指导意见》发布后，平潭综合实验区在城乡融合发展试验方面取得一定成效。建立乡村振兴省级试点村、探索“一村一品、一村一特”；推出若干个精品民宿村，探索文旅行业与民宿业的有机结合，同时成为城乡融合的利器。平潭综合实验区道路联网逐步完善，实现全区15个乡镇通二级及以上公路；建

---

① 省发改委印发《国家城乡融合发展试验区（福建福州东部片区）实施方案》[EB/OL].(2021-03-10)[2021-11-30].http://fjnews.fjsen.com/2021-03/10/content_30664996.htm.

成农村生态示范路100千米、农村公路提升改造15千米,2020年实验区获评“四好农村路”省级示范县,逐步健全快速路“一横两纵”、主干路“三纵六横一环”等干线路网。交通条件的改善从基础建设角度支持和推动了城乡融合,城乡人居环境的持续改善也为融合发展不断蓄力。

## 三、《纲要》中的城乡融合部分

2021年3月12日,《纲要》颁布。它根据《中共中央关于制定国民经济和社会发展第十四个五年规划和2035年远景目标的建议》编制,立足于当前“‘十四五’时期是我国全面建成小康社会、实现第一个百年奋斗目标之后,乘势而上开启全面建设社会主义现代化国家新征程、向第二个百年奋斗目标进军的第一个五年”这样的关键性背景和时刻,明确了我国进入新发展阶段,发展基础更加坚实,发展条件深刻变化,进一步发展面临新的机遇和挑战的现状,主要阐明国家战略意图,明确政府工作重点,引导规范市场主体行为,是我国开启全面建设社会主义现代化国家新征程的宏伟蓝图,是全国各族人民共同的行动纲领。

在这份极其重要的纲领和蓝图中,提出了“健全城乡融合发展体制机制”,并强调“建立健全城乡要素平等交换、双向流动政策体系,促进要素更多向乡村流动,增强农业农村发展活力”。作为一个人口和地理规模巨大的发展中国家,实现城乡融合发展是实现高质量发展、全面建设社会主义现代化国家的内在要求,这一过程不仅是在解决不充分发展或经济缓慢增长问题,也是在回应不平衡发展或共同富裕问题。这些政策充分说明了政府在当前及以后的一个时期对城乡融合发展问题的鲜明态度,也将城乡融合发展从政策层面上确认为一个显性的研究命题。

《纲要》中提到,进入新发展阶段,我国城乡融合发展的条件发生了变化。总的来看,我国仍存在城乡二元结构,但结构特征已发生了变化,城乡融合发展正站在新的起点,面临新的形势,需要解决新的问题。例如,当前我国人均GDP已超过10000美元,正在稳步迈向高收入国家行列,城乡居民收入水平和消费水平均在提高,居民消费结构也发生了深刻转变,2020年城乡居民恩格尔系数分别为29.2%和32.7%;常住人口城市化率超过60%,农民工总量超过2.8亿人,城乡商品和要素呈现加速流动态势;经济体制改革持续深化,市场在资源配置中的决定性作用日益彰显,城乡居民自主开展经济活动的空间在扩展。

对城乡融合发展条件变化的梳理和分析,意味着要着眼寻找解决问题的方案。新发展阶段推进城乡融合发展，需要着重推进城乡在主体结构、产业形态、要素流动方式、空间布局、公共产品配置格局等方面实现转变，并进一步完善相关的体制机制。①

① 高帆.融合发展重在推进六个转变[N/OL].(2021-04-13)[2021-11-30].https://epaper.gmw.cn/gmrb/html/2021-04/13/nw.D110000gmrb_20210413_3-11.htm.

# 第二章　数字城乡融合发展的理论综述:传播的视野

20世纪初,中国乡村的结构性变革开始。在一个多世纪的发展进程中,乡村社会的变迁始终是中国历史变迁的主体内容。城市近代化或城市化进程,本质上也是乡村社会变迁的过程。这些都融入在20世纪初传入中国的乡村社会学的研究中。当前,中国的数字城市建设、乡村振兴战略推行,也是整个中国未来历史变革的走向规律和特征,均应该从乡村社会研究,从城乡共同的视角入手才能真正获得符合中国实际的具有认知价值的知识。[①] 当然,在乡村社会学之外,从各个学科相互交叉和补充的视角更好地解剖中国乡村社会与城市发展,以及在数字时代下探索城乡融合命题,既有学术意义又有现实的实践意义。在政治、经济、社会等学科视角外,传播的视角是深具研究价值的合理切入视角。

传播学可以进入广度很大的社会层次和领域。传播不仅是构成社会的基础性要素,而且作为重要的日常生活实践部分,具有表征与交流形式的双重意义;传播还可以编织关系网络让人们相遇,构成社会得以可能的基础要素;传播促成文化的流动,促进相互交替互动,成为事物之间的中介,推进关系的建立,推动技术和社会的发展。

乡村和城市从来不是割裂的。在当前的网络社会和数字时代下,如果仍然依据要素或组合比例来理解城市与乡村,已然捉襟见肘,我们需要重新思考城市与乡村。确切地说,需要从流动、连接、关系的视角来重新审视城市与乡村,而非割裂、静止地看待二者。透过流动关系视角,我们将发现,城市与乡村已然共同存在于一个流动的网络之中,它们分布在不同的位置,而传播方式和传播技术的变化,不停地调整着网络节点间的关系形态,因而也就形塑了不同的城乡意象。[②] 曼纽尔·卡斯特(Manuel Castells)在他的《网络社会的崛起》

① 王先明.中国近代乡村史研究及展望[J].近代史研究,2002(2):260.

② 谢静.连接城乡:作为中介的城市传播[J].南京社会科学,2016(9):109.

中曾有论断，网络的关键特征就是“没有中心性，只有节点性”，同时他也说明城市社会结构也发生了巨变，城市越来越成为世界体系的一部分，变成流动空间。[①]

对城市发展、智慧城市的研究成果已经比较丰富，然而当我们把乡村、城市、技术并置时，“数字城乡融合”这个命题还有很多未知性和不确定性。因为在传统视野下，“乡村”往往和“老死不相往来”的隔绝与慢节奏等“前现代”社会状态相联系，而“数字化”总是和链接、全球流动与快节奏等“后现代”状况相勾连，然而当前的实践中，数字技术的影响深入了乡村已是正在发生的事实。早在2019年5月，中共中央办公厅、国务院办公厅印发《数字乡村发展战略纲要》，标志着继2017年10月党的十九大首次确立乡村振兴国家战略后，从政策层面确认“数字乡村”成为乡村振兴的战略方向和建设数字中国的重要内容。

在乡村经济振兴、产业振兴、文化振兴的研究和实践都如火如荼开展时，乡村传播的研究近两年来也呈现上升的态势。数字时代的到来、网络社会的崛起、城乡融合的发展趋势为乡村形象建构和传播提出了新挑战和新语境，也呼唤着传播视角对该领域的关注。在21世纪的中国，乡村实践不断变迁，从传统的农耕社会文化中走向了后现代信息社会的数字化大道，中华文明作为人类历史上唯一持续的农耕文明，在人类走向网络化、数字化和信息化的进程中，迎来了前所未有的复兴机遇，而作为中华文化根脉所系的乡土中国的振兴和全面发展，更成了全民族的共识、国家战略部署和政策措施的聚焦点。[②] 这样的复兴和变迁的实践带来了更多的新问题，它们都是传播学以及各种社会科学学科从事学术研究的土壤。

传播学学者应该在席卷当前世界的城市化、全球化、新技术浪潮背景下，利用传播学以及交叉学科的理论共同审视技术与媒介发展带来的社会与传播变革，观照中国当前新传播技术的丰富实践、城市化转型实践、中国乡村振兴的乡村实践，发现中国城乡社会发展以及城乡融合中的现实问题，提供适应时代的新实践案例以及新理论研究，致力于推动整个传播学研究的实践反思与理论创新，致力于传播学对中国城乡融合发展以及世界城市化进程中新理论的建构。当前，从传播学视角审视城乡的研究，已经超越了媒体本身，关注到

---

① 曼纽尔·卡斯特.网络社会的崛起[M].夏铸九，王志弘，译.北京：社会科学文献出版社，2006：4.

② 赵月枝.数字传播时代的乡村振兴[J].新闻与写作，2019(9)：1.

与城市乡村全方面事务相关的“中介功能”的研究。传播的研究已经不再局限于媒体怎么反映现实，而是放大到了整个城乡关系建构的视野下，同时，数字化和技术发展也已经加入当下的城乡传播的语境。

理论脉络的梳理是指导后续具体研究的必备基础。在本章节中，将对“数字城乡融合”这一命题中涉及的学术理论和学术概念进行全面的综述。可借鉴的理论涉及传播学、社会学、文化地理学、媒介学等学科。进一步讲，可以从城市传播、乡村传播、空间研究、技术哲学等角度去审视和思考。第一节从理论上确定传播学关注城乡融合的必要性与合理性——此处从传播学最重要的流派之一媒介环境学的学术宗旨和研究说起，给研究的合理性和可行性以确定性认知。第二节则从与“数字城乡融合”关系密切的学术理论说起，既有社会学对城市、乡村的关注，又有文化地理学对城乡空间的研究；既有城市传播对城乡的综合考量，也有依据媒介学理论对媒介“中介作用”的进一步拓展，以及乡村传播研究在当前学术进展和其研究范畴。众所周知，技术对媒介和传播生态的影响非常大，所以第三节从技术哲学的角度思考，对技术进行理论性的考量和评析，以期对数字城乡融合能有更好的洞察。

## 第一节　传播学关注数字城乡融合<br>——从媒介环境学说起

### 一、媒介环境学概述

作为传播学的三大流派之一，媒介环境学“把环境当作媒介来研究”，非常符合“数字城乡融合”命题的研究，因为在通过传播学视角关注城乡融合时，媒介的关涉早已不是传播媒介本身，而是延伸至环境的范畴。

在媒介环境学派的研究视野中，凡是人类创造的一切、凡是人类加工的一切、凡是经过人为干扰的一切都是技术。关注环境、媒介和文化技术媒介，此处环境和文化是近义词，甚至是等值词。媒介环境学派有如下几个显著特点：

第一，有深广的历史视野。关注技术、环境、媒介、知识、传播、文明的演进，研究视野跨度很大。

第二，主张泛技术论、泛媒介论、泛环境论、泛文化论。媒介环境学关注的重点是媒介（中介），而不是狭隘的媒体。不同的媒介继承和体现了不同的形式——传播结构（formal-communicative structures）。这里的媒介是人与人关系的中介，也是"联系"人的"渠道"，不同的媒介（或媒介形式）会给人的传播提供不同的结构，并以不同的方式相互作用。

第三，重视媒介长效而深层的社会文化和心理影响。媒介环境学派怀有深切的人文和现实关怀，注重思考媒介技术影响下的人类问题，思考媒介如何与人类互动等宏观问题，研究指向媒介技术与人性关系的研究。

第四，深切的人文关怀和现实关怀，带有强烈的批判色彩。从哲学高度俯瞰经验学、批判学和媒介环境学三大传播学学派，会发现其实媒介环境学的研究范畴很广，可以涉及当代媒介环境的各个方面，还可以闯入新媒介和数字人文领域，甚至更大的全球地缘政治语境（这充分说明其对数字时代、城乡融合等具有时代性的传播实践命题也具有指导意义）。媒介环境学的研究成果包括传播史、伦理、语言、隐喻、心灵和文化、视觉传播新媒介或数字传播、宗教口语文化、书面文化研究等，范围非常广泛。2014 年伴随着一套主流参考书《媒介和大众传播理论手册》的出版，美国的媒介环境学开始与北美传播研究的其他著名的主流理论并驾齐驱，这些理论包括戏剧性修辞理论、媒介政治经济理论、符号互动论、效果理论、养成理论等。① 在媒介环境学派的具体研究中，常用的是定性研究的方法，常围绕和关注从媒介内容和流行文化中发现和描述特定的、一般的技术或传播模式。同时，研究还包括探讨如何推广和采用技术，如何解决社会问题、技术问题，以及人类问题。具体进行研究时，媒介环境学派关注四个最关键性的术语——媒介、偏向、效果和环境，并以一个没有单一起点或终点的圆为基础，将媒介、偏向、效果和环境四个点联系在一起，然后以其中任何一个点作为研究的起点，并逐步推及其他三者，以此构成媒介环境学的研究范式。例如，以顺时针方向沿圆周运动，假若从媒介开始研究，便可以思考以下问题：特定媒介的特征是什么？这些特征与哪些偏向有关，而这些偏向会产生什么效果？环境是如何被这些效果塑造或改变的？或者，从偏向开始研究，我们可以识别：有哪些偏向？这些偏向会产生什么效果？环境是如何被这些效果塑造或改变的？在新的或变更的环境中包含或出现了哪些媒介？用这种路径进行研究均可以形成研究的完整逻辑和闭环。

媒介环境学派认为：媒介在界定人类传播的性质、结构内容和结果方面发挥着重要作用的同时，整个社会环境也都是媒介。媒介与社会的共生关系或媒介与文化的共生关系，也是传播学研究的一个重要的领域。媒介环境学主

---

① 林文刚.媒介环境学思想沿革与多维视野[M].何道宽，译.北京：北京大学出版社，2007:70.

张“媒介即环境，或环境即媒介”。从这个角度来讲，当我们认同“环境即媒介”的观点时，就带上了对当前数字时代、城乡环境变化审视的自觉。这种技术、媒介、空间的变化，必然会反映在符号、文化、关系的变化上，最终成为驱动并决定社会发展、城乡融合的软性力量。从传播、媒介的角度关注数字城乡融合的现状，是一种从文化、从生活、从人入手，“可以让世界成为更加平衡或健康的符号环境或媒介文化环境”，“既是使人都享受到更加美好的生活媒介的视角，也是一种充满人道主义和现代主义关怀的研究方法”。媒介环境学有助于维持社会、政治、经济、文化、健康的平衡和平稳，有助于个人心态、精神和思想生活的平衡。①

媒介、偏向、效果和环境四个研究焦点以及关系，也是数字城乡融合语境中传播学的主要研究领域。本书的研究中，就关注到了城乡融合中的几类媒介变迁，从传统媒体时代的广播，到微电影、微博、自媒体、短视频等，从媒介特征的分析开始，探讨不同媒介类别的偏向和效果，以及在这个过程中，环境如何被这些效果塑造，人与人的关系如何被这些效果创新和改变。本书在第三章的城乡环境与空间的表述，是媒介环境学研究中的另一条思路：从环境开始，观照了数字城乡时代环境的变化与特征，技术、空间的独特呈现，试图发现新环境、新空间的媒介作用，以及在促进和创新融合中的新路径和新可能。

媒介环境学派囊括了诸多学者，其中刘易斯·芒福德被认为是这一学派的开山鼻祖。作为城市规划理论家、建筑评论家、历史学家，芒福德的著作中很少直接看到媒介二字，而是始终围绕着城市、技术、文化三个关键词开展研究，但他之所以被誉为鼻祖，是因为“环境即媒介”的思想始终渗透在其论述的字里行间。他的研究重点关注城市、文化、技术、文明、社会等，惯于以探根溯源的方式展示事物发展的逻辑以及事物之间的关系，而这种方式正是生态学的考察思路，体现着媒介环境学的思想精髓，并且他的诸多观点直接影响和启发了如英尼斯、麦克卢汉、詹姆斯·凯瑞等知名的传播与文化学者的研究。②他的研究思路对于今天的传播研究仍然非常有启示意义，在今天的数字城乡融合研究中，传播视角的切入更要注重“泛媒介”现象，需要深入观照各种技术的偏向特质对城市与乡村中的人的生活的影响。对技术保持谨慎的态度，研

① 林文刚.媒介环境学思想沿革与多维视野[M].何道宽，译.北京：北京大学出版社，2007：52.

② 林文刚.媒介环境学思想沿革与多维视野[M].何道宽，译.北京：北京大学出版社，2007：122.

究媒介技术和文化的关系，揭示“泛媒介”的技术隐喻背后的社会与文化意义，发现城乡融合间的人、物、组织之间的逻辑和关系，辩证审视传播技术对文明发展的影响，以期有新的理论推进。

## 二、媒介环境学在数字城乡融合领域的应用

媒介环境学至少有三个层次的概念：社会环境，符号环境，感知环境。对于这三种环境，媒介环境学有各自的研究重点和兴趣。如对于社会环境，媒介环境学拷问媒介如何影响人和社会。媒介环境学的关注点是在界定人类传播的性质、结构内容和结果方面，媒介究竟发挥什么重要的作用，不同的媒介会给人提供什么样不同的结构，促使人以怎样不同的方式相互作用。而至于符号环境与感知环境，媒介环境下考量的是符号、感知如何影响媒介、人和环境，是从以下角度切入：当人们把符号环境或感知环境当作媒介来研究时，人们和媒介的关系会如何，不同的媒介形式会产生怎样不同的方式，以怎样的方式影响人们，如何感知、认识、思考、理解和表征外在于人的世界。人们感觉、感知、体会、思考、认识、理解和再现周围世界的方式，又是如何受到传播媒介固有的符号特质和感知特质的塑造的，进而产生新的交往关系，影响环境。

传播学者在谈及媒介时，都是从信息设备开始研究并把这些设备当作自己注意的重点，而从对媒介的研究也会延伸涉及对环境的审视。媒介环境学者把媒介当作符号环境和感知环境来研究，如文字、声音、影视、短视频、空间、技术等，是完全不同的符号，它们以媒介为载体，通过传播界定了人的互动和文化的生产，在这个层面上我们可以用“将环境当作媒介或者把媒介当作环境”的学术认同，探求媒介与意识的关系，或者说媒介与思维过程的关系。

作为新的社会行为，将数字城乡融合的时代命题放置在媒介环境学的研究视阈下，数字城乡融合的新实践显然从符号环境、感知环境和社会环境这三个媒介环境学的核心概念的层面为学术研究带来巨大的创新和挑战。此方向的研究具有丰富的研究对象、选题和广阔的研究视野，并且一定能有新实践新案例以及新理论的发现。作为一种人文主义、行动主义、实践哲学、社会思想学说，媒介环境学有着强烈的人道主义和现代主义关怀。我们在媒介环境学框架下研究审视当前中国的实践问题，如在中国的政治经济社会生活中都非常关键的城乡融合发展问题，目的也在于通过这种媒介、环境、人的行为和关系之间的研究，致力于使世界成为更加平衡和健康的符号环境和媒介文化环境，以便使人享受更美好的生活，并可以推动我们思考：用什么途径和手段去制衡主导的力量，才有助于维持社会、政治、经济、文化、健康的平衡和平稳，有

助于个人心态、精神和思想生活的平衡。这是一种美好的学术愿景。

基于对社会环境的关注，媒介环境学考察媒介如何影响人和社会媒介环境，界定人类传播的性质结构内容和结果方面究竟发挥什么样的作用，不同的媒介会给人提供什么样不同的结构，促使人们以怎样不同的方式相互作用。在数字城乡融合领域，近年来的城乡实践发展是社会环境中巨大的变革，那么从媒介环境学的角度去关注，可以考量作为媒介的社会环境中，各类环境因素究竟是如何发挥作用、发生关系、促进联系、共同推动的，而在这其中不同的媒介又会提供什么样不同的结构。本研究先关注作为机构的这些媒介，如从传统的调频广播媒体到微电影、自媒体、社交媒体，再到影视剧、短视频等。另外，本研究还关注了广义上的、作为环境的媒介，如城乡的新型的空间、各种融合的活动，研学、博物馆、非遗、数字无人机等媒介作为载体，是如何促使人以怎样的方式进行相互作用，最终直接或间接地促进了数字的融合。本研究还始终关注技术。技术与媒介的关系一直是媒介环境学派的重要研究领域，也是城乡融合发展中的新机遇和新挑战，技术在数字城乡融合实践中以一种环境的形式存在，是引导城乡融合创新发展的关键引擎。人与人之间的相互活动，因为技术的存在也出现了非常多的新场景、新交往方式和新范式，这些也都是我们依据媒介环境学的学术旨趣，对数字城乡进行审视要关注的内容。

媒介环境学另外两个层次的概念中，我们考量的是符号与感知如何影响到媒介、影响到人的关系。对这方面的关注不仅涉及媒介中的符号表征，如广播、微电影等媒介形式中基于地方感的挖掘而阐述的各类本土文化符号，还有包括技术加入空间媒介中而产生的新型空间等符号。

基于媒介环境学的理论假设，我们还可以结合数字城乡融合的时代命题进行以下思考：第一，媒介环境学告诉我们，传播媒介不是中性的、透明的和无价值标准的渠道，媒介固有的物质结构和符号形式发挥着规定性的作用，塑造着“什么信息被编码和传输、如何被编码和传输、如何被解码”。同时，根据媒介环境学的核心理论，“每一种媒介独特的物理特征和符号特征都带有一套偏向”（伊尼斯），例如，媒介有不同的思想和情感偏向、空间和感知偏向、政治偏向、社会偏向、内容偏向、认识论偏向、形而上偏向，总而言之，不同传播媒介中固有的不同物质形式和符号形式，预先就设定了相应的不同偏向。本书在第三章就关注分析了按不同特性分类的媒介，从传统媒体到数字新媒体，通过案例展示其在编码、传输、解码过程中的不同特性，以及不同媒介在城乡融合中不同的功能和作用机制。

第二，关于技术的理论假设，传播技术促成的各种心理的、感觉的、社会的、经济的、政治的、文化的结果往往和传播技术固有的偏向有关系，也就是说媒介环境学范式中的关键理论问题就是技术和文化的关系，尤其是传播技术如何影响传播文化。这也是本研究中重点思考的问题。在各种媒介的案例分析中，笔者都融入了技术介入后带来的新变化和新思考。

## 第二节　数字城乡融合研究的理论支撑

### 一、城市与空间研究

#### （一）从芝加哥学派的城市社会学研究说起

与城乡融合问题相关的学术理论中，首先还是要提到城市社会学。关于城市的研究由来已久，从20世纪就开始了，而成为社会学理论最早是从创建于1890年的芝加哥大学的美国第一个社会学系生发出来的。城市社会学理论在芝加哥社会学派之后的发展，很大程度上是在对它的反思批判和继承中派生出来的。芝加哥学派在发展中创造了城市人文区位理论、城市空间结构理论等新的理论意图，分析城市中的不同人群和地域间的互动关系，以及在城市空间结构中研究城市的发展规律。对城市的研究在20世纪初期的美国骤然兴起，源于当时一系列严重的城市社会问题，刺激着学者们去寻找相关的课题，这其中罗伯特·帕克、伯吉斯均涉入了对城市的研究。

芝加哥学派把“社会有机体”作为城市交往思想的基本立足点。在研究方法上，他们开启了城市传播经验实证研究方法的先河，以芝加哥城这座“天然的实验室”来开展城市问题的研究。帕克认为，不管怎么样，作为有机体的城市，既有其物质的组织形式，又有其道德的组织形式，两种形式相互作用、影响和调节，形成一种文化复合体，而城市有别于农村、有别于乡野生活的特性正是由这种文化复合体决定的。[①] 正是城市的这种文化复合体特征，使得各种类型的人类群体可以在其中共存。而包容性的城市生活，也可以将各种人类个性和特征充分地展示出来，并将其放大。因此，帕克认为宜将城市当作一个

---

① 帕克，等.城市社会学：芝加哥学派城市研究文集[M].宋俊岭，等译.北京：华夏出版社，1987：1-4.

实验室或者诊疗所，从中对人类特性和社会过程好好地进行研究。[①] 在很大程度上，帕克提出的城市研究纲要为芝加哥学派的城市研究奠定了理论基础。帕克提出了第一个城市研究的范式——“人类生态学”和“城市动力学”，对城市的表征、结构和功能进行考察，认为“城市是一种心理状态，是各种礼俗、传统构成的整体，是这种礼俗中所包含的，并随着传统而流传的那些统一的思想和情感而构成的整体”。而伯吉斯则以过程论的视角，从城市的新陈代谢和城市的运动性入手来讨论城市的发展，并以芝加哥城作为其实证分析的个案，将其作为“实验室”，真正地践行了帕克借用的人类学整体主义的实证研究方法，构造了一个关于城市发展和空间组织方式的动态模型——同心圆模型。

如果说伯吉斯运用了生态学的一些概念来建构城市生态空间分布和城市发展的理想模型，那么麦肯齐则系统地建立了人类生态学的概念系统和分析框架，并以之为工具来研究城市社区。他将人类生态学定义为：“研究人类在其环境的选择力、分配力和调节力的影响作用下所形成的在空间和时间上的联系的科学。”[②]虽然帕克也用生态学的理论来研究城市社会，但他并没有将城市看作相对封闭的自然环境，而是触及城市社区的情感、道德、宗教和文化层面的内容。费孝通先生对伯吉斯的同心圆模型和麦肯齐的人类生态学分析框架的批评都是针对整个芝加哥社会学派的，相对来说并未重视帕克提出的城市具有“文化复合体”特征这一点。因此有必要重新回到帕克的城市研究理论之中去反思这种批评，并从中挖掘出这一学派对于城市研究所具有的潜在意义。[③]

对城市是“社会有机体”的认识和研究，突破了对城市建筑意义上的单面性认知，关注到了城市中的人、文化、交往、互动，对城市发展中的社会问题做出学术的回应，芝加哥学派城市社会学研究的以上学术旨趣和目标是我们今天审视当今中国社会城乡融合发展实践的理论力量的来源，其学术自觉性、学术理论性仍能指导当今的研究和实践。

---

① 帕克，等.城市社会学：芝加哥学派城市研究文集[M].宋俊岭，等译.北京：华夏出版社，1987：47.

② 帕克，等.城市社会学：芝加哥学派城市研究文集[M].宋俊岭，等译.北京：华夏出版社，1987：63.

③ 翟淑平.芝加哥社会学派的城市研究：以《城市社会学——芝加哥学派城市研究文集》为例[J].西北民族研究，2014(2)：69.

### (二)空间作为媒介

在欧洲社会学研究领域，马克思、韦伯、涂尔干、齐美尔等知名社会研究学者都对资本主义城市经济方式和生活形式进行了初步探索，认识到了城市空间在经济社会中所起的作用。以帕克、伯吉斯等人为代表的美国芝加哥大学的城市社会学研究芝加哥学派，对城市功能生态区分进行了建构，对城市公共空间的重视和研究也逐渐形成气候，空间在芝加哥学派的研究中，成为区分城市阶级结构的物理场所，统一于城市生态规划。研究还逐渐涉入空间关系对社会结构的影响中，突破了原先那种只把公共空间看作是独立的、客观的研究对象的短视，开始关注空间背后的社会动力机制和权力运作体系。

在学术上，"空间"作为社会科学的传统研究视角，早已从物理属性中脱离出来并转向现代意义上的社会性和人文性。城市空间研究不仅是传统空间学科研究的对象，也是社会学、政治学等社会科学研究的热点领域。公共空间作为城市空间研究的重要领域，既是一个具有开放性和包容性的物理场所，也是公共参与与互动的集群性过程。围绕空间社会的转型，城市社会学最突出的四大研究领域，即城市公共空间的"公共性"、城市公共空间的历史变迁、社区公共空间的实践和城市公共空间的新兴领域，从宏观到微观、从理论到实践构成了研究城市公共空间的支柱。①

2000 年后，亨利·列斐伏尔(Henry Lefebvre)、米歇尔·福柯(Michel Foucault)、大卫·哈维(David Harvey)、爱德华·苏贾(Edward W.Soja)、曼纽尔·卡斯特等人关于空间和人文地理问题的讨论，被本土研究者作为文化研究的一脉系统引入中国，并在 2005 年前后掀起一波高潮。这些 20 世纪 70 年代西方人文社会学科"空间转向"孕育的代表性思想，代替 1990 年后渐成显学的芝加哥学派，成为国内研究者探讨城市问题时的"理论新宠"。② 近年来随着对列斐伏尔、哈维、卡斯特、苏贾等学者研究成果的译介，国内学者也初步形成了"空间—社会"和谐与均衡研究的价值共识，为城市公平地深入研究提供了理论基础和实践基础。列斐伏尔关注对城市空间的生产实践批判，公共

---

① 许龙飞.社会学视阈下当代中国城市公共空间研究综述：基于 CNKI 期刊论文(2006—2016)[J].理论与现代化，2017(6)：122.

② 陶东风.城市空间研究在中国的兴起及其理论旨趣[J].中国政法大学学报，2017(2)：18.

空间作为城市资本与权力催生的特殊产物，一直处于妥协与抗争的脉络之中。[①] 哈维进一步从“空间正义”的角度，认为城市公共空间的价值需要通过生产正义来实现，即通过对资本主义生产方式的变革来消除地理空间中的不公平。[②] 苏贾的“第三空间”理论从后现代视角通过引入历史的维度，超越顽固的二元论，尝试性地建构一种反抗“第一空间”与“第二空间”统治性秩序的空间结构，提出了“第三空间”概念来凸显其关于空间性的新思考方式。[③] 苏贾用“第三空间”来展示其超越现有理论边界之后的新地理学想象，“第三空间”理论在后现代批判地理学中占有重要的地位，因此他的理论也是城乡融合研究中的重要支撑。

新时代下，对城市空间的研究带上了媒介的要素。“纽约在很多方面就是由媒体建构起来的——曼哈顿的天际线为全世界的人们所熟知，即便是大部分地球人从来没有去过也永远不会去纽约，他们也能立刻认出纽约来。”[④]刘易斯·芒福德的论断虽早于数字时代的到来即已推出，但是从今天传播视角、媒介建构想象的维度来思考，仍然具有启发意义。“空间和地方是决定传播范围、环境、框架和形式的载体……它们又是由传播所承载和生产的内容，也就是说，传播在书写、讲述、绘制、刻画着空间和地方，它们成为传播所承载和传输的社会现象和经验。”[⑤]

在技术迅猛发展的当下，在吉登斯所说的“脱域机制”影响下，空间变动一度变得不再重要，空间交往活动也随之失色。如果人们能够轻易地通过技术设备与远亲“面对面”交流，能够通过技术随时到世界各地的空间“打卡”，能够足不出户就同世界各地的人进行交谈，那么在邻里寻找谈话伙伴、在公共场所寻找志趣相投的交谈对象或参与一场陌生人之间的话题讨论这些线下空间的交往就显得没有那么重要了。此时城市成为想象中的城市，大众媒介使体验有了替代性，空间的媒介性又该如何凸显呢？

在著于21世纪初的一部《现代传媒史》中，日本学者佐藤卓己就谈到了城

---

① 吴宁.列斐伏尔的城市空间社会学理论及其中国意义[J].社会，2008(2)：112-113.

② 张佳.大卫·哈维的空间正义思想的探析[J].北京大学学报(哲学社会科学版)，2015(1)：25.

③ 唐正东.苏贾的“第三空间”理论：一种批判性的解读[J].南京社会科学，2016(1)：40.

④ 刘易斯·芒福德.城市文化[M].宋俊岭，李翔宁，译.北京：中国建筑工业出版社，2009：2.

⑤ 保罗·亚当斯.媒介与传播地理学[M].袁艳，译.北京：中国传媒大学出版社，2020：5.

市的媒介性质:“如果说媒介具有沟通私人领域和公共领域的功能的话,那么城市就是媒介,而且所谓城市论,就是‘阅读’作为文本的城市空间。建筑物在向人们发出信息,泛化的街道、公园、办公室与工厂是为了交流而创造出来的空间。城里人,指的就是可以解读这种城市的人。空间是由于经验而产生关联的场所,城市是浓缩了这种关联性的场所。”①空间媒介作用的体现之一,即作为人们无形的精神之间的相似物,可以使人们通过仪式彼此不断验证精神的一致性;空间媒介作用的第二个体现是,作为统治者与被统治者的沟通渠道,它为前者提供了统御精神世界的方式,而为后者提供了解答和纾解现实压力困惑的途径,它的最终效果是达到社会和政权的稳定。空间媒介作用的第三个体现,即作为可以引导人与人之间进行彼此接触、参与和交流的场所,使人们有机会进行社会必要合作以外的交往,并从中得到精神的共鸣。②

正如前一段所论述的,在社会交往活动中,空间媒介作用有三种表现形式,分别是集体记忆(人们精神交流的中介物)、意识形态和资本的空间生产(作为统治者与被统治者精神上的沟通渠道),以及交往仪式(人与人之间进行接触、参与和交流的场所)。之后,在新城市社会学的推动下,学者对城市空间的实质性研究的核心是把空间作为一种理解社会的方式,探讨社会与空间之间的互动与互嵌关系。

### (三)爱德华·苏贾的空间理论

《后现代地理学——重申批判社会理论中的空间》《第三空间——去往洛杉矶和其他真实和想象地方的旅程》《后大都市——城市和地区的批判研究》被称为爱德华·苏贾空间研究的“三部曲”。他分析了空间之于存在的重要意义,张扬了空间及空间性这一人类生活的第一原则。苏贾演绎“三部曲”的过程,同时也是一个展开人类空间画卷的过程。在这里,空间、社会、历史“三位一体”,构筑起城市问题研究的擎天之柱。③

苏贾顺着列斐伏尔在《空间的生产》中勾画的分析思路,提出了“第三空间”概念。在他看来,列斐伏尔在这部集大成之作中,实际上区分了三种“空

---

① 佐藤卓己.现代传媒史[M].渚葛蔚东,译.北京:北京大学出版社,2004:24.

② 许龙飞.社会学视阈下当代中国城市公共空间研究综述:基于CNKI期刊论文(2006—2016)[J].理论与现代化,2017(6):124.

③ 高春花.爱德华·苏贾的空间叙事与行动策略:以《寻求空间正义》为例[J].学习与探索,2016(256):22.

间”形式。第一种形式的“空间”表现为可凭借经验观察予以描述的具象物质，拥有肉眼可见的物理实体。人们可以直接感知这种空间，并在质料层面对其展开“空间实践”(spatial practice)。第二种形式的“空间”则是人们以语词、图像等符码作为素材，在观念层面搭建的“关于空间的表征”(representations of space)。它缘起于人类精神或认知形式对于自身外部环境与内心世界“空间性”的深思熟虑。[①] 第三种形式的“空间”是指列斐伏尔提出的一个勾连铆合上述两种空间形式的“第三选项”，并将这种“再现的空间”(representational spaces)视为都市日常生活的真正舞台。“再现的空间”指的是将实在的空间与关于空间的表征合二为一的空间形式，苏贾称之为“第三空间”[②]。

苏贾的研究印证了人是一种空间的存在，很多研究人的问题，其实是空间问题。对空间的关注非常符合当前城市化运动带来的城乡空间的巨大变化，当下应反思这种空间的改变在正面意义和负面效应方面的问题，寻求更多的正义性，意图以更优质的空间改善，推动城乡融合。“空间正义成为一个包容性极强的理论概念，一个经验分析的焦点，一个社会和政治行动的靶子。”在苏贾看来，交通工具不仅仅是一种背景，或者一套可图绘描述的物理对象，而且是一个空间表达，一种意识形态，寻求交通正义就是寻求空间正义，为交通而斗争就是为空间而斗争。[③]

苏贾对空间正义的研究和呼唤，放在城乡融合的领域中也非常具有理论指导意义。他研究过的交通正义、环境正义、城市主义意识形态，均与当下的数字城乡融合实践相关。在城乡融合的步伐中，我们需要在实践的推进中寻找空间正义的思想出发点，注意减少由于区域发展不平衡而导致的冲突，减少各种隔离与限制，减少各种在规划层面上的过度集中，或存在的倾斜与不平衡，建构能够打通社群与社群、空间与空间、公共与私人之间张力和沟通的有益的公共空间，并坚持改善各种边缘性空间。在城乡空间的设计和建设上也要注重环保与可持续发展，要关注碳中和排放量等生态建设的问题。

---

① 爱德华·W.苏贾.第三空间：去往洛杉矶和其他真实和想象地方的旅程[M].陆扬，等译.上海：上海教育出版社，2005：12.

② 胡翼青，张婧妍.作为媒介的城市：城市传播研究的第三种范式：基于物质性的视角[J].福建师范大学学报(哲学社会科学版)，2021(6)：152.

③ Soja.Seeking Spatial Justice[M]. Minneapolis: University of Minnesota Press，2010：1.

## 二、城市传播理论

芝加哥学派最早将传播学理论用于城市研究。帕克(Park)等人在《城市》一书中关注到新闻、报纸对于城市的作用,指出作为再现工具的报纸是解决大城市整合缺失问题的工具,这是典型的"媒体表征"理论。[①] 到了德布雷(Debmy)时期,传播研究转向中介化。[②] 基特勒(Kittler)[③]在"中介观"基础上,提出了"媒介本体论",认为"城市是一种媒介",其实质是经由网络传播构筑的网络化的中介关系。斯科特·麦夸尔(Scott McQuire)[④]提出"媒体城市"来凸显"媒体技术在当代城市空间的动态生成中的作用",挑战了"媒体表征"理论。麦夸尔[⑤]又进一步提出"地理媒介"概念,说明了媒介与地理空间融为一体,媒介技术创造的虚拟与实体地理空间合二为一,媒介技术已经是"从属于现实"。延森(Jenssen)[⑥]梳理了西方哲学的研究转向,关注点从客体(本体论)到主体(认识论)再到连接主客体的载体(中介),凸显了传播作为中介化实践对于人类生活的重大意义。萨森(Sassen)[⑦]研究了城市空间的新可能、新途径,公共领域的城市社会生活可以是"温暖的",人与人之间的互动和关系的建立有助于文化角色融合。

著名城市研究学者芒福德在半个世纪前曾说过,"这个世界实际上在很多方面已经变成了一个城市",人类社会正在成为城市世界。城市传播理论首先从对城市的发展讲起。在1900年,只有10%的人口生活在城市。今天,这一比例为50%。联合国专家预测,2030年世界城市化率将达到60%,2050年这

---

① Park Robert, Ernest Burgess & Roderick McKenzie. The City: Suggestions for the Investigation of Human Behavior in the Urban Environment[M]. Chicago: University of Chicago Press, 1925.

② 雷吉斯·德布雷.媒介学引论[M].刘文玲,陈卫星,译.北京:中国传媒大学出版社,2014:1.

③ Kittler F. Optical Media: Berlin Lectures[M]. Malden: Polity Press, 1999:35.

④ 斯科特·麦夸尔.媒体城市:媒体,建筑与都市空间[M].邵文实,译.南京:江苏教育出版社,2013:12.

⑤ 斯科特·麦夸尔.地理媒介:网络化城市与公共空间的未来[M].潘霁,译.上海:复旦大学出版社,2019:3.

⑥ 克劳斯·布鲁恩·延森.媒介融合:网络传播、大众传播和人际传播的三重维度[M].刘君,译.上海:复旦大学出版社,2012.

⑦ Saskia Sassen. The Global City[M].Princeton University Press, 2001:9.

一比例将上升到 75%，城市化进程已经无法逆转。[①] 中国城市化率在 2011 年达到 50%，实现里程碑式的突破。诺贝尔经济学奖得主斯蒂格利茨断言，21 世纪有两件大事影响世界：一是美国的高科技产业，二是中国的城市化。因此，我们有充分的理由对城市环境进行彻底和紧急的重新评估。

在全球，城市发展都伴随着各式各样的问题。如郊区蔓延、城市凋敝等趋向，技术的摧枯拉朽之势使城市的外在环境、经济发展和社会生活均受到不同程度的冲击；公共空间的消亡；基础设施的更替；旧生活模式的颠覆和新技术新逻辑的崛起等。城市如何迎来以及鼓励更多积极的变化？城市的发展问题能从哪些更广的学科维度进行诊断把脉？如何解决城市问题和研究的新理论，从传播理论的角度入手来研究城市是一个新的尝试。那么在这种情况下，城市中的"传播"包括哪些要义呢？

20 世纪以来，将"城市"与"传播"相提并论开启了诸多传播学经典议题。"城市中的传播"、"传播中的城市"和"作为媒介的城市"三种路径下均有大量的研究成果，但"作为媒介的城市"是综合另外两种路径实现的范式突破。因为将城市视作媒介，是基于物质性视角，认为城市允许真实与想象的地理彼此叠加，同时敞开了实在的空间和隐喻的空间，并促使二者在自身构成的界面上相互转化。城市及其物质体系所支持的这一中介过程，释放出让特定生活世界成为可能的时空场景。在这种意义上，城市扮演着"容器型"的媒介角色。这一"城市传播"路径将城市视为与传播双生共构的媒介，拓宽了对"城市"和"传播"两个维度的理解。[②] 如果把城市本身作为一种传播媒介，那么可以说城市就是世界上最古老的媒体和传播形式之一。城市是由结构、基础设施和人创造、携带和交换信息的地方。"城市传播"是技术和社会互动的结合，"城市传播"反映了一个新兴的、跨学科的领域，它提供了一个新的视角来看待城市和它的转变。

对于城市，经济学家、地理学家、社会学家、城市规划师、环境心理学家、艺术家等都从不同角度仔细研究城市信息，研究创造和传播这些信息的技术，发现城市与传播的相互关系，以及传播对我们城市环境中的生活体验的深远影响。而传播视角为研究城市和郊区生活提供了宝贵的视角和方法。在传播学的视野中，将城市概念化为一个人际互动的复杂环境、一个塑造人类行为的空

---

① 孙玮.城市传播的研究进路及理论创新[J].现代传播，2018(12)：33.

② 胡翼青，张婧妍.作为媒介的城市：城市传播研究的第三种范式：基于物质性的视角[J].福建师范大学学报(哲学社会科学版)，2021(6)：144.

间和场所的景观，以及一个错综复杂的技术环境。“城市世界”已经成为我们描述当前人类生存状况的常用词，它意味着城市这种人类创造的独特生存方式，正在变为世界的主导状态。[①] 城市传播“是一个领域，我们可以在这样一个经验场域中，立足中国实际，重新理解传播，从而对新媒体及其传播实践做出学术回应，并努力创造本土传播研究的范式和理论”。[②]

“城市传播”是当下传播学范式创新下的代表性学术概念，其学术视域不只局限在地理上的“城市”。谢静指出：“城市传播不是置于城乡分割或对立的空间场景中，不是‘在与乡村对立的城市中’的传播，而是一种新的传播形态，已然超越了空间界限，在一个更为开放、流动的网络中建构或者解构关系，是与当今社会、技术形式更为契合的传播方式。”[③]其用一种前瞻的、动态的、流动关系的视角审视社会的城市化发展，可用来观照当下的城乡融合、乡村形象传播等现实问题。“可沟通性”出现在城市传播发展、以媒介“中介化”研究为出发点的阶段。夏哈姆林克(Cees J.Hamelink)提出的“可沟通城市”，最初用来探究工业城市转变为“媒体城市”的城市发展的内生逻辑，“可沟通性”中包含的诸如解决冲突、推动参与、促进关系等核心价值，亦可用来研究城乡问题。冈伯特(Gumpert)和德鲁克(Drncker)把“可沟通城市”的基本特征概括为三个方面：城市应为市民的日常沟通活动提供自由空间，城市应建立起符合城市传播规则的基础设施，城市应为市民提供言论自由与参与自由的环境。杰弗里(L.W.Jeffrey)概括了“可沟通城市”的三个特点：城市需将居民整合为充满活力的整体，帮助市民参与公共事务与扮演社会角色，城市作为传播系统能够平衡移动与稳定。将“可沟通城市”引入我国，并进行本土化改造的主要阵地是复旦大学。

城市传播理论可以用来研究审视城乡融合的命题，缘于20世纪八九十年代以来，国内外学术界有关传统中国都市史、城乡关系等的研究，对传统中国社会中的都市形态、城镇化进程、城市社会结构、城(市)—(市)镇—乡(村)关系等，做出过多方面、多视角的描述和分析。“乡村”与“城市”在不同的社会、在社会不同的发展阶段，都会有内部结构的不同，它们之间的相互关系(城乡关系)亦会有种种差异。例如，我们可以看到，在农业占主导地位的传统社会

① 孙玮.城市传播的研究进路及理论创新[J].现代传播，2018(12)：29.

② 黄旦.城市传播：基于中国城市的历史与现实[M].上海：上海交通大学出版社，2015：1-2.

③ 谢静.可沟通城市：网络社会的新城市主张[J].新闻传播研究，2015(7)：21.

中，乡村往往是社会的主体部分，而在产业化的现代社会中，城市会成为社会的主体部分。但无论如何，在传统社会和现代社会，我们都不难从中发现乡土性和城市性。[①]

城市乡村传播在当前这种城市即为媒介、地理即为媒介的环境下其实是更具有迫切性的。在城市景观的研究中突出交流并不新鲜，城市的本质是社区，与交流的关系由这些词的共同根源强调。新的是对利用所有从事传播研究和公共行动的人的热情和工作需要的日益紧迫性。在城市集聚发展衍生出超多的大型城市、现代型城市、数字城市。近代中国乡村社会变迁又是伴随着工业化、城市化乃至现代化的历史进程而出现的中国社会发展主题之一。乡村与城市终将只是指社会发展的不同阶段。城市传播并不是在“与乡村对立的城市”中的传播，而是一种新的传播形态，它体现了城市作为汇聚、并置、交流之所的特点。众多有关乡村的研究也早已否认乡村的封闭性和自足性。

城市传播并不是一种与乡村传播对立的传播形式，它在一定程度上甚至包含了部分被认定的乡村传播，比如新技术在乡村的传播、城市文化在乡村的传播。由于这些技术与文化的传播，归根结底是现代性的传播，它不是自给自足的，不可避免地发端于城市，因此，城市传播也不是在城市里或者关于城市的传播，它同时是城乡网络得以确立的核心过程，即经由城市传播而建立城乡连结。[②]

聚焦于传播媒介与传播方式，从传播变化来理解城市、乡村及其关系的嬗变，从传播的视角来审视城乡的现状和发展，“中间景观”进一步分析城市传播的中介作用，探讨具有媒介性质的城市和中间景观如何通过传播过程促进城乡连接。在数字时代，乡村与城市都要冲出边界，最终走向世界性、网络性与数字化。世界网络开始电子化，从此几乎所有人都被卷入合作与竞争的巨大漩涡。毫无疑问，在数字化浪潮的席卷下，无论是城市还是乡村，作为网络中的节点，都将加入世界性网络之中。

## 三、文化地理学

文化地理学作为人文地理学的分支，其思想起源于古希腊历史学家希罗多德和地理学家斯特雷波。1891 年德国人文地理学家拉采尔（Friedrich Ratzel）确立了人文地理学这个概念。1925 年文化地理学的理念由美国加州

---

① 孙玮.城市传播的研究进路及理论创新[J].现代传播，2018(12)：29.

② 谢静.连接城乡：作为中介的城市传播[J].南京社会科学，2016(9)：108-113.

伯克利大学的文化地理学家索尔(Carl O.Sauer)提出。索尔建立的伯克利学派代表了传统文化地理学,提倡以景观入手,探讨文化与景观之间的相互关联,从而剖析文化的区域特征和分布范围。①

20世纪20年代至70年代,传统文化地理学逐渐形成文化源、文化传播、文化景观、文化区、文化生态五大研究主题。文化源讨论文化的起源和中心,文化传播分析文化从文化源的传播方式,文化景观讨论文化研究的切入点和研究对象,文化区涉及文化传播扩散之后形成的各类文化区域的形式组成,文化生态探讨文化区与自然区之间的关系。其中针对地域文化的研究多融入文化区的形式概念中,被列为文化地理学的重点研究内容。

20世纪80年代,新文化地理学出现,其对传统文化地理学的研究理论和方法进行了批判和改良。新文化地理学更关注文化与政治、文化的空间性和空间的文化性。② 新旧文化地理学之间的本质区别在于对"文化"的诠释。传统文化地理学认为文化来源于内在,由人的行为作用于环境产生,代表一个统一的整体。新文化地理学则从政治文化的角度切入,认为文化是由不同的独立个体的社会集团实践冲突产生的结果,并把他们的理解方式强加于其中。③

20世纪至今,国外文化地理学的研究发展,从传统学科对物质文化的客观研究的日渐式微转向对社会、政治、哲学意义的探索。中国对于文化地理学的研究思想起源很早,但相比国外深入系统的研究成果,国内文化地理学研究缺乏自身的理论基础,未形成一个完整的科学体系。20世纪80年代左右,中国文化地理学才取得了长足的进步。对文化地理学的研究领域、内容、目标、主题等,不同的学者往往有不同的表述。关于文化地理学的定义,有的认为,"文化地理学是一门研究人类文化事物和现象的起源、分布、变动及其同自然环境关系的学科";有的认为,"文化地理学是研究地表各种文化现象的分布、空间组合及发展演化规律"④;也有的认为,"文化地理学是研究一定空间范围内的诸文化因素的分布、组合和发展及其形成条件的科学"。王恩涌先生认为,文化地理学研究的主要领域一般可以包括"文化的起源、文化的传播与扩

① Carl O. Sauer. The Morphology of Landscape[M].University of California Publicationgs in Geography,1925.

② Mike C. Cultural Geography [M].London:Routledge,1998.

③ Benko G. Human Geography: A History for The 21st Century[C]. London: A Hodder Arnold Publication,2004:25-46.

④ 金其铭,等.人文地理概论[M].北京:高等教育出版社,1994:180.

散、文化生态、文化区和文化景观”[①]。

在城乡融合的问题中，城乡文化的传播扩散、各自的文化生态与景观的分析研究以及文化区的形成，都是研究中的应有之义。对城乡新融合空间的文化地理学角度的考察也会在后续章节展开。另外，当前的地理学已经出现了“数字地理”的研究。媒介、传播与地理三者之间相互嵌入，随着数字技术的发展越发深入。数字技术在日常生活中越来越普及应用，对城市空间和公共生活都产生了比较明显的影响。在这种外部技术环境影响下，整个地理学的研究都面临一种数字化转向，尤其是那些与地理空间相关的数字技术、带有位置感知能力联网的移动设备，围绕着数字技术与地理之间的相互关系展开讨论，阐述数字技术作为媒介如何介入重构多个地理研究领域，如何影响人们对空间、城市、移动等认知的研究。[②] 数字地理学研究，在传播地理学的基础之上，更关注数字技术作为日常现实所形成的地理知识及其生产方式的转变。数字地理学将考察的重心从城市生活现状转向知识生产的层面，这样的转变更触及地理知识生产多方面的认知论和方法论变革。数字地理研究对数字媒介和数字媒介无处不在的社会生活乃至人类处境的讨论形成呼应，提供了重新理解媒介传播空间等关键概念的又一条路径，也为传播研究在新媒介时代的推进带来新的启示。[③] 数字地理的研究更为关注当前技术的现状，对媒介的理解强化了在地理和技术方面的倚重，这给我们在衡量或考量城市乡村的空间地理时，又提供了更深入的视角。

## 四、媒介学的转向

德布雷的中介理论认为，中介是处于中间介入两者之间的、使两者发生关系的第三者。如果没有中介，关系就不存在。这促进了传播的含义由本体论向认识论转向，传播从主客体联系的工具转向主体间性的互动，传统现代性主体观所认为的没有主客体就没有传播，被反转为没有传播就没有主客体。媒介显然是一种中介，媒介化城市当然也是中介。基特勒提出的媒介本体论也得出城市是一种媒介的断言。他从媒介最基本的定义出发——媒介能记录、传输和处理数据，将老式的书本、新发明的计算机、广为人知的

---

① 王恩涌.文化地理学导论[M].北京：高等教育出版社，1989.

② 郭光华.城市传播：媒介研究的新领域[J].新闻爱好者，2017(7)：77.

③ 黄显.数字地理研究中的媒介和传播人与技术的会遇[J].新闻记者，2021(6)：16.

城市并称为媒介。[①]

媒介学自认是中介化的学问——一个观念通过中介化过程，最终成为物质力量，媒体只是中介化中一种特殊的、后来的和具有侵略性的延伸，因此媒介学中，用中介化(mediation)取代了传播(communication)，媒体是媒介的一部分，它们的功用也不一样。媒介更倾向于传承，因此不可能简单的只是媒体一般的存在。德布雷提出了传承(transmission)的概念，而这个概念，相对于传播的概念是有着明确的区分的，在德布雷的认知里，价值和知识的传递是不能通过简单的传播完成的，因为传播更强调的是瞬时性效果，而文化在代际之间的传承却必须通过一些物质化的组织、部门、机构去实现。因此媒介学从学科的姻亲关系上考量，更接近历史学、人类学、符号学和生态学，站在一种对于"文化的传承危机"的思考维度上确立了该学科的合理性。尤其是在当下的技术环境下，媒介学价值又被重新发现和重视，因为技术催生新事物的迅速生长，无形中引发了忽视文化传承的这样一种现状和问题，这让学者担忧和关注。

德布雷对媒介学的概念已经表明，相比传播学更注重"传播"，媒介学主要关注的是"传递"(transmission)，用传递这个词来指"一个通过中转以远距离运载信息为手段的"中介化的传播。根据其对象的不同，这些运载工具的性质也各异。如果是运载新闻到观众那里，媒体就是此种情况下的中介；如果是运载个人信息到个人那里，我们熟悉的各种移动运营商就是中介；如果是运载数字化信息到客户那里，这个时候的中介就是指计算机网络；如果是运载有形的人到另一个地方，这时的中介指的便是交通工具。由此看来，媒介学中的中介所指涉的范围，比我们之前认知的媒体本身要广泛。同时，媒介学意义上的传递，不仅仅是把自己还原到只是研究扩散技术，因为在媒介学看来扩散技术是无法同输入或记录技术分开的。就媒介学意义而言，一个系统永远都不只是技术的，而是技术文化的。所以媒介学的研究总是把包含技术史的文化史和文明史联系起来，以此作为这种研究的依托。[②]

对笔者的研究来讲，德布雷的观点也很有启示性，因为媒介学的重点是探讨"文化与技术的互动关系"，这个问题的背景其实也是我们面对城乡融合问题、面对发展中的各类社会问题的时候，难以绕过的一个底层的叩问：技术发

---

① 吕晓峰.媒介化城市理论框架与传播生态[D].济南：山东大学，2017：23.

② 雷吉斯·德布雷.普通媒介学教程[M].陈卫星，王杨，译.北京：清华大学出版社，2014：8.

展带来的环境变化以及人类生存方式的巨大改变，导致了人类文化传承的危机，我们如何去进行改变？这本质上也是城乡融合问题需要解决的终极问题：城乡融合发展的未来在哪里？究竟是城取代乡，还是乡取代城？是城和乡的简单叠加？数字技术在城乡的覆盖最终是否也会导致城乡文化的传承问题？那些传统的、市井的、农耕的文化，是否只能在数字化光芒的角落里求生存？因此，文化与技术的互动与文化的传承问题，是数字城乡融合这个问题研究中不能抹去的部分。我们在城乡融合的传播中，始终要也带着一种使命，那就是要保护城乡各自的文化如何不被技术摧毁，建构具有“中介化力量”的物质力量，并且能够长时间地传承下去，城乡各自的文化属性不会在融合的过程中消亡和消解。这是一种很重要的学术情怀和文化使命感。

在全球前所未有的物质均一化的浪潮当中，一个民族如何能够保留并保护好自己的文化特性呢？文化的个性如何在铺天盖地式的技术影响下留存下来？如何在坚持自己的精神道德遗产的同时兼顾现代社会的技术进步？这是很多发展中国家进入 21 世纪初提出的问题。德布雷自己也承认，相对于其他国家来说，中国飞跃式的超凡发展尤其突出，因此在媒介学的研究方面是“一本典型的教科书”[①]。

媒介学其实就是一个正在组建的研究领域，它的出发点是研究技术和文化之间的关系，在传承(transmission)过程中的各种现象。德布雷很赞同法国工程师皮埃尔・舍费尔说的话：“传播机器如电报、电视、电脑这样的机器会越来越多，然而却从来没有，也不可能有传承的机器。传承是被机体理想化了的个人或团体之间的传播。如果说传播是瞬间行为的话，那传承就一直是一个过程，传承从教育开始，而且从未停止。”[②]

传播同大众媒体形成一种矩阵型的关系，因而它首先遵循的是语言符号或者相关领域，比如说音乐语言、电影语言的规则，然而传承除了包括这些文字语言以外，还包括其他的意义载体，如行为、场所、文字、图像、文本、仪式、有形的、建筑物的、精神的、智力的等。而这些中介载体，多少已经跟不上历史的脚步，数字时代技术狂飙突进之时，这些“缓慢”的传承机构，逐渐丧失了社会地位。另外，传播只要个人感兴趣就可以进行，然而传承是需要改变或者转化

① 雷吉斯・德布雷.媒介学引论[M].刘文玲，陈卫星，译.北京：中国传媒大学出版社，2014：1.

② 雷吉斯・德布雷.媒介学引论[M].刘文玲，陈卫星，译.北京：中国传媒大学出版社，2014：5.

的，传承更具有整体性，是一种相互联系、具有认同感的结构。这需要群众亲自努力，也需要全体成员共同努力，来保证知识、价值和技术，在没有任何遗传成因担保的情况下，通过在过去和现在之间的多次循环往来，奠定一个团体的个性化特色。[①] 以上理论对于当前的城乡互动以及媒介研究来说，可以给予我们很多新的启发。当发达的技术已经吸引了更多的关注和目光时，城市与乡村中那些传统的、古老的、作为意义载体作用的问题需要被重视。媒介学的理论提示着我们对此进行关注的必要性，如城市的古街区、历史遗址、新网红打卡点、新数字地标，如乡村的古民居、农耕博物馆、新融合空间等，都是具有传承文化价值的载体，其在对文化传承中的功能、模式、路径的研究具有学术意义。

德布雷的媒介学里还有一个重要的概念叫"媒介圈"。媒介圈不比生物界中的生物圈大，也不比它小，媒介圈可以囊括多种文化生物生态系统和文化小团体。一个新的媒介圈不会消除以往的媒介圈，它会在技术上、经济上按照自己的条件来调整以往的范畴，经过长期对场地和功能的协调，最终使每一个媒介圈能够相互交错、互相融合又不杂乱无章。作为一种社会力量，作为个体最高满意度的来源，性能最好的媒介激励并调整那些性能差的媒介。从一种媒介圈过渡到另一种媒介圈，就是要通过机器革命，当新技术影响传承技术和社会的政治层面，又蔓延至文化环境时，技术革命就出现了，媒介圈这种技术的变化，最终带来社会关系的变化。[②]

因此，媒介学研究的不是物体方面的东西，而是研究关系。媒体不再是媒介学研究的对象。如同研究符号象征史要重新梳理符号的历史一样，媒介学家要重新分解文字、书籍或电视的发展轨迹。

厘清了传播和传承之间的差别以及一些基本概念，明确了媒介学的研究对象，那么媒介学下一步就告诉我们该如何去审视城乡融合的问题了。

第一，研究城乡的媒体、空间时，都带着文化传承的学术使命去观察和探究。在本研究的乡村空间部分探讨了一个案例，就是福建省屏南县漈头村的耕读博物馆。博物馆在媒介学的视野中是非常重要的传承机构。博物馆和艺术、文化之间的关系，随着现代艺术的创新发展，技术、载体、设备已经成为艺

---

① 雷吉斯·德布雷.媒介学引论[M].刘文玲，陈卫星，译.北京：中国传媒大学出版社，2014:11-13.

② 雷吉斯·德布雷.媒介学引论[M].刘文玲，陈卫星，译.北京：中国传媒大学出版社，2014:49.

术的重心,博物馆不会叙述,也不再奉献什么,因为博物馆只是使那些庞大的规模和安置存在,创造出一些为了艺术,也是通过艺术才产生的环境氛围罢了。这就像信封与信的关系一样,信封取信于信艺术,越是处于危机状态,博物馆越是繁荣,从一定程度上说,博物馆成了艺术作品,人参观的是博物馆,而不是博物馆里的收藏品,博物馆就是艺术。[①]

第二,发挥"社会学的想象力",在理论积累的基础上发现问题,尝试探索更多具有媒介学意义的理论和实践命题。

当人们从这样那样的接收器(包括典籍神庙形象的)或者载体(比如说石板上的刻字的象征意义)中解脱出来的时候,当人们积极地将这个(即材料)和那个(即精神)相连接的时候,通过内部和外部相互交替互动,人们已经在从事着媒介学家的工作了。[②]

媒介学应该是打开研究者联系实体中的物件和理念的视野。例如,在本研究中,笔者在对大众茶馆、沉浸式空间、研学活动、农耕文化博物馆等场馆、设施、装置、活动进行分析研究时,就带着媒介学的审视:以上都是作为一种"中介"物,关联着实体和精神,勾连着物和人,促进着融合发展。

第三,媒介学的研究领域有两个入口,在研究中要注意拓展自己研究的视野。或是通过技术的象征作用,由下而上进行;或是通过象征物的技术条件,由上而下进行。

媒介学的研究中,经常从物体着手。比如说通过自行车来研究其在文化和技术之间的关系,又比如说通过研究无人机这类技术机器,探索其是如何起到反映社会发展、加速社会进程作用的,再比如说研究古厝、古街区,探究一个在本地居民心中已经熟悉的平凡的空间和物件,是如何承担起政治、文化、媒体化这样具有决策性的功能的。

同时,研究可以从以下三个维度细化:系统内的相互作用(Interaction intrasystem,一种紧凑式的专业研究)、系统间的相互作用(Interaction inter system,是指换另外一个角度或换另外一个领域来看),以及系统转移的相互

---

① 雷吉斯·德布雷.媒介学引论[M].刘文玲,陈卫星,译.北京:中国传媒大学出版社,2014:68.

② 雷吉斯·德布雷.媒介学引论[M].刘文玲,陈卫星,译.北京:中国传媒大学出版社,2014:73.

作用(Interaction trans system)。[①] 后者更需要我们发挥基于理论水平的想象力去发现和假设。

第四,正确认识中介的功能。媒介学将神秘的解决方法转变成现实问题。

媒介学认为,首先,没有任何东西可以自我传承,总是要通过中介才可以实现。其次,这些大量的中介环节,它们不只是起着中间连接的作用,一部作品不是一个摆在我们面前无生机的物体,是音乐表演家使它保留下来。传承永远是一个过程,具有追溯既往的效果,只有通过中介作用及执行中介才得以存在,表演者不是这个过程,一个简单的点通过他作品才有了形式,中介作用不仅仅是处于中间位置的,他对通过中间项的两者起作用,他并不满足于追溯以往,也不会满足于收取过客的税及取得现实利益,他要在不可逆转的过程中创造出一个模型,超越所有企图。[②]

中介具有双重身份。需要说明的是,中介不是一件物品,也不是一系列可以列举的物品目录,不是打上标签,我们用肉眼一眼就可以认出来的物品,它是指运输传播设备中的一个位置和一个功能。在德布雷看来,博物馆就是中介,"B 由于 A 突然发生,那么 A 就是 B 的中介"。一个咖啡馆、一次研讨会、一座科学研究院,在各种机会条件下,只要是用来做一个组织集体变化的载体,都可以承担中介的功能,与此同时,咖啡馆还可以保留其原来的基本功能。所以说,中介就像基督耶稣或者卡佩王朝的国王一样,具有双重属性、双重身份,更确切地说,中介一方面带有具体的实物特性,另一方面还包括个人和集体的行为,或者说既包括有组织的物质性层面(MO),也包括有物质性的组织层面(OM)。[③]

本研究在城乡的视域内发现了许多具有此种双重属性中介作用的"位置和功能"性质的中介。一次促进城乡师生交流的研学活动,一座具有农耕文化传播属性的博物馆,一场具有宣传功能的无人机表演:这些载体都属于媒介学视野下的中介,因此都有着传承文化的功能。

当我们从媒介学的角度深思这个问题,表明的是传递(transmission)现象

---

① 雷吉斯·德布雷.媒介学引论[M].刘文玲,陈卫星,译.北京:中国传媒大学出版社,2014:84.

② 雷吉斯·德布雷.媒介学引论[M].刘文玲,陈卫星,译.北京:中国传媒大学出版社,2014:125.

③ 雷吉斯·德布雷.媒介学引论[M].刘文玲,陈卫星,译.北京:中国传媒大学出版社,2014:129.

的存在可以证明一门新学科的正当性。媒介学的思考与20世纪六七十年代市场上兴起的"大众媒体学"没有任何关系。我们不再只专注于媒介机构本身，而是通过一种思想运行的物流方式，来澄清这个挥之不去又无法判定的决定性问题，也就是追求"词语的权力""象征效力""思想在历史中的角色""话语的物质力量"等的定义。媒介学是中介化的学问，通过这些中介化，一个观念成为物质力量，而我们的媒体只是这些媒介当中一种特殊的、后来的和具有侵略性的延伸。[①]

今天的哲学已经无法对硬科学发号施令，也无法给从哲学的修辞学托管中解放出来的软科学制定规划，所以我们跨入"传播"的领域，从位于社会支配地位的媒介职业范畴中再次起航。在媒介学中，媒介（Media）首先近似地指在特定技术和社会条件下，象征传递和流通的手段的集合。[②] 这个集合先于并大于当代媒体领域，即被视为大规模扩散手段的印刷和电子媒介，如报刊、广播、电视、电影广告等，但这些依然还是单向的信息手段，被错误地称为传播。事实上，它们不能代表传播的全貌，但我们却把媒介看作是能够去进行传播的机构，是我们忽略了有很多的物件或是存在，他们也许并不能主动地进行信息的传播和发送，也不能主动地接受信息的返回、汇合和反馈，但是它们作为散播的场地和关键因素，作为感觉的介质和社交性的模具，却是真正走入媒介学领域的内容。没有这些各种各样的渠道和意识形态，就可能不会有我们所了解的社会存在。

本研究与媒介学的关联甚密。数字时代城乡融合发展中，蕴藏着媒介学的核心理论：技术与文化互动发展，彼此影响；媒介渗入到文化，文化又渗入到技术，技术再作用于文化。媒介以及活动影响到文化，数字技术又与文化相互交织影响，从而创造出新的媒介场景——数字时代的城乡融合。这既是媒介行为，也是文化行为，也是科技行为，所以，它们是可以关联的。

文化和社会变迁的影响并非媒介对于其他机构的殖民化，而是不同机构之间的关系变化，这是因为包括媒介在内的所有机构都依赖于其他不同的机

① 雷吉斯·德布雷.普通媒介学教程[M].陈卫星，王杨，译.北京：清华大学出版社，2014:3.

② 雷吉斯·德布雷.普通媒介学教程[M].陈卫星，王杨，译.北京：清华大学出版社，2014:4.

构，而媒介与其他机构之间的关系变化的新形态，也可能推动文化和社会的变迁。[①]

数字时代的城乡融合，也是一场愈演愈烈的文化与社会的媒介化，在这个过程中，地方政府、社会、文化机构、家庭、个人都受到了媒介的影响。媒介以特有的方式呈现信息、建构社会关系，在数字时代，这种呈现和建构更是由于技术的介入而变得更加丰富。同时，媒介通过各种传播活动提升关注度，在此过程中有效地促进城乡融合，因此媒介在多元社会语境中的角色的重要性凸显。中介化理论（mediation）也在一般社会理论审视社会现象中，起到一种不可忽视的作用。

## 五、乡村传播研究

20 世纪围绕城市的研究理论层出不穷。城市的研究成果颇丰，但需要注意的是，在城市传播的学术视野下，城市与乡村不是彼此隔绝和割裂的。在传播技术变革、传播关系重塑的今天，城市与乡村之间的关系需要重新进行理解，城乡关联需要放置于传播中重新进行审视。城市与乡村处于一个流动的传播网络之中，在传播的技术和关系变迁中，城市与乡村也在进行着互动与连接，城市既是不同于乡村的一种生活方式，又是联系城市和乡村的一种中介机制[②]——通过传播过程成为促进城乡链接的重要中介。

从城市传播的学术理想和学术秩序可以看出，乡村与城市在这个学术视野下面不是绝对区隔和割裂的。越是在当前科技发展、城市化加速的当下，把城乡关系合并起来做同一审视的必要性变得更强。在城乡的视野下去考察传播的生产性和构成性，以传播作为构成社会以及主体的基础性要素和社区建构的动因，将传播置于乡村振兴的中心，并且可以考察在这个过程中城乡的日常生活实践和以具身性的物质为中介的人类的各类活动。

中国乡村的结构性变革始于 20 世纪初。乡村社会变迁始终是中国历史变迁的主体内容。中国近代化和城市化进程，其本质上也是乡村社会变迁的过程。20 世纪中国历史变革的走向规律及特征，如果不从乡村社会研究入手，就很难真正获得符合中国实际的具有认知价值的认识。因此传播学在中

---

① 施蒂格·夏瓦.媒介化社会变迁中媒介的角色[J].山西大学学报(哲学社会科学版),2015(9):59.

② 谢静.连接城乡:作为中介的城市传播[J].南京社会科学,2016(9):113.

国城市与乡村中的对照，以及对其发展状况和互动关系的研究意义便在于此。①

乡村与城市的概念的厘清与区别在本书的研究中非常关键。二者既有区别又有联系。就经济形态而言，乡村与城市是相对应的。就社会文化取向而言，强调的是城市和乡村居民之间的社会文化差异。乡村居民会被认为是固守传统价值体系者，有虔诚的宗教信仰，注重家庭、尊敬长者，具有强烈的社区意识，并对社会政治现状变迁抱怀疑态度，而城市居民则有截然不同的价值体系。而就学术思考来说，乡村的概念在社会发展不同时期有着不同的含义，对乡村的概念的界定应该与乡村社会发展变迁过程相对应。乡村是指与城市对应的，有村民居住的社会区域，凡是居住在这一区域的人们都可以称之为村民，具有城市户口，且居住在此地的公民也可以称之为当地的村民。② 从经验意义上讲，乡村是相对于城市的概念系统，相对于城市的开放、现代、繁荣和发展而言，乡村是封闭的、保守的、落后的和停滞的。在社会化的视野里，乡村是一种地理区划的概念，有人文的传统和特定的文化传承，对于现在的市场经济发展而言，乡村正在成为或者逐渐成为日常生活中惯常使用的品牌和区域。而在学术视野里，研究乡村的变迁，也提供了认识乡村的概念的不同角度。

乡村传播学属于发展传播学范畴，但是在这个领域中也蕴含着大量的研究，有着丰硕的成果。乡村传播学的未来，不应只是碎片化学科分野中的乡村传播研究，而是有乡村视野的中国传播研究。乡村传播其实就是中国传播的乡村视野，不割裂、不孤立。对乡村的关注在当前的学术研究领域中逐渐成了热点。笔者总结归纳后得出目前的乡村传播研究包括以下几个部分：

### （一）从发展传播学研究的视角

所谓发展传播学一般指“传播策略和原则在发展中国家的运用”③，强调“运用现代的和传统传播科技，以促进和加强社会经济、政治和文化变革的过程”④。在人类可持续发展目标中，已经包括了“传播能力的构建，数字鸿沟的

---

① 李红艳．乡村传播学[M]．北京：北京大学出版社，2014：29.

② 李红艳．乡村传播学[M]．北京：北京大学出版社，2014：4.

③ Waisbord S. Family Tree of Theories, Methodologies, and Strategies in Development Communication[M]. Communication for Development and Social Change. Singapore: Springer Singapore, 2020:93-132.

④ 徐晖明．我国发展传播学研究状况[J]．当代传播，2003(2)：14-16.

填平等，尤其是对于那些弱势群体、边缘人群等发展项目发生地来说。具体发展传播策略，分为五个层次：第一，是致力于改变行为的传播（主要依靠人际传播）；第二，大众传播（社区媒介、大众媒介和信息传播技术）；第三，宣传性传播（既有人际传播，也有大众传播）；第四，参与传播和社会发动（人际传播和社区媒体）；第五，促进结构化和可持续化社会变革的传播（人际传播、参与传播和大众传播）”①。发展传播的结果是“创造可持续的发展”，因此以上五个层次分别可以通过改变态度、改变行为、改变宣传方式，以及促进结构性和持续变革的传播方式，寻求到“人类发展的良方”②。它同时也是“人们本着造福社区和就影响他们自己生活的发展问题做出决定的精神，通过参与沟通进程，同时与规划人员和发展专家建立对话，让自己的声音得到倾听”。③

从发生学的角度来看，发展传播学兴起于 20 世纪五六十年代。在现代化理论及其实践如火如荼地开展之际，“发展传播”的经典范式瓜熟蒂落。经典范式也被称为“主导范式”“现代化范式”，是发展传播学的第一个重要研究范式。其形成的突出标志是三位学者的成果出版，即丹尼尔·勒纳的《传统社会的消逝：中东的现代化》(1958)、罗杰斯的《创新的扩散》(1962)、施拉姆的《大众媒介与国家发展》(1964)。这三本书正是发展传播学的奠基性著作。其中勒纳率先把媒介、传播纳入推动社会发展的结构性因素范畴中，认为传播是现代化的重要力量。自此，由勒纳开启的“传播与社会发展”研究，以发展传播学成为传播学的一个重要分支。有趣的是，作为发展传播学“现代化范式”的创造者之一，罗杰斯本人却将发展传播学的“现代化范式”命名为“勒纳—施拉姆范式”。60 多年来，尽管发展传播学的研究版图早已超出中东而扩大至亚洲、南美洲和非洲等广大发展中国家，聚焦的媒介亦从广播变成了信息传播技术（即 ICT，information communication technology），但是研究者们始终围绕传播与社会发展之间的关系、传播在社会发展中扮演的角色问题，尝试从不同场景、个案、文化情境中去寻找答案。④

随着中国传播研究走向成熟，“三农”议题会更显重要。在这个过程中，传

---

① 瑟韦斯，玛丽考.发展传播学[M].张凌，译.武汉：武汉大学出版社，2014:2.

② 瑟韦斯，玛丽考.发展传播学[M].张凌，译.武汉：武汉大学出版社，2014:4.

③ Dagron A G. Playing with Fire: Power, Participation, and Communication for Development[J]. Development in Practice,2009,19(4 &5):453-465.

④ 戴利朝.罗杰斯与发展传播学的范式转换[J].江西师范大学学报(哲学社会科学版)，2019(52):109.

播学研究能在如现代农民的主体性、媒体和文化在农村社会转型中的地位和作用、乡村文化和农耕文明的生命力、传统知识的意义及创新和传播等方面做出巨大贡献。① 发展传播学能给传播学进行乡村研究寻求到合法性。现代传播学并没有放弃乡村。从施拉姆开始，第三世界乡村的发展问题就是美国主流传播学很重要的一个研究方向，这就是发展传播学。② 因为其基本理念是：将现代媒介的接触作为走向现代之本。发展传播方案致力于解决全球的环境问题，促进粮食安全、农村发展和可持续生计，给妇女和女孩赋权，缩小数字鸿沟，减少贫困等。发展传播的视角视“确保信息接收和传播权利”为赋权给边缘群体的先决条件，将发展视为社会的转型，追寻着发展的新范式。变革与发展相关，目的是使个人和社会能够更好地控制自己的命运，发展通过拓展眼界和减少隔离感来丰富个人的生活，减少由疾病和贫困带来的痛苦，提升生命的质量，因此从这个视角来说，传播应该被明确地包含于发展项目中，从而保证相互的分享和学习过程能够实现。媒介的发展被视为在本地层面对下层的、赋权的社区的发展。③

由发展传播学的理论脉络和代表观点，我们可以看出发展传播学的视角非常适合用来审视乡村发展，因为在很长一段时间，中国的乡村发展仍然在与脱贫做斗争，也确实存在着信息数字鸿沟、妇女权益、环境生态等现实问题。当然在2020年底我国脱贫攻坚战取得全面胜利之后，现在的乡村面临的是乡村振兴发展与数字乡村建设。“中国式”发展，指的是由政府主导，以市场作为资源配置手段，以提升综合国力以及人民生活水平为目的，协调国内与国际、经济与社会等各方面关系的国家治理策略，以及人民对物质生活富足的追求。这个界定中的“发展”，包括两个方面，一是国家或地区层面，二是个人层面。就国家或地区层面而言，有各种各样的统计指标，从那些指标中可以看出“发展”情况；就个人层面而言，目前主要体现为对物质生活富足的追求。基于对“中国式”发展的理解，在进行相关研究时，需要兼顾国家或地区和个人两个方面。④

---

① 邱林川，王洪喆.东西方之间批判传播研究：道路、问题与使命[J].传播与社会学刊，2014(28)：1-21.

② 沙垚.重构中国传播学：传播政治经济学者赵月枝教授专访[J].新闻记者，2015(1)：4-14.

③ 瑟韦斯，玛丽考.发展传播学[M].张凌，译.武汉：武汉大学出版社，2014：396.

④ 郭建斌，姚静.发展传播理论与“中国式”发展之间的张力及新的可能：基于中国西南少数民族地区三个案例的讨论[J].新闻大学，2021(1)：29.

由反思发展传播学的主导范式出发，关注欠发达地区不发达的外部因素，从而形成的系列理论及实践可称为发展传播学的新路径。在未来探寻新的可能的过程中，从方法层面来看，我们认为应该从中国现象入手，在实地研究的基础上对现象做出充分的理解，进而提出新的研究问题，再辅之以量化的方法进行检验。① 本研究中对数字城乡融合的路径探索，着眼于中国整体社会的平衡发展，关注到了城乡现有的媒介生态，关注到了各种空间媒介、活动、场馆与装置等如何在文化传播中起到中介化的作用，关注到了公共服务的提供和政府责任的问题，也关注到了农村地区的经济产业发展、城乡中人的交往互动以及数字鸿沟等问题。因此可以说，本研究思路中也有着明确的发展传播学的理论指向。

### （二）从媒介人类学的视角研究乡村

媒介人类学（Media anthropology）也被译作媒体人类学，或称大众传播媒介人类学（Anthropology of mass media）。从名称上看，注定绕不开对人类学与媒体关系的探讨，绕不开对它交叉学科身份的层层剥离，而围绕文化生产及传播的角度观照媒体人类学的发展脉络，发掘其独具特色的制造文化特征，能够在宏观上丰富并创新媒体人类学在当代的研究意义。媒介人类学主要涉及媒介转型、媒体世界或新媒体对人和社会的影响。互联网等新媒体一直在塑造一个新的社会、新的传播文化和新的市场，最终它将塑造一种新的文化方式与知识建构。② 传播系统的一个特点是，技术可以预见这个系统内最关键的、最高的发展阶段，在系统的关键部件被发现和完善之前，所有的东西都以技术的方式被预见了。③ 乡村的发展、农民与媒介的关系，对技术的审视和思考就是媒介人类学的理论观照的部分。新技术创造出新的社会或新的人类条件。

视觉人类学是接下来媒介人类学中发展势头比较强的一个部分。它的学术范式和追求以及研究方法和特点也更加适合乡村，是一个值得参考的方向。视觉资料中的照片保留了时间的某个不可替代的瞬间，在这方面，照片可以被

---

① 郭建斌，姚静.发展传播理论与“中国式”发展之间的张力及新的可能：基于中国西南少数民族地区三个案例的讨论[J].新闻大学，2021(1)：15.

② 邓启耀.媒体世界与媒介人类学[M].广州：中山大学出版社，2015：13.

③ Askew W, Askew K. The Anthropology of Media：A Reader[M].Blackwell Publishing，2002：33.

比作储存在记忆中的图像。与记忆中的图像是连续经验的残留物不同，照片则隔离了一个不相连的瞬间的表象，照片更具有连续性，能产生意义。在生活中，意义不是瞬间的，事实、信息本身并不构成意义。意义是在连接的东西中发现的，没有发展就不能存在，不展开的故事就没有意义。媒介人类学的研究就是一种“意义的赋予”——当我们赋予一个事件以意义时，这种意义是一种回应，不仅是对已知的，也是对未知的。确定性可能是瞬间的，怀疑需要持续的时间，意义是在两者之间产生的。①

视觉人类学和媒体人类学具有太多相似之处。许多参与远距离文化研究调查的人类学家也参与了后期媒体人类学的研究。视觉人类学经历了照片、摄像、纪录片表达的时期，积累了大量媒体使用的经验和技巧。未来，在探索感官人类学和媒体人类学（包括数字和超媒体技术）的视觉研究方法中，学者们将开发出更多视觉技术种类并推动视觉人类学领域的创新发展。

媒介人类学视角对乡村的研究，包括用民族志、深描、功能、结构（政治媒介人的结构关系等）、象征（意义）等方法。从 2003 年开始，大量人类学、民族志学者进入农村，以民族志为方法，也有沿用哥伦比亚的量化方法等，以大众媒介为对象，研究大众媒介对日常生活的建构。在中国，最早用民族志的方法进行传播研究的是郭建斌。他的博士论文《在场：民族志视角下的电视观看活动——独乡田野资料的再阐释》（2003 年），以滇川藏交界的“大三角”地区作为研究区域，以人类学的田野调查为主要方法，以流动电影相关的“媒介实践”作为考察对象，前后进行了五年的田野研究，在此基础上，围绕“在场”概念，从国家“在场”、观影者“在场”以及“转场”三个方面来展开讨论，进而从一个侧面对流动电影与当代社会建构之间的关系进行讨论。郭建斌的研究和成果是民族志传播研究方法的探索和践行。② 总之，媒体人类学学者们用传统民族志方法探寻出了一条研究大众媒体与文化之间关系的学术路径。在现有的学科框架上，人类学和传播学的学者们站在不同的角度进行探讨，他们的研究成果展现出一幅完整的人类文化图景。

① Askew W, Askew, K. The Anthropology of Media: A Reader[M].Blackwell Publishing,2002:123.

② 郭建斌.在场：流动电影与当代中国社会建构[M].上海：上海交通大学出版社，2019:5.

### （三）传播政治经济学（文化研究）范式研究乡村

传播政治经济学（文化研究）范式研究乡村是一种批判的视野，包括从全球到乡村、资本、劳动、城乡不平等权力关系，将乡村放在全球的视野下，放在不平等的地位上去考虑，从而形成这种批判的范式。在传播政治经济学和文化研究的范式下，对乡村的研究还关注信息流动、媒介接触、媒介技术，探求文化、发展、信息的主体和目的等。

学者赵月枝的研究具有典型性。赵月枝的研究涉及跨文化传播政治经济学视角下，对乡村数字经济的审视，追踪检视“数字劳工”“新乡村”“新青年”等问题在乡村数字议题中的呈现。当前中国大量乡村中数字经济、直播电商等产业的发展，新技术下乡村的关系发生了新的整合和变化，消费主义和商业主义以数字化的形式席卷乡村，数字乡村在发展过程中，面对着将供销系统打造成一个全国统一、打通城乡的体制机制，这就包含着一种城乡融合的远景。集体经济和数字经济在乡村产生链接，数字化时代城乡社会经济的有机发展就会被赋予新的形式，这也将是“在数字乡村想象城乡融合的未来”中的一个组成部分。[①]

未来乡村的研究中，要确立“以乡村为方法”的原则，确立乡村主体性，并寻找乡村的价值。乡村中能起到中介作用的事物和人，都是乡村研究的对象；“媒介”的含义和范畴都会扩大，不再是媒体，而是“中介”。未来的乡村传播中，传播学者要达成一种共识，那就是传播学是为了解决一切沟通不畅带来的问题的学科，目的是为了解决发展中的人类苦难。在方法上，研究者不能以外来者、评价者自居，而是进入过程、进入乡村、进入语境、进入空间，深度参与和体验，以学术姿态与乡村对话，用参与式观察寻找更多的可能性。未来的乡村传播研究不会只盯着媒介，会从更大的范畴、更多的相关方面进行关注和研究。本研究也始终坚持这样的学术情怀。

---

① 赵月枝，张志华.跨文化传播政治经济学视角下的乡村数字经济[J].新闻与写作，2019(9)：20.

# 第三节　基于技术的考量——技术哲学思想对传播研究的意义

## 一、基特勒的媒介以及技术思想

海德格尔曾经说过："技术本身阻断了对其本质的体验。"媒介在发展的过程中，从不可远离对技术的关注。弗里德里希·基特勒(Friedrich Kittler)在他的《留声机·电影·打字机》中，把一个个故事集成、整理、评述，并引用了关于技术媒体创新对传统书籍产生的深刻影响。从1880年到1920年，作家们用文字记录下来的对留声机、电影和打字机的惊恐情绪，成了我们现在对未来充满恐慌的真实写照。也就是这些留声机、电影、打字机等媒介，让声音、图像和书写分离，从而开辟了信息技术的时代。今天再看，这也为当今的数字流更新换代铺平了道路。在基特勒看来，我们也要理解媒介，不过能理解的只是媒介本身，甚至不是信息或内容，而是一种"感知的图示"。

基特勒的媒介思想是我们反思旧有传播学研究范式的武器。一方面，重内容、轻媒介的问题确实长期存在；另一方面，基特勒的研究也在技术思考方面给我们提供了参考。数字时代，所有的地球人都面临着数字化生存的问题，而当下对技术隐忧的思考，是包括基特勒在内的媒介哲学理论家提出并给予人类的警示。基特勒从技术发展中窥探权力结构的变化，用政治哲学中的权力议题研究，如用福柯(Michel Foucault)的权力观来理解数字媒介时代的社会权利。

受智能技术传播革命的影响，人的主体意识、存在观念、身体与技术以及人与世界的关系等，成为当前学界关注的焦点议题，并延伸到媒介技术哲学、身体传播等分支领域，出现了传播学研究的媒介化转向，形成了将媒介视为独立的制度化因素的欧洲"媒介化学派"[①]。作为媒介物质性研究的先驱，基特勒以其独特的"媒介本体论"视角为学界留下了丰富的媒介理论和思想。基特勒的思想不仅深受福柯的知识考古学和雅克·拉康(Jacques Lacan)的精神分析等后结构主义学者的影响，后者是对现代整体性实践和修辞性意涵的批判

① 戴宇辰.走向媒介中心的社会本体论?：对欧洲"媒介化学派"的一个批判性考察[J].新闻与传播研究，2016(5)：47-57，127.

性话语的理论熏陶；还和马丁·海德格尔（Martin Heidegger）的现象学与马歇尔·麦克卢汉（Marshall McLuhan）的媒介思想有着深刻的勾连，这意味着基特勒的媒介思想同时蕴含工具性和批判性的后人类主义话语，并为重新认识人和技术的关系、人的主体性存在等问题提供了知识经验。[①]

基特勒的思想中，包括对前机器时代的媒介与人的主体性地位的分析。他通过历史溯源，寻找从古希腊时期开始的思想家们在传播思想时，各种媒介如何导向了对灵魂的理解。基特勒还认为"媒介决定我们的处境"[②]。他看清了人的主体性由于技术的介入而发生的变化，因为技术会嵌入社会和文化结构以及权力关系中，不再是前机器媒体时代纯粹的样子。

基特勒还批评机器时代的书写媒介是"吞噬灵魂的黑洞""在一种超越隐喻的伪装下，孕育灵魂的新媒介技术最终被视为这个新发明的灵魂的消失点"[③]。"人"不仅由媒介建构，亦由媒介摧毁。当书写被普及化，且机器媒介取代手的书写之后，主体深处的灵魂完全暴露在可以捕捉声光信息的媒介之下，出现了"尽管身体竭力避免书写自我，却意外地留下了无法擦除的痕迹"[④]的现象。在这种媒介技术的介入和影响下，再经由感知经验的颠覆和重构，人的主体性地位亦受到了巨大的挑战。

基特勒的很多论断，对今天的数字环境下思考技术与人的关系、技术与媒介的关系等命题都具有深刻的指导意义。在面对狂飙突进的技术媒介的当下，我们欣喜于技术带来的便捷的同时，也要始终警惕机器技术对人的感官的割裂、对人经验的颠覆等问题。从理论而言，基特勒的媒介思想为我们反思主流传播学重内容、轻媒介的现状，重新理解媒介等提供了丰富的想象力。基特勒对计算机芯片架构中蕴含的权力结构的细微考察，尤其是延续福柯的权力观，为政治哲学中的权力议题研究，理解数字媒介时代的社会权力，提供了新的观点。基特勒的媒介本体论和媒介物质主义，为媒介研究与本体论、物质主

---

① 郭小安，赵海明.媒介的演替与人的"主体性"递归：基特勒的媒介本体论思想及审思[J].国际新闻界，2021(6)：40.

② 弗里德里希·基特勒.留声机·电影·打字机[M].邢春丽，译.上海：复旦大学出版社，2017：1.

③ Kittler F. Optical Media：Berlin Lectures[M]. Malden：Polity Press，1999：35.

④ 弗里德里希·基特勒.留声机·电影·打字机[M].邢春丽，译.上海：复旦大学出版社，2017：8.

义等哲学理论搭建了沟通对话的桥梁。[①] 数字城乡融合的研究视域中，也始终存在着技术与人的关系的思辨，因此基特勒的技术思想是重要的学术支撑和依据。

## 二、斯蒂格勒的技术哲学

贝尔纳·斯蒂格勒是技术哲学中另一颗闪耀的明星。他所著的《技术与时间》是其技术哲学和批判理论的奠基之作。他的研究建立在技术哲学与现象学共同关联的基础上，主要是胡塞尔关于意识时间现象学中的第一、二记忆的构式线索，并由此提出自己关于后种系生成的第三持存（第三记忆）的原创性构序线索。他还将海德格尔关于科学技术的批判性反思和德里达的解构理论触入今天正在发生的资本主义社会全新数字网络生存构序中，形成了较为完整的基于技术意志存在论之上的信息技术批判理论。[②] 斯蒂格勒将技术哲学建立在对现象学的研究基础上，现象学大师胡塞尔的观点对他影响很深。他提出的"第三记忆"的概念，就是建立在胡塞尔的关于意识时间现象学的第一、二记忆构式上的。并且，斯蒂格勒在之前理论的基础上，看到了当今社会技术的迅速发生和变化，形成了对当前信息技术与时俱进式的批判理论建构，因此他的技术存在论的探讨可以帮助我们理解当下的实践。

如同多年以前本雅明对摄影技术的未来存在论批判和阿多诺对大众文化的否定性预感一样，斯蒂格勒所关注的由信息网络建构起来的数字化生存与远距弥漫布展的电影电视叙事话语，真的已成为今天每时每刻都在塑形我们微观存在瞬间的魔鬼般的力量。[③]

对于城市，斯蒂格勒也有独到的见解。斯蒂格勒认为，城市问题不由空间产生，也不可能通过空间来解决。他勾勒出了城市发展的三个阶段，即城邦、工业城市、智能城市，并将其与"文字化"转向联系在一起。城市不是一个空间生产的问题，而是一个通过时间的间断性来生产负熵性知识的问题，因而是一个时间再分配的新政治经济学问题。城市的未来不是围绕"城市权"的斗争，而是作为技术的政治学规划来实现的，其目的是建造一个有知识、会思考的智

① 郭小安，赵海明.媒介的演替与人的"主体性"递归：基特勒的媒介本体论思想及审思[J].国际新闻界，2021(6)：52.

② 张一兵.斯蒂格勒与他的《技术与时间》[J].河北学刊，2017(4)：7.

③ 张一兵.斯蒂格勒与他的《技术与时间》[J].河北学刊，2017(4)：8.

能城市。①

斯蒂格勒从时间与空间之间的转换关系入手去探讨城市问题，体现出他强大的敏锐洞察力和学术想象力。他将城市的解放置于对“自由时间”的再分配上，首先宣告了智能城市的到来。在他看来，城市的问题是一个重要的政治学问题，同时也是一个技术—政治问题。以“体外化”来研究城市，通过斯蒂格勒来重访列斐伏尔和马克思，对当代城市研究来说是一条充满挑战和惊喜的新路。②

智慧城市的问题也是我们当前社会的热点问题，从智能城市到数字乡村，从数字城乡融合到生活的方方面面，人与技术的新关系的探讨和博弈在中国当下的实践中显得较为重要和普遍。因此在本研究中，考量数字时代下的城乡融合命题时，媒介的批判思想始终是笔者秉承的一种理论底色。面对数字化时代的发展，一种隐忧时刻存在于研究者的情怀中。本研究的内容也在践行着对基特勒所批判的传统范式“重内容、轻媒介”缺失的扭转，努力在打开理解媒介的丰富想象力，在观察各类新型空间、新中介关系的过程中，加入对于权力结构和权力观的观察。斯蒂格勒的技术哲学问题也不断地提醒着笔者对于技术两面性的警惕。在利用技术解决现实问题的同时，仍要不断地去探索和维持人的本质。技术飞速发展的时候，更要关注文化的建设和传承，避免技术和文化发展的失调和失控，最终发生技术对人类的反噬。同时在城乡融合的新媒介和新空间中，笔者始终强调应追求在媒介技术的全面环绕之下仍能“寻找身体所处的位置”“加强具身性体验”“找回人类的主体性”的自觉性，追求人与媒介自然、平衡、和谐共存。在智慧城市与数字乡村的建设过程中，要秉持对技术的批判认知和应用，而基特勒与斯蒂格勒的理论很具有批判和颠覆特性，其技术思想结合城市思想，对本研究很有借鉴意义。

---

① 王嘉.论斯蒂格勒及其城市思想[J].文化研究，2019(39)：57.

② 王嘉.论斯蒂格勒及其城市思想[J].文化研究，2019(39)：59.

# 第三章　作为基础的媒介：从传统到新兴

现代媒介是城市的创造，城市（乡村）则是存在于媒介的穿梭编织之中，这是一种发生学角度的理解。城乡空间之间、城乡与媒介之间、各类媒介之间，共同形成贯穿城乡的网络体系，调节和扩展城乡关系，形成独特的生存及文明样态。媒介对于城乡的反映，依据其不同的动机、目的和立场，呈现出自己的独特性。因此，研究从“媒介”（中介之意）入手考察，可以达到展现媒介与城乡共同存在、互动过程的目的。本章的研究就突出媒介，关注媒介视野中的城乡。虽然当前是数字化时代，数字媒介的发展日新月异，但是不能否认传统媒介仍具有研究意义和回溯价值。因此本研究内的媒介包括从传统的大众时代的调频广播，到新媒体时代的社交媒体、微电影、影视剧，再到如今的短视频，这些媒介依据自己不同的传播特质，表征着不同侧面的城乡，中介着不同阶段的各类关系。

复制技术的发明和运用，使得大众媒体作为一种社会功能系统分化而成。作为以传散沟通为形态的社会设置，大众媒体的运作是封闭的，并在与环境区分中，以讯息/非讯息为运作符码，以三个纲要为策略，以自我指涉和异己指涉为运作方式，建构出自己的实在。大众媒体的实在具有双重含义：既是大众媒体进行着的可以观察的运作，也是运作所制造出来的社会与世界的实在。引导全社会系统的自我观察是大众媒体的功能，同时也是借此为社会其他系统持续不断地提供背景知识，成为日常生活的知识来源和基础。[①] 对媒介的研究，始终是传播研究中必不可少的部分。但是本章对媒介呈现城乡的研究，并非只停留在对作为机构的媒体本身的研究，而是尝试挖掘作为媒介的各类媒体如何创造和开启了人与城市之间的新关联。

从传统媒介到新兴媒介，从商品广告到新闻、娱乐节目以及电影等文本，看似琐碎，但当它们在社会交往中流传时，都会施加意识形态的影响。约翰·

---

① 黄旦.建构实在：大众媒体的运作：读尼克拉斯·卢曼的《大众媒体的实在》[M].国际新闻界，2020(11)：54.

汤普森将此称为意识形态的“散漫的阐释”[①]。媒介信息的影响，经过交际过程中的复制而得到强化，媒介传播的意识形态碎片就这样被创造性地用于社会日常交往中，占优势的意识形态主题再次得到清楚的表达和社会的确认。[②]意识形态信息从一个人传给另一个人，从一个媒介传到另一个媒介。笔者的研究也从福州本土的福建FM91.3汽车音乐广播开始，观照到福州本土微电影和社交媒体，从中探索这类媒体上的信息如何建立人与城市的新关联，从乡村题材影视剧以及乡村短视频的发展和内容中，寻找基于城乡融合叙事的内容。

## 第一节　地方广播媒体的场景地理建构与地域文化弘彰

在全球化的趋势之下，地方城市媒介被赋予了既要顺应国际化潮流，又要坚守本土阵地的双重任务。城市媒介在表征本土空间、建构城市形象、塑造地理景观、唤醒文化认同方面有着艰巨的使命。FM91.3汽车音乐调频作为福州本土的一个类型化音乐电台，在节目设置、频道宣传、线下活动、仪式庆典和衍生产品开发等方面的共同配合下，践行着“文艺改变城市”的理念，在展示空间景观以及生产文化记忆方面做出了卓有成效的探索，创造了新的“场景地理”，营造出“新地方感”，其经验值得地方媒体借鉴。

在当前全球化的大背景下，处于地球村时代的媒体肩负着双重的任务：既要顺应融合的趋向，做拥有国际化宏大视野的媒体，也需在本土范围内突出空间感和强化受众认同，有效地致力于城市形象的建构和本土文化的重塑；既不被框定在文化疆域的限制内，又不至于失去鲜明的地方特性，在日渐同一化的浪潮中迷失自我。

这一使命对于地方性媒体来说显得更加紧迫，因为地方媒介是围绕着地域文化而产生的，对地方感的显现与言说是其与生俱来的使命。尤其在全球化的进程中，消费社会的同一性如洪水般侵袭而来，如果媒介不能在传播过程中践行地方特色塑造和本土身份认同的使命，那么地方文化的特异性就会面

① 约翰·B.汤普森.意识形态与现代文化[M].高铦，译.南京：译林出版社，2013：26.

② 詹姆斯·罗尔.媒介·传播·文化：一个全球性的路径[M].董洪川，译.北京：商务印书馆，2012：36.

临被消解的危机,因此,地方媒介肩负培育市民地方感、塑造文化多样性的重要责任。

福建FM91.3汽车音乐调频就是这样的地方性媒体:既拥有国际先进的类型化音乐办台视野与理念,又有着观照本土的视角;不仅是一道具有伴随性的类型化音乐调频,而且是福建本土文化孕育出的独特听觉空间,是福州地理景观、标志建筑以及城市精神、民风民情的投射。在实现最基本的娱乐服务功能的同时,FM91.3汽车音乐调频更致力于书写福州的地理景观,强化福州本土意识,构筑新的场景地理,打造福州市民的集体记忆,从而推动福州的形象建构与城市品牌的形成。制作常规节目时,通过主题策划、频宣与公关以及各类线下活动,践行着"文艺改变城市"的策略。该频率独特的办台风格和多元化的传播策略,强化了听众对福州地理要素的再认识,亦提高了听众对本土文化的再认同。基于以上观点,本研究意在探索地方媒体尤其是调频广播在建构场景地理、营造本土空间以及生产地域文化方面的策略,通过对福建FM91.3汽车音乐调频的频道包装、专题策划思路、主题活动策划与执行,以及相关衍生产品的解读,考察该频率的地域景观构建和文化重塑功能的实现机制,探索地方性广播媒体的生存范式。

## 一、表征本土空间:本土媒体书写鲜明的地理景观

作为有着"华语音乐电台40强、最纯净的音乐频率"的电台,同时作为福建省唯一的最专业的汽车音乐调频,FM91.3汽车音乐调频倡导"好音乐在路上",全天24小时满载音乐。准确的目标定位,致力于提高福建听众的整体工作生活品质,用经典音乐营造私家车主的优质生活空间。

FM91.3汽车音乐调频在致力于提供更完美、更时尚的音乐时,并没有沉浸在纯粹的音乐中而忽略一个地方媒体的社会责任,而是在潮流音乐与地域文化中找到了很好的结合点,其节目的编排传达出支持好音乐、立足福州城、辐射全中国、观照全世界的态度,将音乐作为载体,建构出一个本土空间,全方位展现福州这座城市的风土人情和地貌文化,在深化本土媒体的空间表征、塑造地理景观、打造文化记忆方面成为一个可供借鉴的样本。尤其是其频道包装打上了鲜明的福州地理印记,促进了市民对福州城市文化的认同。

### (一)频道品牌元素中呈现出本土空间意象

FM91.3汽车音乐调频的频道宣传语作为其品牌形象的重要组成元素,每两个月更新一次,并在一天的节目中循环播放,在强化听众品牌认知的同

时，更将本土空间中的场景地理与听众的认知嫁接，表征该频率的本土文化使命。从“寻城记”“舌尖上的福州”，到“行走上下杭”“城市旅行”系列，频道宣传语着眼于发掘福州城地理和人文景观的内容，充满浓浓的空间意识和本土韵味。如2012年7月1日全新一季频宣词这样写道：

“盛夏，晒暖了上杭路的老青瓷；撩拨，汤房巷的红砖墙。光影寂寥，终究敌不过，下杭深处美人面。FM91.3汽车音乐调频——盛夏光年。才过西郊橄榄风，枇杷欲老荔枝红。”

这样的频道宣传语唯美而富有意蕴，关键词“上下杭”“汤房巷”“橄榄”“枇杷”等，地域特色鲜明，在无形流动的声音媒介中呈现出有形立体的空间场景，丰富了听众的审美体验，拉近了与本土受众的心理距离。

### （二）线下主题活动中强化了城市地理印记

FM91.3汽车音乐调频的媒体内容延伸至听觉空间之外，其线下主题活动常常成为重要的地域性媒介事件。如2012年6月，其八周年台庆的系列活动都与城市有关：阳光计划慈善活动旨在帮扶乡村小学建立阳光图书馆，同时还有各种签售、义卖、赞助演唱会等。再如2012年八周年台庆微电影举行了盛大的首映仪式，地址选在福州著名的新地标青年会。首映仪式颇有规模，听众参与热情很高，原本彼此陌生的、距离遥远的听众，因为这类活动聚集在一起，创造市民的新交往。这类向外延伸的办台策略，引导受众完成了从节目收听延伸到节目之外对本土地域文化的关注，进而强化对城市地理的认知和本土文化的认同。

### （三）系列衍生产品丰富了本土文化市场

基于一贯以来的节目定位，以八周年台庆为契机，FM91.3汽车音乐调频推出一系列图书和微电影：

《别处远方——福州·另一种城市旅行》用散文配以插画和城市摄影的方式描绘福州的点滴，梳理了福州老城区的前世今生；《福州美食私人地图》系统地整理了福州各类隐藏在市井中的传统小吃，唤起了受众对福州传统小食文化的关注；八周年台庆微电影《我在这里，你在哪里》，作为传统媒体向新兴媒体的一次跨界，通过首映造势、视频网站播出的形式与公众见面。该微电影是关于一对男女跨越8年的爱情纠葛，这种情绪的表达与另一条线索——一个在即将拆迁的福州老住宅中苦等丈夫60年的钉子户老太的故事并行，这两条线索中共同的“等待与坚守”主题表达出了一种挥不去的眷恋和乡愁——8年的时光变迁投射在一座城市的样态改变中。受众被唤醒的除了对主人公感情的追寻与慨叹之外,还有对一座座面临拆迁的福州老房子中沉淀下的岁月历史以及本土空间中群体的集体记忆。同时,整个电影为我们全景展示了一个福州的地理空间,上下杭、闽江两岸江滨、锅边店、住宅区等,旧城改造活动为福州带来新的面貌,却也让这座城市的人不得不与过去的记忆告别。该微电影还是本土影像创作的一个起点。

## 二、拓展城市生活空间:流动的音乐创造新的生活空间与场景地理

美国著名的传播学者约书亚·梅罗维茨曾在其著作《消失的地域》(2002)中有如下论断:电子媒介创造了新的场景,破除了旧的场景,也因此打破了物理空间和社会场景的传统关系,并通过改变社会生活的"场景地理"对受众产生影响,使曾经各不相同的社会场景相互交叉,不同类型观景和场景融合,引起社会舞台和社会行为的重组,经由社会经历最终改变社会群体。[①] 这启示我们:对于当前的地方媒体来说,其定位不能仅局限于描述城市,更重要的是创造城市空间,沟通陌生人世界,促进城市场景地理的融合和再建。广播媒体对地理的呈现主要是通过声音介质实现,对于音乐调频来说,音乐空间可以聚集统一性群体并产生情感共鸣,不同种类的音乐开发了社会活动的空间,各群体的人因音乐而聚集,形成全新的声音景观。除了音乐的表现空间外,因音乐而出现的场所也能够创造新的场景地理。FM91.3 汽车音乐调频一直尝试用音乐开拓社会活动空间,并做了以下有益尝试:

### (一)音乐广播由传统传受方式向新媒体空间延伸

在新媒体时代,传统媒体面临着受众流失的危机,因此拓展新媒体平台是维系传统媒体与受众关系的重要举措。FM91.3 汽车音乐调频开通了官方微博,同时主持人也各自开通微博,在演播室外与受众进行线上互动交流;随着"微电台"产品的推出,受众收听节目的途径和平台更加多元;2013 年 3 月,其微信公众号"913 福建汽车音乐调频"也全新上线。不断创造出的崭新受众活动空间引发了社会群体的重组,受众经由不同途径平台体验广播时,亦完成了自身社会行为的重构。

① 约书亚·梅罗维茨.消失的地域:电子媒介对社会行为的影响[M].北京:清华大学出版社,2002:5-7.

### (二)音乐广播由虚拟听觉空间向现实社会活动空间跨越

广播的聚集力能够促成延伸至其他社会场合的行为和事件，典型例子就是FM91.3汽车音乐调频的场外音乐品鉴会和“啸天小剧场”。

场外音乐品鉴会是基于音乐开发出的全新社会活动空间。陌生人以特定的方式按照规范聚集在一起，创造出同一空间的受众共同体，因此呈现出一个基于声音景观而存在的社会景观。城市发展到一定阶段，个体意义上的都市人已变得软弱无力，而与其他兴趣爱好相似的人结成群体才可以更好地发挥自己的作用。[①] 陌生的市民因音乐的联结从虚拟听觉空间跨越到现实社会空间(活动地址常常选在新兴楼盘建筑地标)，在各类主题的引导下，完成情感的沟通，丰富了城市生活。

“啸天小剧场”是丰富福州本地文化形式的一个有益尝试。福州目前仍然缺少有影响力的小剧场演出，这与福州一直以来相对封闭落后的文艺演出市场有关。作为FM91.3汽车音乐调频的主播之一，啸天尝试从频率中走出来，在现实城市空间中与受众面对面表演脱口秀。小剧场作为一种社会交往空间，同博物馆、咖啡馆一样，满足着人们在生活和工作之外信息接收和情感表达的精神需求。小剧场的尝试价值在于拓展音乐广播的空间，营造新的场景地理，并刺激福州区域的演出市场。它的影响还将继续深入下去。

## 三、创造城市标签：地方媒介对地理空间的能动作用

地理因素对媒介内容、传播符号以及媒介形态都存在重要影响。媒体在表征外在世界的同时，亦提供理解世界和空间的不同方式。通过凸显地理环境和样本，赋予地理景观以专属的含义，创造出城市特有的、需要通过地方文化来解读的概念和标签。

### (一)通过赋予空间以文化意象得以重振现有的消费空间

特有空间与消费从来就是紧密联系的。FM91.3汽车音乐调频的《城市旅行》节目，每天分几个时段介绍福州众多的历史建筑，在普及知识的同时，亦培育出独特的文化意象，创造了消费空间。如节目中被频繁提及的西林小筑——建于20世纪20年代的安妮女王式建筑，在媒体的多番传播下，转型为咖啡馆模式再度进入当下消费空间，并已经成为福州文艺青年最爱聚集的地

---

① 汪明安，陈永国，马海良.城市文化读本[M].北京：北京大学出版社，2008:78.

方和各种摄影比赛的必争之地。另一个被不断提到的是青年会，虽然它在历史上曾是地标性的建筑，是20世纪青年们聚集最多的潮流休闲运动场所，但随着地理景观的消失，只能留在一小部分老福州人的记忆中，不为大众所知。直到2010年底，重新修缮的青年会以"新时代文化创意会所"的形象重新亮相，成为集餐饮、商业、娱乐、休闲于一体的一站式消费中心，并且打上了"时尚潮流新锐"的特质烙印，这与该频率长期的传播效果积累不无关系。汽车音乐调频八周年店庆时，又选在青年会首映第一部台庆微电影《我在这里，你在哪里》，当天的仪式包括明星走红毯的等盛大丰富的活动，进一步强化了青年会的地域功用。而九周年的台庆话剧《梦里芬芳》映像首演则选在三坊七巷水榭戏台，在这个特殊的场景地理中演绎一个关于福州三代女人的故事，借助三坊七巷深厚的文化底蕴唤起人们的归属感，并再次将三坊七巷这张福州城市名片中的文化意象植入当下记忆。

### （二）通过推动政府决策进而开发新的消费空间

《城市旅行》系列节目扩大了福州历史建筑的社会影响，推动了老建筑重新进入世人视野的进程。如烟台山素有"万国建筑博览会"的美誉，石厝教堂、美国和俄国领事馆、乐群楼等福州最早的洋人俱乐部，中西结合的近代优秀建筑等，尚未得到很好的保护和开发，不少都默默地藏身在普通的民居和学校中，无人问津甚至可能面临损毁。这一代的老建筑从历史、设计感方面都被公认为不输于厦门鼓浪屿，只是由于知名度低，很多福州本地人都对存在于自己身边的这块宝地无从知晓，更何谈全国性的影响。FM91.3汽车音乐调频深知地方媒体的使命，在节目内容中大量普及了烟台山的文化符号和历史价值，在媒体的呼吁下，现阶段的保护和重建工作有了很大改善。烟台山风景区的建设工程提上日程，目前已在动迁，这将是一个属于福州的崭新空间，也是"文艺改变城市"理念的现实转化成果。

## 四、生产"新地方感"：地方媒介应以强化本土文化归属感为旨归

地方感(sense of place)是指一个地方的特殊性质，也指人们对于这个地方的依恋与感受。前者强调这个地方的物理形式或历史特性，使它成为具有特殊意义与象征或值得记忆的地方；后者则强调个人或整个社区借由亲身经

验、记忆与想象而发展出来的对于地方的深刻依附，并赋予地方浓厚的象征意义。[①] 在地方感的塑造中，媒介发挥着重要的作用。进入自媒体时代后，人人都是传播者，媒介延展了“亲身体验”的范畴，时间与空间的距离面临消解，但融合与同一却也衍生出一系列问题：大量呈现全球景观的媒介，反而可能忽视和削弱地方特性和本土影响力，在地方这个维系传统文化的空间中，新媒介样式的出现反而淡化了地方性，原来媒介和地方感之间的关联变得虚无。因此，地方性媒体在这方面被赋予了使命——塑造更加多元和广阔视野的“新地方感”(new sense of place)——人们可以经由媒介提供的认同方式，形成新的地方体验，进而重塑本土性。[②] 地方性媒体更应该是文化和地理的融合，是本土文化归属感的载体，亦是地域文化的容器。正如迈克·克朗所说，地理景观既可被看成是文化产物，也可看成历经不同时期文化的再生。[③] 文化影响着地区地理景观的建构，相应地，地理景观也会反作用于文化。地方性媒体展示不同地理景观的目的是提供认识世界的方法，探寻由地理因素生产出专属地域文化的机制，通过对地理景象相关特性的构建，赋予地域特有的意义，生产出空间群体的“新地方感”。FM91.3 汽车音乐调频作为地域文化归属感载体的功能是通过以下两个方面践行的：

### (一)以普及城市历史及民俗为途径，增强历史认同感

FM91.3 汽车音乐调频的系列节目《城市旅行》《舌尖上的福州》中涉及很多福州的历史、文化、民俗以及老字号等元素。饮食文化作为地域文化的组成部分通过节目被呈现出来。配合八周年台庆，福州的第一本美食专著《福州美食私人地图》正式出版，集传统怀旧与现代时尚于一体，是民俗传播的新尝试。2012 年 6 月出版的《别处远方——福州·另一种城市旅行》以及 2013 年 6 月首发的《城市旅行》系列图书、第二版《福州美食私人地图》都为城市历史、地理及民俗记忆的承续做出了贡献。该频率特色鲜明的仪式性周年庆活动，包括八周年纪念微电影《我在这里，你在哪里》和九周年台庆话剧《梦里芬芳》，是传统媒体在新媒体时代的一种跨界转身，更重要的是唤醒了本土群体对于城市空间的历史发掘和当下书写热潮，传达出身处时代变迁中的现代人积极寻求

---

① 邵培仁.地方的体温：媒介地理要素的社会建构与文化记忆[J].徐州师范大学学报，2010(12)：147.

② 邵培仁.媒介地理学[M].北京：中国传媒大学出版社，2010：146.

③ 迈克·克朗.文化地理学[M].杨淑华，宋慧敏，译.南京：南京大学出版社，2005：18.

角色意识与身份认同、致敬集体记忆的情怀。

### (二)以建构城市形象为目标，增强文化归属认同感

地域中的人们将身边的片段加以联结，重新组合，就是地域文化的反映。因此地域中的文化与人存在一种互动关系。FM91.3 汽车音乐调频在信息传播中建构了一个历史悠久、风景优美、底蕴深厚的福州各种形象片段，促进了福州本地人的地域认同。唯美的频道主题宣传每两个月更换一次，不仅文字优美让人赏心悦目，更因嵌入了地理元素而丰富了本土文化传播的形式。城市形象就在这样的片段中建构起来。

总之，在大众媒介逐步渗入城市的每一个毛孔内的时代，媒介在造城运动中发挥着独特作用。媒介不仅仅是信息传播者，也是形象塑造者、文化传承者。在这个过程中，媒介自身也被打上地理的印记，继而成为城市的文化地标。①

城市地理要素与传播媒介是相互作用的。城市中的媒介始终都在展示着城市的地理样态，同时也促成着城市人与地理之间的互动，继而打造集体记忆，对外树立起自己的城市品牌形象，直至推动城市现代化进程。在当前传播全球化和文化同质化趋势明显、地域差异性面临着被同化和消解风险的大环境下，FM91.3 汽车音乐调频致力于建构城市形象、唤醒城市意识，以及书写文化记忆的努力值得认同。这对于进一步传承弘扬福州历史传统、对抗消解传播全球化和文化同质化、增强福州本土文化凝聚力、构建地域特色媒介，以及探索新的城市形象传播路径等方面有积极的作用。

## 第二节　微电影的地方感审美与城市的形象建构——以福州本土微电影发展为例

微电影作为新兴的媒体形式和营销载体早已备受关注，而其在城市形象建构和传播中的作用刚刚崭露头角。特定城市空间内的微电影在本土化叙事中彰显城市现代性的追求，展示城市地理景观以及塑造城市群体形象，本土微电影本身亦成为一种仪式化的城市媒介地标。利用微电影呈现城市形象的同

① 廖为民.媒介地理论：多伦多城市媒介的地理印记与文化认同[J].杭州师范大学学报(社会科学版)，2008(5)：52.

时，还能带给受众地方感审美和城市精神认知的双重体验，蕴含着城市现代生活的市民话语，牵动着市民的集体记忆和情感共鸣。福州本土微电影的城市形象建构，丰富了形象传播的维度，值得关注与探讨。

城市形象的建构有多种途径，如城市形象宣传广告、城市形象识别系统、城市媒体事件等，现代传媒在其中发挥了至关重要的作用。反观当下，不少城市形象宣传片注重宏观视觉形象的建构，而缺少了市民叙事的视野和本土文化精髓的发掘；或者被消费主义意象填满，功利性过强，不仅在挖掘属于这座城市的意义方面抱憾，无益于集体记忆的打造和本土文化的重塑，而且影响城市形象建构与传播效果。

城市中最重要的意义来自空间以及空间中的人，这是城市形象的闪光点和灵魂。城市形象的宣传应注意对空间表征、地理景观、城市群体以及地域性文化的发掘和展示。在新媒介背景下，各种创新的媒介形态和信息传播方式充实和改变着城市形象的建构和传播途径，成为官方城市形象宣传片的有效辅助与补充，也成为市民叙事的有效代言。

微电影作为一种新兴的媒体形式便能承担起这份使命：因具有较低的准入门槛、丰富的题材元素、便利的观赏平台和新媒体的传播样态等特性，同时兼具电影的叙事能力，微电影开始被很多本土创作者应用。用微电影来讲述一座城市的故事，更便于开掘城市空间，丰富本土影像叙事，唤起受众的心灵共鸣，为城市形象的展示开启了新的视野。微电影的本土化应用也成为继广告微电影之外的另一种趋势。

本土微电影作为一种媒体形态的特性也渐渐明晰：发端于一座城市，主要创作人员来自本土，带着对本土文化的热爱和对影视创作的热情，着眼于发现本土空间内的人物和故事，抛开粉饰雕琢，注重展现生活原貌，表征市民话语以及情感体验。简而言之，本土微电影就是从故事的构建、场景的选择、拍摄剪辑的方法和角度等诸多方面有力地书写着所在城市。“地方感”的标准模式强调经过一段时间后获取直接而复杂的体验，诉诸常识，而在标准模式之外还存在未经漫长的体验而产生的精神层面的强烈情感，最具代表性的是对神圣的空间和神圣的地方的敬畏感，以及地方具有独特的个性和氛围，具有自身的文化印记。[①]

相较于其他的媒介形式，本土微电影最大的优势在于地方感的挖掘。本土微电影中体现着浓厚的“地方感”，创造出独特的“地方感审美”，这是该类微

① 段义孚，宋秀葵，陈金凤.地方感：人的意义何在？[J].鄱阳湖学刊，2017(4)：38-44.

电影最吸引受众的核心元素，也是使其能够成为城市形象建构与传播的途径。福州的本土微电影便是沿着这条路径，通过地方感的确立凸显城市形象，成为城市形象展示的新平台。

## 一、幸福叙事与城市现代性：本土微电影的叙事追求

福州本土微电影的叙事对象大多是青年男女，他们或者是刚毕业的大学生，或者是外地来的打工者。微电影对城市青年的选择性叙事，表征的是福州这个城市的青年气质——青春与活力。也正是因为这种青年气质，福州本土微电影将城市空间叙事缩减为"爱"的叙事。这种"爱"的叙事既包括自我的爱情，也包括对城市、生活与他人的"爱"。本土微电影关于"爱"的叙事目标就是幸福或追寻幸福。这或明或暗地吻合了福州这个城市的精神追求——"有福之州"——这自然也包括"幸福"。这方面的代表是《福州，我爱你》系列微电影，由福州半城电影制作机构策划并拍摄制作，以"爱"为主线，通过十几个不同的故事讲述不同"爱"的主题。这一系列微电影通过独特的视角讲述爱情故事的同时，还带着观众跟随镜头重新造访了一遍我们熟悉的城市，将原有的空间突出呈现之后，赋予受众对熟悉的空间以新的体验。

《福州，我爱你》系列的第一集《电车男女》，把目光放在最普通市民的生活上——一对辛勤打工的"80后"情侣。7分钟的篇幅讲述了一个发生在福州城的故事：一对男女在骑车躲避检查时不慎摔倒，从埋怨到最后互相鼓励，叙述了由异地到福州打拼的艰辛，但他们也用乐观照亮了现实。这对小情侣身上体现的"一起吃苦的幸福"是众多福州年轻人的真实写照，更是身处城市中下层人群内心的温暖向往。在这部微电影中展示了普通打工者的生存境遇，青年群体为追求幸福而拼搏奋进的精神。在《少无所依》这一集中，曾经踌躇满志、立志成为优秀的影视特效师的男主人公，虽然在困境中几近放弃，但最终觉悟出要尊重自己内心的感受，这种坚持理想的励志色彩充满了正能量。该系列的《下一站》中，在巨大的生存压力下，一对福州男女面对爱情时陷入彷徨无措，脆弱的爱情终于在男主角想要开口求婚时戛然而止。然而，男主角坚忍执着，不管是早期对爱情的坚持还是伤痛过后对"下一站会有更好风景"的坚定期许，都展现出闪光的人格特性。求婚遭拒的男主角失魂落魄地走进电梯时，一个女孩紧跟其后，电梯门关上，电影就此结束。这种期待式的开放结局，预示着片名"下一站"的幸福追寻。正是有了这种对幸福的坚定信念和追求步伐，而不是选择逃离和出走，微电影中的主人公才在挫折和失败中再次确认了他们对于福州的地方感认同和对幸福的期待。

福州本土微电影关于“有福/幸福”叙事的另一个层面是城市的现代性追求。城市的现代性发展是城市生活水平不断提高的保证，也是城市群体幸福生活的重要手段。微电影《下一站》通过出租车里的广播，直接介绍了福州的发展：“随着海西发展战略的深入开展，打造文明之城、有福之州的步伐加快，福州居民生活水平得到大幅提升，城市生活幸福综合指数排名全国第十。”有意思的是，出租车广播里传递出的福州城市的发展是与台湾旅游业的发展（“去年台湾的观光收入为 87.19 亿美元，比前年增长 20.3%”）这两条新闻是交叉播出的。《下一站》通过这种嫁接叙事将“福州”与“台湾”并置，将城市空间叙事进行现代性延伸，具有了某种隐喻功能。然而，众所周知，在当前城市现代性生成过程中，各种矛盾和问题也纷至沓来，福州本土微电影并没有回避这一具有全球性的城市病症。

《电车男女》里，在超市当营业员的小妮子和卖空调的男友骑着花 300 元购买的二手电动车下班回家时，由于正值福州城推行限摩限电的政策，因此回家路上屡碰警察执勤，躲避中闯进黑漆漆的小巷子，导致女友从车上摔倒……在这部微电影中，限摩限电的城市化进程背景，是镌刻在福州城市空间历史发展过程中的重要元素，既推动着剧情的发展，也体现着城市特定历史时期的环境特色。城市的环境和空间不仅展示为视觉元素，更蕴含着环境的结构和城市的个性。当这座城市快速发展成为海西龙头、全国宜居城市、幸福指数前十城市的时候，生活在这里的普通人被高房价、高消费和爱情、乡愁、事业各种现实的问题深深困扰。这类主题的影像诉求则是希望以此引起人们的关注，并希望人们能为现代化进程中凸显的问题寻找到一个妥善的解决方案。

## 二、在地理景观中漫游：本土微电影的叙事视界

本土微电影的叙事展开均是借由在城市内不同角落发生的故事来巧妙串起。因此，城市地理景观成了本土微电影构成的重要元素。《电车男女》中随着情节发展，男孩用一辆破旧二手电动车，载着小妮子去聚春园吃佛跳墙，经过了金洲南路、三县洲大桥以及鼓屏路、浦上大道……《下一站》中男主角为了拿回被窃的戒指追着小偷跑过老仓山的隐蔽街道、经过曾是林徽因回福州的居所“可园”，当他失去爱情之后，茫然地游走在福州的夜色中，镜头掠过中亭街、学生街、五四路；《少无所依》中五一广场地标般的毛主席雕塑；《恋人篇》中每一对恋人讲述他们在福州的爱情故事时，都身处与他们的生活和恋爱密切相关的地点：充满情调的咖啡屋、一起散过步的江滨、常去的三坊七巷、相识的仓山学生街，每一个地点对他们来说都是故事的起点，而对观众来说是对福州

这些耳熟能详地名的感性强化,成为叙事的一部分。这些带着历史烙印的城市地名,展现的是作为历史空间的城市文化符号,是城市归属感和凝聚力的源泉,同时也是城市文化发展的基础。

胡塞尔把滞留—延伸看作当下经验得以凸显的视界,从而为城市空间里的历史记忆提供了经验解释的可能。[①] 在这种视界下,城市的历史与文化呈现出以空间为表征的时间的整体性存在,历史的存在使人们对"过去—现在—未来"提供了特定的地方感。《电车男女》里,当象征着过去时间的电动车穿越金洲南路、三县洲大桥,以及鼓屏路这些代表现代化的城市地理空间时,这种叙事通过过去的在场勾连起了"过去—现在—未来"。《下一站》里具有生活隐喻的戒指在现代空间里遗失,然后在作为历史标记的"可园"旁得以找回,最终他们的婚姻又重新在以咖啡馆为标志的现代空间里迷失,在"现代—过去—现代"的时间线索里,重新彰显了历史地理的认同感。此外,《下一站》里的中亭街、学生街、五四路,《少无所依》中的五一广场地标般的毛主席雕塑等这些具有城市历史标记的特殊景观,正是主人公在现代空间里不断穿越的地理符号。他们的穿行正像本雅明所说的"都市漫游者"的漫游路线,在历史和现实中追寻着城市经验,寻找着这座城市可能会带来的梦幻和欲望。

本土微电影中的城市景观和地名标记,仿佛一个窥视城市内部空间的节点。节点,即观察者可以进入的战略性焦点,位于节点的元素由于其位置的特殊性,自然而然地被假设具有了特别的重要性。[②] 本土微电影中出现的很多福州地域性特征的集中点或者主要道路的连接点,是受众在感知城市时重要的因素,也是当地人熟悉的文化核心。这些节点是进入城市空间的第一步,也是生活在这个城市的市民寻找城市文化认同和空间主张的一把钥匙。本土微电影不可避免地选择了这样一条进入城市内部的通道。城市是故事发生的场地,对城市地理景观的描述则表达了对社会和生活的认识。[③]

在本土微电影的镜头下,地理景观中蕴含着集体记忆和文化认同,渗透着创作者对城市本土文化的依恋,并充当着激发受众地域文化认同的重要角色。当受众从微电影中发现自己的生活与所在城市的某一部分有关联时,必然能产生情感共鸣,并加深集体认同。

---

① 流心.自我的他性:当代中国的自我系谱[M].常姝,译.上海:上海人民出版社,2005:69.

② 凯文·林奇.城市意象[M].方益萍,何小军,译.北京:华夏出版社,2001:55.

③ 迈克·克朗.文化地理学[M].杨淑华,宋慧敏,译.南京:南京大学出版社,2005:45.

## 三、异乡人与返乡者：本土微电影的群体符号

“城市中移动的元素，尤其是人类及其活动，与静止的物质元素是同等重要的。在场景中我们不仅仅是简单的观察者，与其他的参与者一起，我们也成为场景的组成部分。”[①]凯文·林奇的论断强调了城市中的人对于一座城市印象的形成和场景的建构起到的作用。福州本土微电影选取了多种城市群体作为结构影像的叙事单元，这些群体作为城市形象的流动符号参与叙事，多维度展现承载了城市精神与地方感的鲜活的人物谱系。

福州本土微电影中有一个群体被广泛关注：外来者或者说都市异乡人。都市异乡人是城市现代化进程中出现的重要现象。《电车男女》中的异乡人——从三明来榕的小妮子和男友，这对小情侣既怀念着家乡小城镇安稳的小日子，又怀揣着在大城市立足的梦想，他们的经历书写了由异地到福州打拼的艰辛，身上深深烙印着都市异乡人的标记。《少无所依》中的男主角则是又一个面临着生存压力却理想受挫、徘徊在进退之中、寄居省城福州的追梦人，反复的内心独白呢喃着自己的挣扎与迷惘。本土微电影这种都市异乡人的叙事视角，不仅仅是叙述异乡人在城市生活的挣扎、艰难和奋斗，更重要的目的是展现异乡人在都市里试图寻找到与这个城市所共通的精神空间，而他们将以新市民身份代表着城市的新形象。

《我在这里，你在哪里》选取的是老市民的地方认同感这一视角。老市民是一座城市变迁的移动博物馆，他们指向城市文化和精神的沉积、记忆和根基。城市形象的建构无疑离不开对传统的坚守和重新发现。《我在这里，你在哪里》展现的正是新旧文化的冲突与平衡，代表着城市传统形象和新形象之间文化话语权的争夺。也许正是这样，该电影还曾作为福建汽车音乐调频八周年台庆微电影在中兴青年会首映。《我在这里，你在哪里》开场就交代了串起故事发展线索的老房拆迁，表现的正是旧城改造时怀旧的市民难舍福州老城区的情结。上下杭、南江滨、中洲岛这些熟悉的场景都是故事中人物踏足、故事展开的重要场所，还有承载男女主人公共同回忆的福州传统美食锅边店，女主角多年来对其不变的初衷，正是民众对传统深深眷恋的影射，当中也饱含了一份福州人对民俗的热爱。

《我在这里，你在哪里》采取的是一种“返乡式”的叙事模式，以人物的“回归”揭示人们对福州这座城市的归属感和依恋感。女主角赵琳的身份是电台

---

① 凯文·林奇.城市意象[M].方益萍，何小军，译.北京：华夏出版社，2001：1.

女主播，她对福州这片土地爱得深沉，八年的爱情坚守其实就是自己对传统和地域感的坚守。她的坚持和恋旧让受众印象深刻，放大来说这是每一个市民维护本土文化的坚守。电影中的男主角江闽虽然离开八年去寻找向往的新生活，但是当他再次回到生养自己的故乡时，那种故土难离与旧情难忘的强烈情绪如洪水般猛烈袭来。江闽身上如同他名字一般烙印上了福州的地域标记，他的经历集中体现着新旧文化的纠缠和冲突。

福州本土微电影的创作坚持了“民间话语”和“草根视点”，其题材的选择、故事的讲述，彰显出鲜明的个人意识，无需被各种集体意识和政治利益绑架。一方面，微电影作为原生态的人和事的见证，越来越受到重视；另一方面，微电影虽微小，却不是微渺、微薄的，同样担负着反映现实生活、树立时代精神、释放正能量的责任。[①]

虽然本土微电影中的人物绝大多数是城市中的普通面孔，但是他们在自身努力之下经历成长和蜕变，他们的命运走向是特殊时代以及独特地域空间的产物，与同一空间的受众息息相关。微电影的这种草根叙事的潜力和精准的互动性将人置于主体地位，使受众摆脱旁观者的身份，自我表达得到最大限度的释放。如此能拉近受众与城市的感情距离，激发他们想把体验分享出去的欲望，带动信息“病毒式”传播，实现信息的增值，加速城市形象营销的步伐。[②]

## 四、“追梦圆梦”的叙事母题：构筑“美梦成真”的愿景

通过电影的方式构筑宏大梦想的创作手段非常普遍，大电影的投资、场景、时空跨度以及明星效应等均能让其具备对民族命运和国家梦想这类恢宏叙事进行表征的先天优势。微电影的题材和样态决定了它很难构建宏大的叙事空间，不易驾驭厚重的题材，亦不利于进行精英叙事。因此，草根群体“追梦圆梦”的历程便进入了本土微电影的艺术视野：特定地域空间中的人物命运虽不尽相同，但纵观本土微电影的情节故事，可以发现人物行动中蕴藏着一个共同的母题——梦想的追求和达成。这些故事的主人公都行走在追梦的路上，充满正能量，彰显出坚毅的草根精神。追梦故事是中华传统美德的创意表现，亦是官方语言的民间话语补充，是整个民族梦想的组成部分。

草根群体的爱情梦、亲情梦与事业梦朴实无华却又蕴藏无限的审美张力。

---

① 金月成.杂糅中的美学革命：微电影的认同困惑与价值重估[J].当代电影，2013(5)：136.

② 龚赟.微电影：城市形象营销的利器[J].现代视听，2012(5)：47.

众多的本土微电影正是通过草根人物坚持追求并实现梦想的叙事母题，发现他们身上的闪光特质和正面能量，从草根视角展现普通民众对民族梦想的向往和追求，鼓励每一个人坚持在逆境中寻找梦想，从而为社会起到价值引导作用。

《田埂上的梦》的主角卓君追梦的经历倍显孤独。他在同村人的不解和嘲笑中坚守着自己的舞蹈梦，最终登上中国达人秀的舞台。整片没有华丽的明星阵容、没有绚烂的视觉效果，而是由卓君本人亲自出演，在朴实的山村取景，这种褪去粉饰的真实更能够传达出励志色彩而引发共鸣。在《福州，我爱你》系列之《电车男女》中，外地来榕的小情侣在现实的重压下仍充满对未来的向往和憧憬，女孩一句"我不嫁富二代，我要当富二代他妈"，嬉笑间说出了对朴实爱情的坚持，更道出了底层市民对梦想的真实呼唤；《寻找大圣》中的闽剧团戏曲演员阿东为了成功塑造孙悟空的角色，踏上了去顺昌宝山寻找西游记历史和大圣精髓的旅程，其对角色特质的揣摩、对艺术精益求精的态度正是一种对艺术梦的追求；《男儿丁自强》中的晋江男孩丁自强在继承父亲的舞狮技艺和追求自己篮球梦想间摇摆，终于下定决心捍卫自己的篮球梦，并不畏压力与当地"富二代"竞争选拔名额，最后在父亲提示的舞狮协作精神的指引下胜出圆梦，亦体现出当代平民大学生对于梦想的执着追求；《花开彼岸》更是直接把女主人公子翾的角色设定为《追梦》杂志的编辑，她在协助从台湾赴福建为父寻人的男主人公李威圆梦的过程中，明白了"追梦就是有价值的人生"，完成了一次心灵上的升华，而李威寻找到了父亲一生念念不忘却因为两岸相隔而无从相见的"秀凤"，将父亲的信件送上并最终获得了对方的宽恕和原谅，这个为父圆梦的情节同时也体现了两岸的国族想象和团圆梦想。

每一部草根微电影都是个人梦想的影像故事，是对民族宏大梦想的个人化、故事性表达，结局都是"美梦成真"的灿烂图景，发人深省却又励志人心。这种草根性的故事表达诠释了社会快速发展给普通人日常生活带来的巨大影响，展现了中华儿女不畏艰难、不易妥协、勇于追梦并为此脚踏实地、自强不息地奋斗的精神。更为重要的是，创作者带着一种"梦想终能照进现实"的信念，用一个个"美梦成真"的励志故事向受众和整个社会传达了一种价值观：任何成功都是艰苦奋斗得来的。只要像电影中的主人公一样执着于梦想，并脚踏实地去追梦，终能实现自我价值。这种创作理念对于弘扬中华民族的传统美德、坚定民众的梦想信念以及传播社会主义主流思想价值观具有重要的意义。

草根群体追求梦想的故事丰富多元而又充满能量和艺术感染力。让整个社会从普通人追梦圆梦的故事中汲取正面能量，是传媒艺术人士的社会责任，也是整个社会宝贵的精神资源。在当前社会中仍有对梦想忐忑和怀疑的负面情绪，有对未来逃避和迷惘的消极思想，凡此种种导致我们要么将梦想看作宏大和遥不可及的所在，要么单一地将媒体构建的消费社会的种种虚幻符号当成梦想，反而对身边的闪光点视而不见，这些现象值得我们正视和深思，亟须注入平民梦想的正能量来加以纠正。

如果说电影记录和见证了中国改革开放的发展历程，那么微电影就推进了中国民间话语的崛起和民间生态书写；如果说电影是承载和诉说国族梦想的机体，那么微电影讲述的一个个普通人物的故事就是这些宏大梦想的组成细胞。充满民间话语的本土微电影记录普通人对梦想和幸福的追求，这正是整个国家获得进步动力、追求和谐的基础。

本土微电影如一只潘多拉魔盒，盒中飞出的一个个闪光的平民梦想让励志的正能量照亮现实，同时赋予这种媒体形式丰富的社会功能，让本土微电影成为通过影视构筑梦想的微平台。其将关注的目光从精英人物转移到小人物身上，与普通市民建立了良好的互动关系，并将草根立场、个体梦想和国家梦想三者创造性地整合起来，生产出一种崭新的历史观照和现实审视角度以及独特的叙事特征。

## 五、城市形象的媒介地标：本土微电影的现实意义

在福州本土微电影的视野中，城市作为一种空间文化而存在，镜头呈现的都是福州本土地域空间：通过地理环境的勾勒和社会环境的展示，描绘出一幅城市生活画卷；通过对城市群体符号的塑造，对都市异乡人、返乡者等形象的提炼，以及对在福州本土空间中发生故事的叙述，着力建构出“新市民”的身份认同。本土微电影中呈现的空间群体共同的集体性格，以及地域习俗、方言等空间文化等，都是独特的城市经验，因此本土微电影具有与其他城市形象宣传方式迥异的特色和风格，是城市专属的独特经验表达载体。

在媒介地理学的视野中，有鲜明地域特点的媒介也能成为城市地标。本土微电影这种媒介形式作为“非官方的城市宣传片”，日渐成为人们了解城市的新途径，鲜明的地方印记让其成为认识城市的一张新名片，一种仪式性的存在。其“媒介地标”的辐射作用，不断为城市形象的建构和传播制造出新的契机、拓展出新的渠道，这是本土微电影现实意义的突出表现。

经过几年的发展，福州的本土微电影力量中除了已经具有影响力的作品外，还产生了很多代表性的人物，如当下被誉为“中国十大新锐导演”、华南独立电影与微电影领军人物的“80后”本土导演林珍钊，已经创作过数十部独立

电影、微电影及广告，被福建媒体誉为福建省最有潜力、最具影响力的青年导演，亦被电影人誉为“中国新类型电影的未来”。鲜明的代表人物和特色团队的打造不仅能够反作用于微电影事业，让原本影视氛围低落的福建掀起广告和微电影的浪潮，而且有影响力的作品更可以作为福州市乃至福建省的一张文化名片，将本土团队以及福州形象推向全国。

本土微电影还为推进福州与外界的联系搭建了桥梁。鉴于福州的地理位置具有突出的两岸优势，“海峡两岸微电影大赛”便成为一个地标式的媒介，不仅以其跨越海峡两岸的独创性视野成为福州城市的文化特色项目之一，而且能将内地沿海城市的形象辐射至海峡对岸。在这样的赛事中，除了用影像展示自我、展现创意外，更重要的是打造一个两岸影视人面对面地相互交流、学习的大课堂，一个面向海峡两岸青年影视才俊的光影舞台，一个践行梦想的梦工厂。城市形象的建构和传播在此类活动的推行中不断获得强化。

“地理造就了文化。”地理学家热衷于探索文化和地理在身份认同以及随后的主体性方面的交互作用的方式。特别是地理学通过感受各地的历史遗产和另类路径的可能性，保持对各地差异的敏感性。[①]

城市的人与地理之间的互动关系很有现实意义。人对于生活在其中的城市总有一份特殊的感情，不论是生活在城市中的居民，还是奔波在外乡愁满怀的流民，抑或是外来的参观者，都认为地理景观是最具有先导性的、最容易牵动集体记忆的符号。地理和文化景观对于一座城市的文化复兴、推动文化旅游、建构城市形象、宣传城市品牌具有重要作用。本土微电影正是在进行着这样的探索：通过对地理空间的展示，对都市异乡人的形象的塑造，对返乡、追梦等情节的设置，进而建构出一种基于民间话语的感性城市形象。在城市化的进程中发生了巨大变化的福州，其经年累月沉淀的韵味却未曾改变，她赋予每一个市民的经历和记忆才是城市形象的魅力所在。作为故事发生的背景，这是一个包裹着梦想与无奈的城市，精英与草根均在这片土地上辛勤筑梦，这座城市仍然乘着发展的东风，在寻求更多的机会，这就是一种“海纳百川，有容乃大”的福州精神。

本土团队拍摄制作的微电影，通过将福州地域空间、地理景观与特定叙事情节、故事因果关系相结合，通过电影中人物的塑造表现城市精神和市民人格；结合时效性和重要事件及契机，以适当的故事弘扬主流价值观，传递正能

---

① 凯·安德森，等.文化地理学手册[M].李蕾蕾，张景秋，译.北京：商务印书馆，2009：31.

量，为人们营造出一种浓郁的“地方感”审美；城市中各种空间的呈现与相互连接，城市中的人在特定的空间中的行为，都反映出城市精神的影响。本土微电影中蕴含着城市现代生活的新格局，成为城市形象建构与传播的新载体。

# 第三节　社交媒体与城市形象传播

社交媒体时代，城市形象建构的维度更加多元，“旅行叙事”再次进入公众视野。旅行的内容在空间位移的基础上加入了媒介书写：将自己经历过的地理景观和风俗人情连同个人感受通过自媒体分享，形成一种自媒体传播中的“旅行叙事”。这类“旅行叙事”也因其具有庞大的数量、丰富的内容题材、鲜明的民间话语特性而产生了空间拓展和文化传播的功效。这种旅行书写由于再现了地理景观，传播了地域文化，同时加入了旅行者个人体验，最终集结成为关于旅行目的地全方位的信息提供者，因此亦是城市形象构建和营销的重要路径。2013 年 8 月 12 日至 10 月 8 日，新浪微博开展了“带着微博去旅行”话题活动，活动口号是“微博放进你的旅行袋，记录你的旅程点滴”。参与方式则是在活动期间，微博用户发布含有“带着微博去旅行”“去＋活动目的地”或者其他指定旅行类话题词的微博，分享旅行中的美景、美食、趣闻、游记等，或者参与“赞”“转发”“评论”活动。该活动通过微博话题，将用户对旅行的态度和旅行的体验集中展现，调动并激发微博用户的参与积极性，号召用户将旅途中的所见所闻通过微博分享出来。对于合作方来说，通过微博话题的形式参与活动，能够扩大影响，提升品牌形象；对于旅游行业和旅游者来说，该活动则具有旅行风向标的作用，从活动的数据分析中可看出旅游行业的最新趋势和发展态势，还可以在中国的国庆长假之前，刺激用户的旅行需求。更重要的是，从传播角度来看，这次活动把受众的旅游行为和使用媒介的行为结合为一体而开展，让“旅行叙事”的功能在自媒体环境下得以凸显，强化了微博的旅行书写意义。本书旨在分析这种旅行叙事在新媒体环境下的表现样态和特征，同时对其做出审视和反思。

## 一、自媒体时代旅行的意义＝空间位移＋媒介书写

自媒体时代来临之前，由于对异地探秘的交通不便再加上了解异地地理和文化的途径有限，很多关于异地的情况和信息受众都是靠文学作品中的旅行书写了解，因此有了“旅行叙事”的研究。旅行叙事是个文学概念，因不少经

典文学作品产生于旅途中，记录了旅途风景和所感所想，因此得名。而在自媒体时代，旅行叙事有了新的载体以及更广泛的意义。科技（如智能手机、微博、微信）已经改变了受众的旅游习惯：旅游不只是单纯的地域空间位移，也不仅仅是自己心中的体验或者归来后的游记文字，其内容还加入了旅行当下感受的即时分享，这是一种实时的传播行为——当旅行达人在到达目的地时，随手拍下景观静态照片或动态影像，配上自己的想法文字一并发出，既能分享旅行信息，又完成了对当地的景观描述和文化传播，同时还能实现某种程度上的自我标榜。当这种生活方式越来越普遍时，旅行的意义也就成为一种集身体移动和媒介书写为一体的传播行为。

旅行者描述和再现外部世界，在此过程中记录了自己身在另一个空间中的真实感受、旅行带来的心灵感悟和价值观念的变化，通过书写位移的空间带来的新身份意识，以期得到他者的认同。旅行者独特的旅行经历和个人经验的有机契合，使得自媒体具有了显在的旅行叙事特征。这种旅行叙事有助于引导受众深入了解城市的文化脉络，展示多元视角下的地理文化图景，同时对影响国人的文化想象方式、开拓地域外个体对当地的认知途径、推进文化传播有明显作用。由于旅行者在发布心情的同时，其实也完成了对旅游目的地的书写，这能让更多未踏足该地的受众透过平民视角了解当地的地理和文化，因此旅行书写目的地的地理景观和民俗文化可以成为当地形象建构和旅游资源营销的一个重要途径。

## 二、自媒体旅行叙事的特征分析

由于自媒体基于个人对信息的自主传播和分享，其旅行叙事也体现出新的特征，可概括为以下四个方面：

### （一）建构新的空间表征

旅行者通过自媒体的旅行叙事分享将私人情境并入公共情境，新颖的形式和内容突破了地理空间界限，产生了新的空间表征。

对于旅行者自身来说，旅行叙事的作用机制在于展示了当地地理景观，将所处空间环境与当下的个人感受结合，输出特定意义，建立与特定地理相关的文化认同，同时将这种集合地理空间和个人认知的信息通过自媒体辐射传播。在这个过程中，自媒体的介入让信息即时突破地域空间的壁垒，打破了物理空间和社会场景的传统关系。对于自媒体的这种功能，约书亚·梅罗维茨在研究电子媒介对社会行为影响时就有预见。他曾在著作中表达了自己的观点：

"电子媒介越来越多地介入了空间结构划分的场景,其中媒介的交流方式越来越类似于真实地面对面交流。媒介越来越多地使我们成为观看异地表演的'直接'观众,并且使我们能够接触到未在现场的观众。电子媒介打破了物理空间和社会场景的传统关系。电子媒介创造了新的场景,破除了旧的场景。"[①]而在自媒体时代,每个人都是传播者,自媒体实时传播、节点辐射、病毒营销的功能则让这种媒介信息场景的呈现更加即时立体,旅行者通过自媒体进行的旅行叙事突破了地理空间界限,产生了新的空间表征,推进了私人情境与公共情境的融合。因此,自媒体成为延展地域性、重新表征地理空间并传播地域文化的重要媒介。

### (二)建构个人旅行书写

旅行者基于自身经验完成的旅行叙事具有个人书写偏向,因其鲜明的草根性和民间话语特性,从而成为官方旅游信息的有益补充。

每个旅行者对旅行目的地的传播与表达,其实是对自然与地理空间文本实施的一种基于个人经验和文化阅历的阐释,其中必然加入了自己对于当地景观与文化的审视与思考。这种通过民间话语对于旅行目的地空间的表征,与旅游官方微博的话语特性明显不同。自媒体的旅行叙事偏向个人书写——个人踏入崭新空间,通过信息即时分享让受众穿透了空间距离,仿佛具有了"亲身参与""身临其境"的体验。除此之外,与当下旅游微博鲜明的官方性比起来,自媒体集文字与图像表达于一体,生动而有人情味,用户互动性更佳。具体到这次活动,每秒钟就有110次用户互动,总量中的46%来自移动客户端,充分说明书写的即时性和用户的参与热情。

目前新浪微博中已有500多个旅游类微博通过官方认证,包括境内外旅游局、景区、博物馆等。其中,境内旅游局330多个、境外旅游局50多个。[②]各地官方旅游局和旅游城市也基本都有微博,日常发布内容多涵盖当地特色餐饮美食、生活感悟、旅行小贴士等,目标是第一时间向民众提供吃、住、行、游、购、娱方面的信息,既传播旅游信息,又履行着宣传与营销的角色,更重要的是承担目的地形象建构与传播的功能。虽然官方微博具有权威不可替代的

① 约书亚·梅罗维茨.消失的地域:电子媒介对社会行为的影响[M].肖志军,译.北京:清华大学出版社,2002:7.

② 毕志强.旅游官方微博"微"力有多大[N/OL].(2011-06-20)[2014-03-08].http://www.fzrbgg.com/PictureShow.asp? id=210935.

优势，但在日常运营中亦存在不足。除了信息发布不及时、有效性差以及存在着夸大宣传、错误及虚假信息等问题外，更主要的是官方发布的信息缺乏民间话语的接近性，比如不及时回复受众疑问等。另外，未基于真实经历分享而发布的官方信息在引发关注和受众互动方面的作用也有限。

据统计，浙江省旅游局官方微博中前 140 条微博中，转发数小于 20 评论数小于 10 的比例为 85%，这些数据说明与粉丝互动不足。[①] 究其原因，国内的官方微博仍然停留在传统公关的沟通方式，部分微博依旧使用官方的话语姿态，导致很大部分微博内容的转发和评论仅在个位数，基本没有互动。部分官方微博与公众的交流停留在一次对话阶段，这种偏于单向的对话机制难以产生长期的影响效应。

综上所述，具有草根性和民间话语特性的旅行书写，更容易提供受众真正感兴趣的话题，引发较强的互动性。如国庆期间高速堵车、景点扎堆这样的旅行体验，基于旅行者当下自身感受而分享，更容易引发受众的关注和共鸣。

### （三）叙事产生营销效果

旅行者基于个人对于空间和文化的感知做出的叙事传播，更易引发共鸣、吸引受众重复体验，因而具有显著的营销功能。

微博的旅行叙事延展了地理空间、消融了地域界限，同时成为一种城市形象的叙事载体，加上鲜明的民间话语特性带来的亲民性，自然具有了营销的功能。所以很多旅行产品借助旅行叙事书写的功能完成了营销，其中一个典型的案例是新西兰旅游局在中国大陆地区的营销活动，其中微博女王姚晨的微博旅行叙事功不可没。

2012 年 8 月下旬，姚晨担任了新西兰旅游局中国大陆地区的品牌形象大使。为了推广新西兰旅游产品，姚晨前往新西兰进行了“100 小时唤醒行动”。这次活动大获成功与姚晨的知名度和微博庞大粉丝量相关，但其在活动期间的个性化旅行叙事影响更为深入。前往新西兰的几天里，姚晨个人微博时有更新，描述自己的所见所想，从个人视角对新西兰的自然风光、地理景观和文化面貌进行了鲜活生动的描述展示，同时融入个人的解读，与官方信息形成了鲜明的对比。粉丝在转发、评论中进一步宣传了新西兰，帮助更多中国游客了解当地的地理样态和风俗人情，提升中国游客对新西兰的认识和兴趣，让国人

---

① 杨主泉，白鹭.微博时代的官方旅游营销创新研究[C]//2013 中国旅游科学年会论文集.北京：中国旅游研究院，2013：437-44.

对新西兰有了一个真切的“唤醒”认识,这与新西兰旅游局的品牌核心理念一致。姚晨微博的旅行叙事提升了新西兰旅游的知名度以及商业价值,形成了高效的传播力,成为与新西兰官方旅游微博联动的集成传播力量。

而在“带着微博去旅行”活动中,268 家企业、政府、旅游机构等合作方参与互动并因此受益,合作伙伴活动期间累计增加粉丝 1097 万。亦有明星加入互动,58 位明星发布超过 100 条原创活动微博,带来 700 万互动数,单条微博平均互动数 7 万次,累计增加粉丝 2430 万。这次充满趣味性的微活动有效提高了用户黏度,充分调动了用户的参与度,是未来自媒体商业化的一种很好的尝试。

### (四)成为城市形象的传播路径

旅行者的个性叙事富于信息实用性以及情感吸引力,能形成良好的互动效应,既展现了场景地理又传播了地域文化,成为建构城市形象的重要路径。

自媒体的旅行叙事功能凸显出重要的作用。通过场景地理的展现,地域间的界限被突破,地域文化的传播在跨越了界限、突破了神秘感以后,更易被受众感知和接受,场景地理最终影响了日常的生活。

在旅行者的个人叙事中,大量地域叙事内容体现出的地域文化元素以及旅行目的地的城市精神和市民性格,以及旅行者所见所闻中流露出的主流价值观和正能量传递,均能赋予受众独特想象,其具有的意识形态传播与导向功能,成为城市形象宣传的有效补充。旅行叙事重新表征本土空间、重构人与城市的互动关系、重塑本土文化的认同机制并塑造媒介地域景观,从而完成城市形象传播与提升。如在这次“带着微博去旅行”的微活动中,合作方上海东方宣传教育服务中心的官方微博“东方日记本”所发起的“美丽上海”话题,讨论量达 760 万,原创微博 6 万条,“东方日记本”因此增长粉丝 30 万,增长率高达 927%。参与讨论的用户用各种语言表达自己心中的美丽上海形象,从不同角度展示这座城市的景观美与人情美,巨大的讨论量必然是对城市形象的一次正面传播。而宜春市旅游局官方微博“宜春多胜游”则凭借话题“最好的月亮”获得 667 万话题讨论量,增长粉丝 18 万,粉丝增长率达 244%。此话题的来由是根据神话史诗记载,明月山为嫦娥的故乡,是当年嫦娥奔月的地方,因此宜春有“月亮之都”“月城”等美称,“最好的月亮”话题既与活动期间中国传统佳节“中秋”密切相关,又呼应了宜春城市的特色标签,其打出的“月亮处处有,宜春月最明”口号让宜春的知名度和城市形象获得了大幅提升。

## 三、微博中"旅行叙事"的总结与反思

以往大众媒介的旅游报道展示的图像易产生神圣化的功效，游客每到一地常常按图索骥，导致当地最原始真实的地理旅行样态难以被广泛知晓与传播。而个人化的叙事则可以提供受众喜闻乐见的信息形式。因此，自媒体的旅行叙事既带给城市形象以新的展示方式，又带给受众崭新的旅游信息获知体验。然而，实际应用中自媒体的旅行叙事仍有值得反思的部分：一方面，微博的旅行叙事对地理的展示不是全貌，而通过用户私人化信息被曝光，进而演变成众所周知的观光胜地。因此，信息的描述带有强烈个人偏向。另一方面，由于表达能力、传播水平的差异等因素，容易造成旅游照片、形象与当地实际情况间的偏差，甚至引发网络暴力。所以，对于个人的旅行叙事也要有所甄别，其中不乏完全以营销为目的的信息。

自媒体时代的旅行叙事是叙事者与其他角色连同旅行目的地的时空共同形成的书写空间，相较于官方旅游信息的发布来说，更具有民间话语特性和鲜明的草根性，容易引发受众的情感共鸣，使其渴望获得和重复相同经验，这就成了旅行叙事营销的心理基础。同时，从某种程度上来说，旅行是跨文化传播的某种起源，而通过自媒体进行的旅行叙事则增加了传播的节点，拓展了这种跨文化传播的广度和深度。自媒体旅行叙事融信息提供、情感沟通、自我书写及空间表征为一体，成为旅行目的地全方位的信息提供者，因此能够为城市形象的建构和营销所用。

## 四、微博的地域空间呈现与本土文化重塑机制再思考

由于城市承载着历史的积淀，一直被认为是本土文化的直接体现。在全球化浪潮下，本土性在无差别的景观和压缩时空的传播中面临着重重危机，体现地方个性文化特色的内容渐被淡化，全球性对本土性的消解成为不争的事实。① 当面对"交融越来越多，而本土化的因素却被掩盖"的现状时，城市媒体无形中被赋予了突显、强化和重塑本土性的重要任务。在此背景下，城市微博在建构城市专属地域景观和重塑本土文化记忆方面，更显其价值。

### （一）本土地理景观的再现和地域空间的建构

三个样本微博日常均大量发布地理方面的内容，涉及福州地理景观如烟

① 邵培仁.媒介地理学[M].北京：中国传媒大学出版社，2010(9)：142.

台山、上下杭、仓山老洋房、乌山白塔、三坊七巷、闽江公园以及与此有关的历史文化知识、图片游记等,同时还会普及强化福州的节日传统、婚丧习俗等。以“福州那点事儿”为例,其在2012年10月31日的一条微博中转发了一位网友拍摄的仓山老教堂照片后,附上了一段简短文字“该堂面对闽江,气势宏伟,是全省最大的天主堂,时称江南第一堂。1946年福州教区升格为省总主教区,该堂成为福建天主教主教区总堂所在地,是全省教会活动中心”。此类信息让城市微博仿佛变身为一本可取阅的“地理百科全书”,在普及老仓山教堂知识的同时,再现了地理景观。

在平台的运营和管理中,几乎每一个城市微博都会接受并转发市民随手拍摄的本地建筑街区、美景美食、民俗人情以及身边的新鲜事等相关内容,并加上个人的点评,借由城市微博这种平台让受众形成新的地方体验,认同经过媒体再现的“新地方感”,进一步消解时间、空间、地域等实体边界。此外,城市微博对地理要素的作用,不仅仅是呈现街区在媒介中的形象,以及使呈现的内容不断随时代的变化而变化,而且它在一定程度上还通过媒介对地理要素的形象建构和再造发挥关键作用。① 在这一方面,老福州人心中的“上下杭”“老仓山”等地理元素经过地方媒体的关注和传播,已渐渐发展成为福州新的旅游景点和开发项目。可以说,城市微博通过传播本土性信息建立起的地域感,在完成着某种程度上的“造城运动”,其鲜明的地理印记,起到了建构地域空间的作用。

### (二)本土文化标签的制造和文化记忆重塑

地方性媒介可以为一些标志性建筑贴上其表现形式之外的、基于地方解读而制造出的概念标签,重塑一种地方体验。如在仓山老洋房基础上改造而成的西林小筑,之所以成为福州文艺青年爱聚集的咖啡馆,可以说与微博的传播和推广,以及扩大受众体验和分享是密不可分的,体现了地方媒介巨大的标签制造作用。从这一意义上说,城市微博更具有日积月累的教化功能和文化力量。

城市微博不仅对地理要素有一种即时的呈现,还有钩沉集体记忆、重塑文化认同,起到组织和控制地方意义的作用。出现在微博上的关于福州民俗、节庆风俗、传统美食文化等信息,实质上加强了福州人的文化认同。譬如“福州

① 廖卫民.媒介地理论:多伦多城市媒介的地理印记与文化认同[J].杭州师范大学学报(社会科学版),2008(5):49.

生活情报”有一条主题为“在福州一定要做的10件事”的微博，内容为：“逛三坊七巷，品味老城文化；在双杭感受市井生活；漫步仓山老洋房，感受旧时时光；登鼓山，听涌泉寺晨钟暮鼓；游览马尾船政文化；吃锅边糊、鱼丸和肉燕；逛西湖公园；夜游闽江，看虎纠夜景；品茉莉花茶，赏闽剧；泡温泉。”这条微博内容勾勒出了一个在福州生活的惬意场景，展示了福州作为文明城市、休闲之都、闲适宜居城市的景观，也把一种真实的市民百态和鲜活城市形象的集体记忆呈现给了受众，起到了强化受众文化认同的重要作用。

城市微博所属的新类型草根话语平台减少了意识形态的规约，展示出新的传播特性。城市微博兼有大众民意表达、公众行为疏导、舆论监督管理和公众情绪宣泄的作用，推动着城市公共决策并影响着传统媒介的议程。同时，城市微博塑造的景观和空间中，到处都充满着地理的隐喻，鲜明的本土性和地域性再现着城市的景观，也构建着本土的文化认同。从中国知名的社交媒体“微博”的旅行叙事促进地域形象传播的例子，可以管窥互联网技术对于城市乡村形象传播和关系建构的一种路径和可能。

## 第四节　乡村题材影视剧的现实反映以及美学想象

2017年10月，习近平总书记在党的十九大报告中指出：“经过长期努力，中国特色社会主义进入了新时代。”由此，我们国家的乡村脱贫与振兴工作也迈上了一个新的台阶。2021年2月21日，在我国开局“十四五”、开启全面建设社会主义现代化国家新征程之际，中央发布当年的一号文件，这份文件更是发起了全面推进乡村振兴的总动员，“乡村振兴”这一发展规划被摆在了极为重要的位置。

2021年2月25日，习近平总书记在全国脱贫攻坚总结表彰大会上的讲话，庄严宣告我国脱贫攻坚战取得了全面胜利，这是经过全党全国各族人民共同努力，在中国共产党成立一百周年的重要时刻迎来的伟大胜利。一部中国史就是一部中华民族同贫困做斗争的历史。摆脱贫困一直是中国人民始终追求的梦想，同时也是实现中华民族伟大复兴中国梦的重要内容，是中华民族的集体情怀。这次会议同时还是乡村振兴工作的起锚时刻，更是提振中国人民自立自强的信心勇气，增强民族凝聚和文化认同的重要契机，是又一个新起点、新征程。

时代背景的巨变在现实中上演，同时也在影视艺术中被记载和呈现。新起点的历史时刻,乡村中的现实经验也是影视艺术最重要的创作来源。艺术创作者从这样的现实背景出发,在脱贫振兴的题材上进行了积极地探索和有益地耕耘,取得了可喜的成效。2022 年以来,乡村题材剧目在中国电视荧屏上接连登场,各类基于扶贫农村现实以及乡村振兴伟大复兴的题材影视剧层出不穷。这些作品从题材、故事、艺术手法等角度,体现出对现实的反映与建构,以及新技术环境下艺术对现实的多元表达,同时塑造出大量丰富生动鲜活的乡村人物群像,再结合围绕各类新媒介的创新性宣传与营销手段,让乡村题材影视剧的文本和传播呈现出前所未有的新面貌。

另外,面对断裂本真性速度距离和碎片化给现代人造成的影响,一种返回乡间视野进行自我审视的怀旧心理,成为整个社会的现实诉求,现代性发展的理性极端倾向、极速体验、对人的生存自带感的剥夺、心理距离导致的精神荒漠,碎片化生存的残缺感等,把社会推向紧张状态,使现代人陷落在一种不得不怀旧的氛围中。同时,人的生存理念的诉求是渴望稳定、安全、完整,追寻幸福,人类最直接的生存经验和最深层的生命感使怀旧得以实现。① 这些现代人的集体情绪都会找到一个出口,那就是各种乡村题材影视剧中所展现的乡村的空间,乡村的故事,乡村的人,以及乡村带给现代人的各种美学的想象和怀旧的情感寄托。数字化时代,技术的发展愈加狂飙突进。人们受到生活的断裂和碎片感的冲击也前所未有。在现实与虚拟之间的游走,带给现代人的心灵上的困惑和缺失,也会带给乡村人心理认知上的断裂。因此,乡村影视题材也是城乡融合中一个重要的文化组成部分,它连接着同为现代乡村人与城市人的心理,既是乡村人的文化表征和对外的传播,也是城市人寻求怀旧审美的对象,是沟通城乡人的心理、减轻隔阂与障碍、彼此寻求力量与依靠的载体。因此数字时代也对乡村题材影视剧提出了审美需求。

在本章节,笔者围绕乡村题材影视剧中常见的主题进行探讨,对其传播乡村文化、建构乡村形象、塑造经典人物、提升审美水平等方面的功能、作用与艺术贡献做简要梳理,并将乡村题材影视剧放置在城乡融合的社会背景和现实背景下去考量,力求在全方位描述和介绍乡村题材影视剧时,能够发现更多其可推动城乡融合的媒介属性。

## 一、反映乡村脱贫与振兴现实,有效建构乡村形象

坚决打赢脱贫攻坚战一直是我国长期的任务,中国脱贫攻坚的成就是令

① 赵静蓉.怀旧永恒的文化乡愁[M].北京:商务印书馆,2009:351.

人瞩目的，这中间也蕴藏着文艺创作丰富的灵感和素材。在这一时代背景下，反映各类脱贫攻坚成就的各类影视作品登上中国大小屏幕，影视作品对“乡土中国”变革成就的讲述属重大现实题材创作，在当下承担着巨大的创作使命。

众所周知，文艺创作需要紧扣时代脉搏，记录中国社会变革的时间特性，并从中挖掘并提炼中国特色的发展经验，找准时代精神的内核及其深刻意义。走上小康之路的“乡土中国”如何丰富自身的价值内涵，新时代的乡村故事如何准确映射当代人对公共生活、时代精神、社会理想的理解……这些不仅是文艺创作命题，也是全球化时代的文化发展命题。因此，回溯并展望农村题材影视剧的发展，需要以当代中国社会进程与文化建设为坐标进行解读，记录中国社会变革的时代特征。①

### (一)呈现乡村空间风貌与生态景观

乡村的自然环境空间具有独有的建筑特色和景观，是一种与城市的建筑和景观迥然不同的空间，在生活中一直被寄予某种田园式的、乌托邦式的美好想象。对于乡村题材影视剧来说，从视觉上都很注重反映农村的自然风貌。

《我和我的家乡》作为一部主旋律影片，依照现实主义的创作原则，在银幕上再现了祖国辽阔土地上不同地域中的代表性景观。中部地区的现代化都市、西南地区的深山幽谷、江南水乡历史悠久的古镇、陕北地区的黄土沙漠、东北地区的稻田谷地，再加上当地特色服饰与方言，令人倍感亲切，七位来自不同地区的导演也用这种方式完成了一次对自己家乡故土的致敬。②

电影《十八洞村》则将目光放到湖南省湘西土家族苗族自治州的十八洞村，那里山高路远，闭塞落后，但同时也向观众展示了作为全国脱贫攻坚楷模——湘西土家族的地域风貌，这对观众来说也是一种独特的景观体验。

而电影《一点就到家》则将镜头对准一个位于云南的千年古寨，那里也是茶叶和咖啡豆的最佳种植地，镜头呈现的还有那里独特的建筑风格和植被特色，成片的咖啡树林的交错成荫，满足了观众的视觉审美需求。

---

① 卢蓉.从脱贫攻坚到乡村振兴：乡村题材影视剧用影像呈现新“乡土中国”[N/OL].(2021-08-04)[2021-11-30]. http://views. ce. cn/view/ent/202108/04/t20210804_36775344.shtml.

② 黄望莉.新农村电影新时代中国农村电影初探[J].上海艺术评论，2021(4)：48.

### (二)记录乡村的政策背景和阶段性成就

中国是一个农业大国,以农村为题材的电影一直是中国电影从左翼文化运动以来发展出来的传统,从土地革命、土地改革到人民公社、改革开放,《春蚕》《红旗谱》《枯木逢春》《李双双》《咱们的牛百岁》《喜盈门》《野山》等优秀影片均以国家农村政策的调整为背景,生动地展现了 20 世纪的中国社会图景。这些电影紧跟国家政策的发展变化,顺应时代的潮流,密切贴合当时人民的日常生活。[①]

改革开放后,农村题材影视剧以 1978 年 5 月中央电视台播出的电视单本剧《三家亲》为代表,跨越了几个时期的社会进程,伴随着不同阶段的政策理念,持续进行着中国当代的乡村书写并记录着由乡村至城市的社会变革。在讲述乡村故事的同时,又从改革开放、经济建设、社会发展视角洞察农村:既有农村建设发展初期的各种革新与巨变,也有社会变革中农民个体的心理境遇、精神结构的变化;既通过艺术形式讲述各种乡村发展的故事,又生动地展现着人们生活变化的奋斗精神;既有《外来妹》在新旧文化、城乡冲突的关系中反思社会与人物的变化,也有以“理想照耀中国——国家广电总局庆祝中国共产党成立 100 周年电视剧展播剧目”代表剧《山海情》,回顾福建省与宁夏回族自治区在相互协作中结下的深厚情谊和涌现出的典型人物和感人故事,反映脱贫攻坚战的历程。乡村题材影视剧还会反思农村现代化发展进程中出现的各类新问题、新现象,如在展示农村真实生活场景的同时,兼顾对民族性的深入剖析,既让影片的主题得到升华,又探索了不同的叙事手法和艺术风格,为观众奉献了基于乡村的影视艺术审美想象。

乡村题材影视剧最大的作用,是通过文艺创作的手段展现中国最基层的发展实践的丰富历史经验。一部中华民族的发展史,就是一部中华儿女的奋斗史、脱贫史,村庄形象的变迁史。

## 二、加入先进的影视技术,提升乡村电影艺术性

### (一)新叙事与表达手法的使用

乡村题材影视剧中,有大量关于法律与宗法制之间的矛盾问题、家庭伦理关系问题等主题。之前的绝大部分农村扶贫及振兴的影视作品严肃题材比较

---

① 黄望莉.新农村电影新时代中国农村电影初探[J].上海艺术评论,2021(4):49.

多，并且经常通过确立典型、先进人物的先进事迹来树立高大的人物形象，较少关注多元个体的命运。然而在近两年作品中可以发现这种现象在发生变化，以近期《我和我的家乡》《一点就到家》《山海情》等系列电视剧为代表，在立意、叙事以及影像呈现方面均体现出新的探索。例如，平民"群像"视角与喜剧化创作倾向明显，在这些故事中有多种小人物，如在北京打工的出租车司机、离乡背井的老教师、做苹果生意的经销商、下乡支援农村建设的艺术家、忙于创业的城市小青年，还有快递员等，他们构成了整个社会的群像，就是这些看起来普通并无丰功伟绩、不属于英雄式的成功典型，甚至还可能会比普通人多一些波折的并不完美小人物们，其角色的真实自然以及对真实人性多元人物面相的反映，在一定程度上更容易拉近与受众之间的距离，让整个影片的叙事话语更容易被普通大众接受。

除此之外，喜剧类型化的探索也是乡村题材影视剧中一项重要的艺术创新，如《一点就到家》这种轻喜剧的青春电影，加上又选择了一种"亲民路线"式的审美风格，减少了宏大的说教和宣传意味，在轻松愉快中完成乡村叙事主旋律的传达；同时喜剧风格更容易消解现实生活中各种阶层矛盾，将创业失败、生活迷惘等沉重的情绪以一种调侃和荒诞的喜剧形式呈现，可以减少焦虑和负面情绪的传播，引导观众思考而不是陷入情绪。

我们经常说，城与乡只是阶段性的概念。当前的乡村题材影视剧不可能只局限于乡村内部去进行故事的展开，几乎所有的同类题材影视剧中都有基于乡村与城市在融合沟通发展中出现的新现象、新矛盾、新问题进行的叙事。这也充分说明乡村和城市之间不再是对立的，而是在乡村题材影视剧的叙事中体现着融合的话语，展望着融合发展的大趋势。例如，《我和我的家乡》及《一点就到家》两部电影所讲述的几个故事中，其内核与本质其实就是在探讨：城乡之间的关系应该如何去认知？如何做解读？矛盾的背后实质都落脚为"城乡碰撞"。每个故事都是城市人和乡村人的互动与反差而写就的，都有从本地人到外来者，再到本地人的故事发展的脉络，而故事也都以城乡文化最合适的方式和解融合，以人物多元身份的突破和确立而收尾。这些乡村题材影视剧中传达出一种价值观，那就是城与乡已经不是绝对的隔绝与对立，城市人和农村人也是一种互相依附和转化的关系，城市文化和乡村文化本身相互交融，和谐共生。

影视作品通过空间语义的灌注与表达，点滴积累生成非常中国的国家形象内涵。在新时代发展逻辑下，我们看到了新乡村影视作品中对现代与传统共生共存的交汇点的探索和表达，看到了其对新型乡村治理的良性结构的多方面表达，看到了对历史经验的总结，也看到了对新叙事艺术的探索。

### （二）新技术和资本加入乡村题材影视剧

近年来，响应国家发展政策的扶贫剧、乡村振兴剧进入高产期。其中一些制作精良、别具特色的作品在不断提升新主流影视剧的影响力和认可度的同时，还对国家的乡村振兴政策及农村治理经验进行了一定程度的总结，特别是对农村未来的发展之路进行了思考和讨论，这些成为新时代农村题材影视剧创作的新主题。在这些作品能形成火热的社会影响背后，除了优质的内容、更具亲和力和理性的语态、更富有故事性和吸引力的讲述方式、对农村发展理念的诠释路径更有创意之外，新兴影视资本的加入、数字化的宣发手段和新营销思路的推广都起到重要的作用。

当前影视投资中，宣发是公认的非常关键的组成部分。宣发的投入力量和方式对于影片最终的票房成绩和社会影响的作用逐年增大。2020 年国庆档，《我和我的家乡》《一点就到家》《夺冠》《姜子牙》《急先锋》等的银幕票房之战，背后也是一场隐性的宣传大战。在这场宣发大战中，新媒体平台、新手法的运用起到了关键的作用。

网络文化生态的发达也影响到了电影创作和宣发的模式，大数据和智能算法的应用，让宣发在话题选择、人群锁定方面更能有的放矢。线上的“云宣发”也成为电影营销的新形式，借助各类社交媒体和短视频平台背后的流量池，更短时间内将营销内容精准对接目标人群。以抖音为代表的短视频平台除了作为社交分享平台以外，其积聚的海量流量，一直是品牌营销的宠儿。抖音一直以主动的姿态去拥抱电影行业。尤其是在短视频营销这个新风口和正在成熟的新市场中，抖音依靠自己的步步深入和创新探索，建立起了扎实的短视频营销生态，为电影的宣发持续贡献力量。如 2020 年国庆档，乡村题材作品《我和我的家乡》五个故事单元的电影预告片先期都在微博上热播预热，首发预告片观看量更是过亿，锁定热搜带来了很多的流量和话题。在抖音平台上，创作者结合《我和我的家乡》的创意，在武汉、青岛、广州等地，以普通人视角记录发生在祖国大江南北的特色家乡故事。在充满生活烟火气的镜头下，它们就像是《我和我的家乡》的番外篇，先期引发了观众的观影期待。在优质的数字设备的技术支持下，短视频的影像拍摄具备电影级质感，内容上也注重发掘捕捉不同地域鲜活的个体生命力，如天津人的幽默和包袱、东北人的豪爽与义气、重庆男人的“耙耳朵”特色等，这些细节的闪光点呈现，顺应了电影观众对地域文化差异性的审美风格。

在此基础上，基于短视频平台的推广逻辑和引发用户参与再次引爆热度的考虑，《我和我的家乡》出品方联合独家短视频合作平台抖音在站内发起了“我和我的家乡在抖音”主题活动。除了发布主题 TVC、与《我和我的家乡》联合打造 7 个家乡短片外，抖音还推出了“拍家乡上电影”“家乡时尚大片”两大主题挑战赛，并专门为此设计了个性化的影片主题贴纸和节日特效，鼓励用户记录家乡，主动参与，以“人气创作者可以参与电影的首映”的活动福利来增加参与度和人气。

在“我和我的家乡在抖音”主题活动带动下，抖音平台用户参与热情高涨，涌现出了千万民间讲述的与家乡有关的故事。在“拍家乡上电影”“家乡时尚大片”挑战赛里，民间创作者镜头下聚集的五湖四海的乡景、乡音、乡味，一度在抖音上形成热门话题，引发大量用户关注与讨论。彼时正值春节前夕，大量返乡民众踏上故土，乡愁在这段时间本就是国人的集体意识，因此这样的话题本身就有文化上的贴近性，为《我和我的家乡》构建了一个庞大的流量池，形成了大屏小屏联动的创新态势。

而电影《一点就到家》则利用明星效应来获得流量。该电影的明星监制与年轻偶像阵容、“青春版《中国合伙人》”这样的标签一打出，就在互联网平台上引发了受众的观影期待。同时在这部电影中，内容聚焦 2020 年上半年新冠肺炎疫情防控期间火爆出圈的乡村直播电商这样一个经济和生活领域中的重要新事物技术现象，其题材和内容本身就容易吸引用户参与和引发共鸣。

以上两部电影的营销态势，让我们看到短视频平台加入电影营销的能力和潜力。以抖音为代表的短视频平台正在成为中国电影市场复苏及未来发展的新动力源。短视频平台对电影宣发营销的启示也将会改变电影宣发的竞争生态。这样的营销态势不仅对抖音平台在电影产业链上的深耕和未来发展具有重要意义，而且对乡村电影以及整个大屏幕电影迈入数字营销新时代都具有里程碑式的标志意义。

## 三、通过典型故事与人物完成对新乡村人物群像的塑造

经典人物是文学影视作品的灵魂，充满魅力的人物是影视剧留给观众最宝贵的财富之一。乡村题材影视剧中的典型人物，是人们认知当下乡村人精神面貌和城乡关系最直观的对象。人物的成长经历是影视剧艺术的承载体，人物形象的塑造决定着一部影视剧的品格与三观走向，也是衡量这部影视剧艺术水平的关键标准。

乡村题材影视剧中，领导者、实干者以及农民群众是常见的三类人物形

象。这三类人物形成互补的关系，都对整个现代乡村建设与发展具有重要的意义，对乡村题材影视剧的主体性再造与呈现相当重要。以《山海情》为例，塑造这三类典型人物时摒弃了脸谱化、程式化，是真正的真实呈现。

塑造典型的农民形象，要求创作者们避免自然主义意义上对日常琐碎细节的搬演复刻，而应对劳动人民在时代发展中所发挥的作用进行本质洞悉，反映他们在脱贫攻坚过程中经历的真挚情感与真实生活。除《山海情》之外，近两年其他农村题材的影视剧也都与现实社会有着强烈的关联。因为有许多青年投身农家乐、电商等全新农村产业的发展，《绿水青山带笑颜》中对于都市青年许晗和杜笑语返乡创业的塑造才更具现实意义。精神扶贫是引领贫困农民脱贫的内生动力，《遍地书香》正是通过号召当地农民接触新知识并学以致用，才实现了精神脱贫与物质脱贫的连接。正是基于全国大面积绿色农业的发展，《我的金山银山》对于当地生态问题的解决以及文化生态园的建设才更有说服力……虽然从单一作品中溯源我国农村社会历史变迁难以实现，但多部作品却可共同汇聚成乡村振兴的景观全貌。[①] 这样塑造出的农民形象，不是迎合人们的刻板印象，而是与整个社会历史巨变的大背景结合起来，在历史的发展阶段中出现的鲜活生命个体。

基于中国当前的乡村发展现实中有很多特殊群体和特殊人物，是乡村题材影视剧塑造的重点。比如扶贫干部，是整个乡村脱贫与乡村振兴中重要的关键性人物，对此类人物群落的塑造，也成为乡村题材影视剧中不可或缺的叙事手法。在电视剧《山海情》中，马德福这个人物就是一个沟通村民新旧观念、帮助脱贫的扶贫干部形象，他的身上也带有新时代扶贫干部敢想敢拼、勇于实践的魄力和精神。

再比如留守儿童主题。中国乡村留守儿童成为一个具有强烈孤独感和无力感的特殊群体，也是中国城乡现实发展中一个严峻的阶段性的社会现实问题。在不少的西部电影中，如《米花之味》《树上有个好地方》《拨浪鼓咚咚响》《留夏》等，都展现了留守儿童这一特殊群体的孤独与彷徨。威尼斯电影节参展影片《米花之味》以留守儿童问题为创作主题，以务工回乡的母亲叶喃与留守的女儿喃杭之间由疏远到亲密的关系为线索，展现了边陲少数民族之地，留守儿童教育、生活、心理方面的困境，以此辐射至城市与乡村的隔阂、现代与守

---

① 张斌，武泽华．乡村振兴背景下电视剧中农村形象的主体性再造：以《山海情》为例[J]．长江文艺评论，2021(3)：25．

旧的对立、科技与传统的冲突，既细微地重新思考父母的陪伴之于成长的重要价值[①]，又延伸至宏大的社会问题的探讨和整个城乡关系的思考。通过典型人物群落塑造，人物关系置放于互动的城乡关系中，会让人物形象更加鲜明，故事更富张力，问题指涉更具有深度。

## 四、反思：想象的乡村与城市

乡村题材影视剧大多会在关注乡村本土空间的同时聚焦城市，难以跳出以城乡关系和城乡空间的流动作为叙事的主要内容的圈子，而且 21 世纪以来，很多乡村题材影视剧缺乏对农村的真正了解，完全站在城市的角度对农村进行理所当然的假想，无视农村的真实生活和农民的真情实感、真实诉求，对乡村进行主观化的城市改造。这种创作中的错误倾向有以下表现：

### （一）过度的城市想象

21 世纪以来的乡村题材影视剧以城市的视角对乡村进行了过度的想象。一方面是城市话语逻辑在农村的想象性移植，另一方面是“乡村爱情”的都市化。新世纪后的乡村题材影视剧对农村情感的书写，很大程度上是都市情感对农村情感的替代，各类都市化的话语、情感、行为的生硬移植，是都市的欲望模式或情感模式在农村的挪移。[②] 正如有论者所言：“《乡村爱情》《马大帅》等乡村题材影视剧中，前者在追求田园牧歌中对地域文化进行了过滤，后者在追求农民理想化的救赎中对地域文化进行了改写。……对农村及农民都市化、纯净化的处理多半是编导者自己的‘思想感情方式’对农民自身的思想感情方式的一种挤占和挪用，乡村的历史文化、生存现实、命运状态被都市想象掏空和侵蚀了。”[③]这种过度的城市想象、脱离真实情况的表达，会影响到受众对乡村生活、人物、价值取向的理性认知，背离真正的乡村文化全貌，让真正需要直面的问题被遮蔽。

### （二）过度凸显的娱乐化

与 20 世纪八九十年代乡村题材影视剧大多选择悲剧叙事，渲染艰苦、悲

---

① 张阿利，张星义.乡村振兴视阈下西部农村题材影视剧的新型美学旨趣与文化意蕴[J].长江文艺评论，2021(3)：15.

② 周根红.新时期以来农村题材电视剧的城市想象与文化建构[J].现代传播，2017(11)：91.

③ 薛晋文.中国农村题材电视剧研究[M].北京：中国电影出版社，2013：170.

情的气氛不同,新世纪后的乡村题材影视剧呈现出了娱乐化、喜剧化的趋势。自“刘老根”系列剧、“乡村爱情”系列剧始,开创了农村剧的娱乐化、喜剧化先河。如前所述,风格多元化和轻松化固然是因为农村经济的快速发展和农民生活水平的提高让农民内心感受到了快乐和喜悦,也是值得认可的趋势。然而我们也必须看到,新世纪后,农村在快速发展中不断凸显出新的问题,如城乡收入差距的不断扩大、大批农民进城造成的农村空心化现象、农村医疗养老社会保障的不健全等,这些问题需要现实主义题材影视剧的关注和探讨,不能在一味地过度娱乐化中遮蔽了乡村的艰难和无奈,以娱乐的方式消解了现实的困境,消解了对现实问题的关注和回应:现代化进程中的代价和壮烈被爱情纠葛所遮蔽,如《乡村爱情》系列;社会转型期失地农民的复杂心理被简单的乐观所冲淡,如《马大帅》系列;农民思想领域的现代性延滞被创业致富的口号所掩盖,如《刘老根》系列。通过娱乐化的叙事,乡村题材影视剧填平了农村和城市的真实鸿沟,某种程度上是用滑稽甚至丑化的形象化解了农村生活的复杂性,用都市景观改造了农村的精神面貌。[①] 这种创作趋向需要被正视和批判,目的是提升乡村题材影视剧叙事中的真实性和贴近性。

## 五、城乡互动叙事:乡村题材影视剧的方向

### (一)城乡互动叙事的含义

对于乡村来说,分工所引起的城乡对立不是绝对的对立,而是相对的对立,会随着生产力的发展而呈现不同的特征,而且城市是从乡村的发展演变而来,即便经历过几次社会化大分工,城市与农村依然具有内在紧密的联结机制,尤其是新市民对于农村依然有着广泛的社会联系。农业农村依然是中华传统文化的承载者,是传统文化、价值规范等社会机制发挥作用的特定社会结构。[②]

乡村题材影视剧对当前乡村发展实践的展示,其中蕴含的文化特质、农民的行为规范、价值认知、孝道美德等,是中华民族内在的传承,是今天城市生活的源头与基石。因此乡村叙事的文化意义和重要性是有目共睹的。而当下城

---

① 周根红.新时期以来农村题材电视剧的城市想象与文化建构[J].现代传播,2017(11):91.

② 王留鑫,赵一夫.基于城乡融合视角的乡村振兴实现路径[J].宁夏社会科学,2022(1):101.

乡融合的实践中，对影视作品中的“城乡互动叙事”产生了现实的需求。

城乡融合是乡村振兴的内在要求，实现乡村振兴需要城市的发展助力，走“以城带乡、城乡融合”的发展道路，因为乡村振兴需要城乡融合发展所构建的体制机制。不管是城乡融合还是乡村振兴，两者都服务于建设社会主义现代化强国的战略举措，都致力于实现共同富裕。城乡融合是融人、融物、融制度，实现城市与乡村的无缝衔接。[①] 无缝衔接中也包含文化的链接以及认知共同体的链接，影视作品中的互动叙事就是一个很好的切入点和实践点。城乡融合提供了大量融合的场景，如：城市与乡村之间随着经济建设、文化交流等领域的活动开展，大量农民涌进城市成为农民工，全方位助力着城市化的进步，同时城市人口又回到农村进行帮扶、振兴、文旅等。在这个过程中，城市发展亦不断将乡村纳入其视野，并形成了一股乡村热。在这一背景下，不论是现实生活中还是乡村题材影视剧中，都应该以“城市和乡村的互动”为新的叙事结合点。

不论是进城农民在城市中发展、成功站稳脚跟，还是农村与城市资源开发和互补中共同发展，抑或是在这个过程中所产生的城市现代文化向农村的流动、农村的观念与城市中先进理念的碰撞、城市生活秩序对乡村价值观念的重塑、乡村传统美德对城市道德危机的救赎等，都是城市乡村之间发生的互动，基于此的叙事能够为乡村题材影视剧提供更多的创作灵感和角度，也能够带来更加丰富的故事，以及耐人寻味、可以深挖的故事背后的人生价值，能够引发城乡双向的思考和批判，并最终让作品的意蕴和审美价值获得双向流动。

### （二）城乡互动叙事的表现方法

#### 1. 视觉符码上的共同呈现

“符码”（code）一词也翻译为代码，为了区别于自然的或物理的信号和记号的代码，故将其界定为符号的代码，简称符码。人们不仅是用单个符号的记号来表征意义的，而且总是将一定数量的符号的记号组合起来，用来表达完整的、微妙的或复杂的意义，这些符号的组合规则便构成了意识形态观念，正是依赖于这些意识形态中的符码，文化共同体的成员才能认知和理解特定的艺术文化文本，不同文化的成员之间才能够进行意义的交流和沟通。而视觉符码主要涉及图像符号的组合规则，视觉符号通过刺激视知觉，将经验中的视觉

---

① 王留鑫，赵一夫.基于城乡融合视角的乡村振兴实现路径[J].宁夏社会科学，2022(1)：103.

符码对象化地投射到视觉对象上，或者是呈现出某种视感知的反思性等，以此来影响认知。[①]

视觉符码的概念及其起作用的机制告诉我们，同一文化共同体的成员会被视觉符码的编码影响认知。对于乡村题材影视剧来说，一些视觉图谱中的片面化呈现，如对乡村落后面貌的过度展示和对城市现代化高楼大厦等的过度强调，都容易通过符码影响观看者的认知和经验。因此要考虑如何将“城”与“乡”关联起来，从客观又融合的角度，将通过新的视觉媒介、传播媒介打造构建的“乡村现代性”视觉符码，与都市现代性的符号融入一起，投射出乡村与现代化的视觉呈现，认同差异存在但不做优劣的镜头语言隐喻。除此之外，还可以探索更多元的视觉符码的使用，如在影片《一点就到家》中，利用了动画元素融入视觉表达，这种现代化的视觉呈现用于乡村题材影视剧中颇有些挑战和尝试的意味，但是动画艺术富有科技化和趣味性，更能吸引年轻人，也有助于乡村题材影视剧打破刻板印象，脱离沉重俗套的束缚。

2. 人物塑造上的典型带动

在人物的塑造上，乡村典型群像和城市的典型人物都要着力刻画，减少主观预设、抛开刻板印象以及过度脸谱化的塑造；都要基于当前城乡融合的背景和现状，既要看到人物之间的差异和属性，又要创造更多融合的场景，通过融合故事中的矛盾冲突凸显典型人物的特质，让人物在故事情节的推进中，贴合当下实践的实际，展示城市和乡村各种人物的魅力以及思想价值。无论是都市人的乡愁，还是乡村建设者的实践，都与未来农村的命运联系，他们对城乡融合进程做出的贡献，都应有全新的美学发现和文本呈现。

3. 追求创作品质的升华

在思想价值方面，追求与时俱进与表达升华，不管是对视觉符码的打造，还是对人物形象的塑造，都是考察创作人员和艺术工作者对生活本质的发现，因此一定要切实地关注城乡融合当下的实践以及城乡融合实践中涌现出的优秀地区、优秀案例的真实现状，做好足够的田野调查和素材积累，有足够的素材和样本支撑创作灵感。在创作态度上，既要有客观真实、不回避任何社会问题的担当，又要致力于打破修正对农村的惯性定见，以一种美好的创想和前瞻性，去表现乡土文化的特殊魅力和底蕴深度，去表达对城乡融合发展光明前景的信心和决心，以城乡融合为出发点和底色，讲好中国故事。

---

① 陈鸣.艺术传播教程[M].上海：上海大学出版社，2010：114.

## 第五节　乡村短视频文化：技术映照下的乡村生态

自从有了照相机、电影和电视，人类便进入一个以视觉为中心的世界中，文化理论学者斯特里纳蒂指出："世界将日益由媒介屏幕与通俗文化形象构成——电视机、视频显示器、录像、电脑游戏、个人立体声系统、广告、主题公园、购物中心、'虚拟资本'或信用——它们都是通往后现代通俗文化之趋势的重要部分。"[①]社会学家鲍德里亚和费瑟斯通也认为："正是现代社会中影像生产能力的逐步增强、影像密度的加大，它的致命程度，它所涉及的无所不在的广泛领域，把我们推向了一个全新的社会。"[②]这个全新社会显然是由视觉主导的，视觉正在包围着人类，越来越深刻地影响着人类的政治、经济和文化生活。随着数字科技的发展，以抖音短视频、微信视频号等为代表的视频平台迅猛发展，很快让"视觉社会"过渡到"视频社会"，相比于电影、电视以及照相机等传统的视觉媒介，视频平台所展现的内容更加丰富多彩，涉及社会生活的方方面面。并且在技术和平台的支持下，如今视频的制作、分享和传播也越来越便捷，每个人都可以通过视频记录、展现和分享"所见所闻"。[③]

短视频易于参与、观看便捷、交互性强，且兼具社交功能，占据着自媒体时代娱乐消费的头把交椅。全媒体时代，短视频更是成为一种视觉狂欢，以不同的垂直内容和使用方式占据着全年龄段用户的闲暇时间。更有甚者，在中国文化的国际传播方面，短视频发挥的作用也越来越明显。根据中国互联网络信息中心（CNNIC）发布的第47次《中国互联网络发展状况统计报告》显示，截至2020年12月，我国网络视频用户规模达9.27亿，较2020年3月增长7633万，占网民整体的93.7%。其中，短视频用户规模为8.73亿，较2020年3月增长1亿，占网民整体的88.3%。短视频发展红红火火，还可以从其与多种行业的紧密结合看出一二：近年来，短视频与文化和旅游行业的结合越来越紧密，多个爆款网红景点正是通过短视频大量传播而成为游客向往的旅游打卡地。越来越多的文化和旅游短视频创作者也加入进来，将镜头聚焦于体现

① 多米尼克·斯特里纳蒂.通俗文化理论导论[M].阎嘉，译.北京：商务印书馆，2003.

② 迈克·费瑟斯通.消费文化与后现代主义[M].刘精明，译.南京：译林出版社，2000.

③ 曾一果.短视频赋能文化传播[J].人民论坛，2021(31)：100.

美好生活的文旅题材。[①]

短视频在城市与乡村的互动与融合中也起到了非常重要的中介与黏合剂的作用。近年来大量涌现的乡村内容的短视频账号、乡村头部意见领袖KOL，让人不得不注意到这种现象。一方面，短视频平台上聚集了大量乡村原生内容的创作者，用镜头向世界直观地呈现了真实乡村，与宏大、陌生的叙事形成了互补，传播了乡村的形象和文化。对很多未亲自深入农村的人来说，这类视频中展示的农村景象、农耕生活、民俗文化如同一场“奇观”。当人们无法亲自实践、亲身感受事件发生时，就需要依靠媒体报道来获得事件的替代式体验。在数字时代，媒介显现出无处不在性、方位性与实时性，短视频平台的作用潜力仍然巨大。另一方面，在乡村内容生产者使用短视频技术的同时，他们与城市社会、国际社会发生了连接，乡村中的人通过使用数字技术和先进媒介，其享受公共服务的权利、需求对话的性质内容、文化活动的形式以及一些由表及里的日常生活体验均发生了变化。城市的文化以及各类准则标准影响到了乡村内容的生产，更影响到了乡村人的意识和行为。短视频技术和平台作为这样的媒介，在城乡融合命题域中值得关注与研究。

## 一、乡村短视频的内容分类与当下发展

乡村短视频指通过短视频的载体和平台传播的、创作者与创作内容均来源于乡村的新媒体内容。2017年短视频日益活跃以来，乡村短视频也同时起步，不仅国内短视频KOL(Key Opinion Leader)中有大量的乡村内容，有不少体量都达到了头部的位置，而且此类内容生产者甚至走向国际，引发了“短视频是不是文化输出”的话题讨论，如李子柒、滇西小哥等，都是YouTube上很火的中国账号，尤其是李子柒的影响和体量非常大。她输出的内容正是典型的乡村题材，对于国际受众来说，也是一种“奇观”。

乡村短视频在内容分类上，大致可以分为景观生活类(如@李子柒)、食物制作类(如@陕北霞姐、@蜀中桃子姐)、直播生活类以及直播带货类等类别。乡村短视频的日益火爆对社会的影响不可忽视，除了以独特的乡村内容为平台赚取了流量、为用户提供了独特的内容产品和精神享受外，乡村短视频对于助力乡村文旅等各类产业发展以及整个乡村振兴，也显示出了其明显的功用。

乡村短视频当下的发展势头迅猛，这从数据中可见一斑：在IP流量经济

---

① 王洋.短视频时代，如何讲好文旅故事？[N/OL].(2021-07-07)[2021-12-01].https://travel.ifeng.com/c/87gNP9Sm6ps.

和跟潮等娱乐动机的双重驱使下，乡村 UGC 持续产出，整个中国网红领域乡村 KOL 数量呈指数级增长。数据显示，2020 年 2 月在 YouTube 中记录乡野生活、展示乡土文化的短视频博主李子柒、滇西小哥、山药视频粉丝数量位居前三；在被誉为“网红直播第一村”的浙江义乌北下朱村，全村 94%的人从事网红直播电商行业。乡村网红文化现象成为当下社会的媒介景观，出身乡村的快手红人“辛有志辛巴 881”一次直播带货超 12.5 亿元，李子柒的海外文化影响力被指可抵“1000 个 CGTN(央视海外频道)”①。

## 二、乡村短视频中的文化现象

### (一)情感需求的回望：对诗意栖息、自然情怀的向往

雷蒙德·威廉斯在他和迈克尔·奥洛姆于 1954 年合著的《电影序言》一书中，提出了“情感结构”这一术语，用以描述一个特定时期人们对现实生活的普遍感受。技术、经济的快速发展，时间的压缩，空间的全球化以及人的无所适从与异化——现代性焦虑的文化症候弥漫全球。当前社会，现代性带来了体量巨大的城市、快速发展的技术和经济、愈加忙碌和内卷的现代人。一方面这是现代文明进步的结果，另一方面，高速发展带来的负面效应和情绪危机也在现代人内心暗暗种下了“回望”的种子。现代人的心中逐渐激发起对乡土文化中蕴含的自然、美好、诗意、田园、“车马慢”等元素的想象和追求。此为转型时期中国社会崇尚乡村诗意栖息、维护传统文化这一情感结构的真实写照。乡村网红所展示的乡土、乡景、乡情、乡音、乡邻、乡德是中国乡土文化的一个缩影，乡土文化本身的历史悠久、源远流长、内涵丰富与乡村生活的自在美好，满足了久居城市水泥森林的他者对乡村的好奇和向往，让现代人逃离都市、崇尚自然的乡土情结有了着落点。②

2020 年 11 月，一个网络红人横空出世，全中国人见证了这个草根藏族少年丁真的走红，同时还有他的家乡理塘。丁真爆红网络的过程看起来有些奇幻甚至荒诞，但是这盲目而无逻辑的流量爆棚表象背后，反映出的正是网络用户在“情感结构”的支撑下而产生的那种回望、逃离的心理需求在丁真这个形象和符号上的投射：身着传统民族服饰的丁真，皮肤黝黑，但野性又质朴的气质从他的笑容中流露出来，焕发出自然的生命力，丁真带来的感官冲击与现代

① 顾丽杰，张晴.乡村网红的崛起与乡土文化的转向[J].新闻爱好者，2020(12)：38.

② 顾丽杰，张晴.乡村网红的崛起与乡土文化的转向[J].新闻爱好者，2020(12)：39.

化影响下城市人的生存方式和价值追求形成鲜明的对比,勾起了公众对返璞归真的渴望,对美好自然的向往。丁真的家乡理塘及甘孜州美丽、原生态的自然风光,与城市相比有着独特性和差异化,如同世外桃源一般的存在;丁真的笑容淳朴中带着纯净,是一种正能量形象,满足公众"回望"的诉求。

我们可以看到,头部中国网红的短视频中,集中表现出一种逆现代性的内容和审美风格:他们大多以乡村为背景进行传统生活的叙事,尽管乡村常常是被现代社会诟病为落后蛮荒与等待改造之地,但是镜头下的乡村成为中国传统文化、传统价值观集中汇聚和呈现的地方。头部短视频博主李子柒的作品风格可以概括为"打一壶酱油从种植一株黄豆开始",她以一种"慢生活"的内容抵抗现代社会时间不断被挤压、空间不断被折叠的资本主义逻辑,是一种与技术浪潮席卷下的虚拟、速食的生活迥异的方式,有效地对抗了当前中国社会中的"内卷"倾向,缓解了网民的压力与焦虑;阿木爷爷用一颗螺丝钉与电钻搭建好木桥,展示出人对物的控制与超越。这些逆现代性的文本内容以持续不断的信息流的形式为全球观众带来一场"情感按摩",暂时抚平他们的现代性焦虑与由此带来的心灵困苦。[①] 李子柒的作品中蕴涵着中国传统文化的永恒审美,散发出扎根大地的"出世"理想。全世界范围内那些身处繁华都市的现代人,均渴望远离纷争、回归乡愁,在田园牧歌式的乡村大地上洗净铅尘。

### (二)技术暴力下的断裂:日常生活内容的凸显

技术暴力发展下造成社会生长和传统的断裂是多方面的。但构成一切断裂的基础,则是传统在现代社会的迅疾消失,或者更恰当地说,不是作为人类整体历史的突然中断,而是传统的精神理念、价值规则、思维途径甚至包括传统的实在事物在本质上的转换和隐退。相对而言,后者更体现了现代性的现实对历史的冲击力。[②] 德国诗人里尔克曾经写过一首诗,描述的是技术暴力所带来的金钱和机器,而这两样现代社会的标志没有给现代人带来幸福,反倒使他们失落在既坚硬又冰冷的金属世界里,找不到回家的路。乡愁已经扩散成了弥漫和浸透于整个现代人类心灵之中的不治之症,那么在这种情况下,技术的统治不仅把一切存在者设立为生产过程中制造的东西,而且通过市场把

① 曾一果,时静.从"情感按摩"到"情感结构":现代性焦虑下的田园想象:以"李子柒短视频"为例[J].福建师范大学学报(哲学社会科学版),2020(2):123.

② 赵静蓉.怀旧永恒的文化乡愁[M].北京:商务印书馆,2009:317.

生产的东西提供出来,“技术使旧日成长的事物迅速消退”①。所以在传媒和艺术中,“日常性”的主题就开始占据表现领域。对于短视频的平台来说,乡村网红与乡土文化在新媒介语境下获得了传播的途径,技术的普及让部分农民也有了制作内容的可能。平民的素材直接从日常生活抓取灵感,这种琐碎的、凡常的、并不为奇的东西进行的“平铺直叙”式的艺术,很容易得到观众的认可和欣赏,而原来具有宏大、崇高、唯美等精英特质的东西则会离我们远去,这是一个社会和审美发展的规律,是由“断裂”带来的。

### (三)作为文化他者:从乡村到全球

乡村短视频从内容到人物均是一种对城市叙事的补充。在全球化的角度上,更是以东方特色+乡村风格的垂直内容,加入了全球化的进程。从城市的角度来说,乡村短视频以其独特的文本、视觉呈现、叙事风格而被城市主流消费群体视为他者。在全球范围内,更是作为一种异域文化的他者存在。

乡村短视频的头部作品,在努力尝试消解“他者”对立和认知中,也做了很多尝试。如李子柒的视频内容,就被界定为“降低文字语言符号的作用,而增加了原生性文本”,这里的原生性文本主要指镜头中的田园山水、生活场景、人物关系等文本符号。李子柒作为一个抓住短视频发展机遇的创业者,她俘获了世界性的流量。在外网观感中,delicious(美味)、ingenious(心灵手巧)、beautiful(美丽)、relaxing(放松)这几个词出现的频率最高。这首先体现出中华美食的诱惑力和中国传统手艺的智慧之美与劳作之美,其次是视频的制作之美,再次就是视频中李子柒春则遛马寻花、夏食果酱、秋染华服、值天大雪遂顶笠披蓑的诗的意境,传达出来的中华文化中因时制宜,天人合一的山水田园梦对现代人的疗愈功能。②

这类原生性文本去除宣传性的话语,其制作精美,电影般的文本更具有吸引人的作用。这样的作品由于去除了语言符号,不仅降低了接受的门槛,甚至还可以突破跨文化的语境,以一种与人类共通的思维方式、情怀和价值关系去接受自然呈现的文化样貌,是一种应对“他者”审视的策略,也成为一种非常成功的跨文化传播行为。

这种自媒体传播亦不同于国家媒体、商业媒体和公共媒体的文化交流样

---

① 海德格尔.林中路[M].孙周兴,译,上海:上海译文出版社,1997:298.

② 魏策策.“短视频”助力中国故事的跨文化传播[N/OL].(2019-12-16)[2021-01-30].https://news.gmw.cn/2019-12/16/content_33405303.htm? s=gmwreco2.

态，更受大众欢迎，传达的中国故事和中国形象也有别于西方主流媒介塑造的中国形象和中国官方打造的中国形象。更有学者曾点评，李子柒的短视频是中国传统文化中对自然天性的崇尚的当代赋形，其向海外的成功输出也显示出当下中国人已经开始拥有了确立审美范式、夺取审美话语权的自觉。[①] 从李子柒成功的经验中也可以看到，讲好中国故事可以从乡村出发，直至影响全球。

## 三、乡村短视频中的文化反思

### （一）城市中的现代技术改变了农村人的生活方式

乡村发展的宏观背景与微观环境都在发生前所未有的改变，尤其是数字技术革命以来，移动互联网思维深入农村生活的角角落落，信息、物流、技术的发展使得乡村电商平台层出不穷，短视频社交和直播平台的火爆也在改变越来越多农村人的命运。互联网下半场的力量，逐渐模糊了城乡之间的边界，造就了植根于土地的农民不一样的人生体验和生活方式。

腾讯公司发布的《2019—2020 中国互联网趋势报告》中提出了十六个趋势，其中有两个趋势特别引起了我们的关注：一是“五线及以下城市，包括农村，是互联网新热土。那里的年轻人同样习惯了熬夜，拥有更多需要填满的时间”。二是“视频对图片/文字的侵蚀还将持续并极有可能加速，在新网民中，视频可能是他们触网的第一介质”[②]。在大数据的精准分析下，“互联网”“视频”与“农村”这三个元素正在碰撞摩擦并产生积极的化学反应。

尽管当前的网民结构仍存在明显的城乡差距，但互联网的下沉激活了原本沉寂的农村。随着智能手机的普及和流量使用资费的降低，农村网民的传播能力大大提升。昔日沉默的农民群体被赋予话语权，迅速登上互联网文化舞台，成为内容生产主力军中的新成员，为互联网文化传播增添新的话语体系，进而创造出独具特色的文化形态，使鲜少流动的乡村生活通过影像实践被更多人看见，他们成为互联网的使用者、表达者、受益者甚至内容生产者。从生活到生产，从生产到产业，技术的赋能不断激发着人的创造价值，并逐渐成

---

① 苏展，孙佳山.生产未来：感性共同体中的“网红”直播主播和短视频创作者[J].艺术评论，2021(2)：33.

② 2019—2020 中国互联网趋势报告[EB/OL].(2019-01-31)[2021-02-01].http://t.cn/Et0adUP.

长为互联网经济的一部分。[①]

当然，我们要意识到这些生活方式的改变带来的影响具有两面性。农村人大量触网，是互联网经济向乡村招手的契机。然而，当他们自身并没有做好足够的心理准备、知识储备，以及农村的社会责任与互联网世界的融合等各种工作时，这种冲击带来的负面效应可想而知。学界一直有关于“小镇青年”的研究，其中大量呈现了小镇青年在互联网的冲击下，他们的认知心理、消费心理产生的巨大变化继而演化成巨大的落差，同时他们成为被凝视、被观赏的对象，一定程度上也沦落为“他者”。

### （二）视频假象遮蔽真实问题造就的刻板印象

2020 年 9 月 14 日，来自四川阿坝的网红拉姆遭遇了前夫凶残的纵火焚烧，病情危重。在此之前，拉姆一直有在短视频平台分享和直播的习惯，短视频内容只让用户看到了农村生活和农耕方式，但绝对没有想到在这背后隐藏着严重的社会问题。

拉姆事件提醒我们，当更多戏剧化的乡村短视频内容出现在公众平台上时，单一化、娱乐化甚至审丑化、低俗化倾向，不仅在铺天盖地的狂欢中遮蔽了社会问题，而且容易形成用户对乡土文化的不良刻板印象。乡村短视频中大量呈现出风光秀美、生态绝佳的乡村景观，悠闲超脱、温婉善良的人际关系以及自给自足、丰饶丰美的生活状态，让人们在产生了世外桃源般的向往之外，更容易忽略乡村存在的真实问题。在打造乡村形象的同时，我们应该意识到，乡村中存在的各种产业缺失、人口外流、儿童留守等问题，依然严峻并且不能被遮蔽。同时，很多乡村意见领袖展示的脑洞大开的手工、美食等，也容易让观看者忘记了生存的本义，对内容和生活的理解趋于表象化。

### （三）内容上的缺憾和题材上的制约问题突出

互联网的下沉为乡村社会的变迁提供了动力与支撑，但在乡村社会进入信息社会的过程中，这群依赖泥土生存的农民群体受到了外界的巨大冲击，其生活方式在转型过程中产生出诸多流弊。无论是“雷人凤姐”还是“暖心大衣哥”，他们都是这个时代下野蛮生长的 UGC（用户生产内容）产物，自带天然的乡村属性，以猎奇、审丑、异乡等特征获取大众关注，成名之路颇具争议，同时

---

① 李安，余俊雯.从生活展示到产业的转型：短视频在乡村振兴中的产业价值[J].现代传播，2020(4)：135.

在富有伸缩性的“差序格局”中显示出不可忽略的劣根性。[①] 此类内容低俗、审丑、唯流量，长期看来并不能让用户体察到乡村之美，反而在博取流量的过程中进一步让乡村陷入“他者”的审视中，是对乡村形象的污名化传播，实不可取。这些“乡村网红”也有如流星一般划过，因为他们连持续性内容输出都无法做到，更不用说凭借一己之力承担起建构乡村形象的重担。

同时，题材上面也要有一定的拓展。乡村虽然生产方式相对比较单一，但是内容的拓展上还是要持续深耕。要克服耕作、美食、中医药等选材局限，更要克服投喂异域文化对中国认知的刻板印象，将中国形象尤其是现代中国形象的传播范围扩大。对于持续性内容输出来说，要从深挖乡村文化出发输出乡村的历史、传统文化、传说文化、民俗文化、行为文化、非遗文化等优质内容，打造富有文化内涵同时又兼具差异性的乡土内容。

### （四）电商直播网红农产品业态中消费符号过度化倾向

互联网技术的快速发展打破了时空界限，帮助农产品从乡村走向城市。与传统电商平台主流的工业品下行不同，网红、直播、社交平台等助力农产品上行。互联网应用促使线上消费盛行，网红农产品应运而生，为乡村经济发展注入了新活力。网红以一种新的互联网营销方式，为农产品营销带来了积极效应。网红农产品将乡村经济与城市消费文化联结起来，是经济生产和社会结构的节点和接口。因此，从文化角度来研究网红农产品及其消费文化具有重要意义。

城市消费者基于人格信任、系统信任和算法信任，逐渐认同网红农产品，消除了乡村农产品与城市消费者之间的信任鸿沟。网红农产品消费具有城乡文化融合、社会关系实践与文化符号展示、满足情感和精神需求等功能，同时具有个性化消费、符号性消费及商品“文化化”的特征。在网红农产品消费浪潮中，消费者更加关注农产品所蕴含的文化价值和象征意义，为消费文化提供了新的理论进路。此外，城市青年在网红农产品消费过程中还通过“注意力场”的争夺，最终完成社会区隔与代际区隔，获得网络身份的认同。[②]

农产品营销难是现代农业快速发展中的一个大问题。而网红农产品直播

---

① 李安，余俊雯.从生活展示到产业的转型：短视频在乡村振兴中的产业价值[J].现代传播，2020(4)：135.

② 辛姝贤，郑冉.从乡村到都市：互联网时代“网红”农产品的消费文化研究[J].南宁师范大学学报(哲学与社会科学版)，2021(1)：69.

带货就成为很好的解决途径。从文化角度来研究网红农产品及其消费文化具有重要意义。然而，在农产品销售中，城市符号化和文化化过度倾向，直播带货中的一些过于奇观化的语言与行为，背离了农产品本真的消费功能和销售目的。网红农产品将乡村经济与城市消费文化联结起来，虽是经济生产和社会结构的节点和接口，但是要谨防这种联结表现出的消费符号过度化的倾向。

## 四、发挥短视频社会功能，助力乡村振兴

据《2020快手三农生态报告》数据，当前快手上三农兴趣用户已超过2亿，相关短视频日均播放量6.5亿。这背后是一批行走于赛博空间的三农创作者，他们依托专业平台以及愈加专业的内容生产能力，一方面为家乡脱贫攻坚成果提供别样输出渠道，另一方面使短视频技术成为乡村振兴的“新农具”。

### （一）打造更符合当下时代精神的新农村网红

“网红”本是一个中性词。利用网络走红、拥有网络上的流量，这类资源如果妥善利用起来，对于传播、振兴乡村都会有正面的影响。网红的类别也可以有很多种，除了既有的耕种、景观、美食、带货等类别，还可以开拓出与乡村相关的更多类型，例如，打造像知识云课堂、知识付费等互联网教育的知识型农村老师。

每个区域、每个民族都有自己独特的文化符号和差异化的文化旅游资源。在互联网发展的背景下，发掘个性化的文化IP，盘活区域文旅资源，探索乡村裂变是一个持久命题。通过网红经济，充分利用平台与流量优势，进行文化输出，拓宽宣传渠道，推动脱贫攻坚和乡村振兴，在当下新的经济时代是需要的。这条路任重道远，不是单凭一个个丁真就能够实现的。发展乡村事业，除了发掘“丁真”这样的符号，还需要催生无数新生力量，将技术、资金、资源、人才、营销等进行持续互动、优势互补，支持推动乡村文旅发展的优秀个体或企业。对于理塘文旅发展前景和丁真个人成长发展，爆红不是终点，而只是一个开始，还需要进行新的思考和定位。对于深度贫困地区，被关注只是第一步，还需要挖掘文化特色，推出精品乡村深度体验游，探索渠道和模式创新，以不断创新的文化旅游刺激政策、市场推广方式、旅游服务来促进文旅消费扶贫，形成长效机制。

### （二）优化展示乡村生活以及农民精神状态的内容

生活化传播立足于原始真实的农村文化，以日常生活场景为拍摄素材，尊

重农村原生文化,不去刻意地低级效仿与盲目审丑,不以展示落后来博取流量,而要真实地展现农村文化中的淳朴美好,以及农民的勤劳亲切。

视频的迅猛发展和对社会的全面介入,让当代社会进入了一个“视频社会化时代”,从文化生产和传播的角度来说,在视频社会化时代,以快手、抖音短视频为代表的视频平台也日益介入当代文化知识的生产和传播过程中,极大地改变了过去以文字和印刷为主的文化知识生产和传播方式。因此,加强专业力量介入视频文化生产和传播过程,提升视频内容的文化和审美内涵;培养和加强观众的视频素养,提升他们对各种视频的识读和审美鉴赏能力;主流媒体主动介入和引导,积极推动视频传播优秀文化,是视频社会化时代提升视频文化传播能级的三个重要举措。①

自媒体短视频将话语权交给了草根阶层,每个人都是自媒体世界的一分子,这给人们的意见表达、情感表现和美感获取提供了便捷。自媒体短视频张扬自我、助力个性成长、铸就个体价值,让公众具备了更多的“自我表露”和“表达民意”的能力,人人都可以借助技术赋予的力量把自己的欲望和喜好强加给社会。②

### (三)突出展示乡村传统、非遗以及在地文化

乡村的传统文化、农耕文化与在地文化具备鲜明地域特征,是优质内容的灵感和文化素材来源。同时,非遗文化是精准扶贫的强劲“引擎”,“非遗+”带动非遗文化产业升级并助力乡村振兴,是乡村振兴战略中非常重要的一条路经。“非遗+短视频/直播”让传统技艺的记录成为日常,创作者往往通过非遗传承、历史溯源等故事的讲述,落脚到乡村非遗的历史、匠心、传承等理念,容易让用户产生共鸣,有利于非遗文化在数字时代的传播。根据《2020 快手非遗生态报告》,截至 2020 年 12 月 31 日,快手国家级非遗项目覆盖率达 96.3%。其中,快手女性用户最爱记录京剧、剪纸、挑花,男性用户最爱传播的是木雕、象棋、太极拳。而从年龄分布来看,非遗短视频传播呈年轻化特征。“00后”创作者偏爱昆曲,“90 后”创作者在音乐类非遗中青睐琵琶,“60 后”“70

① 曾一果.短视频赋能文化传播[J].人民论坛,2021(31):100.

② 刘大正.短视频时代的形象建构与用户审美满足研究:以抖音、快手等为例[J].文艺争鸣,2020(8):93.

后”则更爱发布“金石篆刻”相关短视频。①

以短视频形式传播非遗，为非遗的传承保护注入了科技化的新生力量，从形式上具备了吸引年轻用户参与的条件。除此之外，还要强化内容的文化内涵，关注非遗传承人和非遗故事，探索非遗文化魅力，勾连非遗与日常生活，让受众能感觉到非遗就在身边，并不是遥不可及；通过数字技术将非遗短视频内容精准送达，助力非遗文化的传播，强化乡村品牌和形象的认同。

### （四）多元传播、多模式运营，开启创意生态顺应数字文化经济

激活农业农村内生发展动力是《中共中央、国务院关于深入推进农业供给侧结构性改革、加快培育农业农村发展新动能的若干意见》中提出的重点要求。乡村振兴战略的实施阵地是农村，而建设农村的核心力量是农村里的人，“人”作为乡村振兴的内部建设主体，其参与性和认同感至关重要。“在乡村振兴战略的实施过程中，激发多方参与主体对乡村发展的认同，不仅为多方力量的整合提供心理纽带，促进参与，而且将农村发展过程转变为一种持续性的价值实践过程。”②

围绕乡村主体进行的多元传播就是激活内生发展动力的重要途径。以短视频和直播为代表的互联网技术潮流与中国广袤乡村中极为丰富的农民个体故事相结合，正碰撞出激烈的化学效应，生产出无限的内容潜力，释放出巨大的经济能量，是乡村振兴中富有生命力的变革力量。快手平台持续凭借技术和平台优势，系统性地助力开展乡村振兴项目，从人、物、景等多维度助力新时期的乡村振兴事业。例如，通过探索“直播＋文旅＋乡村振兴”，助力区域文旅产业上下游协同发展，快手的平台优势和流量优势让这些措施取得了卓越的成效。通过直播电商、内容产业等途径，快手平台的介入深度激活乡村主体，把农村打造成干事创业的热土，发展出多种形式、适度规模经营在现代农村建设中的引领作用，促进了农村人力资源开发。将现代科技、生产方式和经营模式引入农村，为农业农村发展注入新要素和新动力。从这个角度上来说，以快手为代表的短视频技术平台就是乡村发展以及连接城乡的重要媒介。

雷蒙德·威廉斯在他的《乡村与城市》中，通过梳理英国文学中有关乡村

---

① 乡村振兴，三农短视频创作者图鉴[EB/OL].(2021-05-08)[2021-12-05].https://article.xuexi.cn/articles/index.html? art_id=12320228737558485133&item.

② 张文明，章志敏.资源·参与·认同：乡村振兴的内生发展逻辑与路径选择[J].社会科学，2018(11)：81.

与城市的种种论断和描述，对英国当代文学以及文化研究中的一些错误乡村观念和城市观念进行剖析。虽然成书于20世纪，但是威廉斯对乡村、社会以及文化的分析，在今天依然有非常重要的借鉴意义。今天我们面对乡村时，较为刻板的认知仍然存在，不能在提到乡村时只是单一地从中寻找落后与苦难的符号与记忆，因为相对于城市而言，乡村既不等同于落后与愚昧，也不是欢乐的故园。同理，城市虽然在新的生产方式确立后兴盛起来，但并不代表必然的进步，也同样面临诸多的问题，因此我们在探讨媒体中呈现的乡村形象时，要带着一种批判性的视角，化解城市与乡村的这种矛盾与张力，要通过融合的发展路径去认知，通过全方位的融合去解决。

新媒体语境下乡土文化的转向以及乡村内容的表征和传播方式值得我们研究，乡村短视频就是这种乡土文化呈现方式之一。新时代乡村振兴战略背景下，乡土文化的传播通过数字化、草根化，实现了从传统到现代的转向。在感受到技术赋权的便利的同时，也要警惕消费主义冲击下乡土文化的异化，保持乡土优质文化内核，提升乡土文化传播的审美旨趣。

# 第四章　数字时代下城市新空间

当今的媒介早已经构成了城市的一部分，对媒介的研究，无法与城市分离。曼纽尔·卡斯特曾断言，在网络社会中，人类的居所是都市星球，城市是全球化网络中最重要的节点①，与乡村、国家、社区呈现出一种网络化的勾连、互动关系。传播技术的发展重塑了传播与城市、社会的关系。城市的重要性得到史无前例地彰显。

城市传播视野中的媒介，其维度要超越一般意义上所理解的作为机构的中介。城市传播是从以下 4 个方面理解媒介的：第一，媒介的含义，包括连接、中介、居间，这是一种打破两元的存在；第二，媒介是生产性的，它并非透明的容器，即常识意义上的“载体”“渠道”“工具”，媒介参与意义的生产；第三，媒介作为专业化、建制化的大众媒介机构的意义，是产生于特定的历史阶段，它无法垄断媒介的所有含义，在具体的历史条件发生变化时，媒介不可能仅仅限于专业机构；第四，城市作为交流系统，本身就是一种媒介，它中介了人与人、人与自然、人与实体、虚拟世界的多重关系。②

城市传播的视野对媒介的理解进行了拓展与深化。在用城市传播理论来观照城市与乡村的媒介实践时，我们可以真实洞察其对媒介两元存在的打破以及对媒介意义生产性实践的洞见。笔者的学术研究前期，对媒介的理解更多聚焦于“作为机构的中介”，成果包括福建 913 汽车音乐广播的传播实践研究、福州城市微电影在地化的创作所营造出的地方感审美、旅行自媒体话题打造出的旅行品牌，以及以上媒体在沟通城市与人的功能的分析等。另外随着笔者研究的开展，加上媒介随着历史的发展，本研究突破了媒介本身，逐渐突出对媒介意义生产的鲜明展示。在数字时代的新技术条件下，城市本身的自然实体，包括城市中的人都成为媒介，城市本身成为一个交流系统，城市就是媒介。

---

① 曼纽尔·卡斯特.信息时代的城市文化[M]//汪民安，陈永国，马海良.城市文化读本.北京：北京大学出版社，2008.

② 孙玮.城市传播的研究进度及理论创新[J].现代传播，2018，40(12)：29-40.

同时，城市的特性决定了人与人之间的交往方式与农村不同，因此社会信任生存的土壤并不是乡村间紧密的人际网络，而是城市居民共享的"精神共同体"。数字时代下，该共同体的构建不再以大众传播媒介为渠道，因此，如何构建精神共同体是现代城市社会共同面对的一个问题。当传播在"以技术媒介为表征的时间维度"无以作用的时候，空间媒介的传播理应被重视和充分发挥作用。

基于如上的背景与考虑，笔者选择从空间媒介的视角着手研究。在本章中，笔者主要分析研究福州城市中的各类新空间，这些空间包括福州知名的三坊七巷老街区景区、福州古厝聚落、福州新兴的沉浸式怀旧空间"M17"广场、福州新公共休闲娱乐空间"大众茶馆"、推动福州红色文化传播的各类红色古迹和展览空间，以及无人机构建的新数字空间等。通过分析在新传播技术背景下，此类新空间建构新阅听体验方式的新路径，展示如何开展以这种新型的阅听和媒介接受方式为基础的各种城市公共设施和文化实践，如何在中国的城市场景中建立新"共同体"文化精神，以及如何建构新型社会交往关系，从而进一步阐释这种新型的文化实践对于城乡公共生活的意义和价值、挖掘出新空间更多的媒介和文化意义，探求其在融合发展中的更多可能。

## 第一节　城市传统文旅空间的数字化再造与再现——以福州三坊七巷和古厝文化为例

数字时代，以新产业、新业态、新模式为特点的新经济正在加快成长壮大，并在推动经济发展和转型升级中发挥越来越重要的作用，而以新技术、新形态、新链接方式为特点的数字化趋势，也逐渐给传统空间的建构、功能以及发展带来全新的再造和再现。在本章节里，笔者将目光放到一系列城市的传统空间，如文旅空间、传统古迹、公园等，力求发现数字化时代，这些原来的传统公共空间发生的全方位变化、产生的全新的媒介意义和文化意义。这其中有基于数字化的影响而生发出功能愈加丰富的复合空间，也有因数字传播时代网络"造星"成功而深得人心的网红打卡空间、融入数字化技术而重新获得赋能的传统空间，还有数字时代出现的全新数字和虚拟的新空间。这些新空间的转型、出现和成长，均离不开数字时代带来的技术环境变化和媒介在其中的传播作用。而这些新空间也成为城市新兴的地理媒介，进一步重塑空间和交往，改变市民的行为模式，有着城乡融合的借鉴和学习意义。

## 一、三坊七巷的城市空间意义与拓展

三坊七巷是福州城市空间中一个丰富的文化传播与生产系统，也是海峡两岸文化创意产业合作的重要依托。同时，作为福州知名5A级旅游风景区，三坊七巷既是福州的城市名片，又是闽派传统文化汇聚展示的地方，因此它具有强大的符号意义，是可以从多维度观照当下环境与空间关系的经典样本。例如，既可以在两岸交流的视野中考察，也可以在红色文化传播的背景下考察，还可以在数字时代数字化发展中考察。

笔者从2009年起就开始关注三坊七巷的空间和媒介意义。彼时三坊七巷仍在重建，空间意义也在重塑和拓展中。因此，以两岸共同的文化资源为依托，用文化振兴的理念指导三坊七巷创建品牌旅游项目、塑造两岸情缘交流载体、打造各类活动平台等，将新三坊七巷塑造成独特的文化产品，实现其在两岸文化交流视野下传承和振兴的作用，是当时的迫切需求。

现代城市已经成为一个包含社会、历史、文化等多种元素的空间载体，这一空间与城市建筑空间一起，共同生产出新型城市文化。列斐伏尔在其重要的城市研究著作《空间的生产》中提出，把新的“空间生产”概念作为城市研究的新起点，强调空间实践在沟通城市与人的关系时的意义。同时，他指出城市社会生活展开于城市空间之中，各种空间的隐喻，如位置、地位、立场、地域、领域、边界、门槛、边缘、核心和流动等，无不透露了社会界线与抗衡的界限，以及主体建构自我与异己的边界。因此从“空间向度”来把握城市阶层的划分和相关主体的形成是研究城市的新角度。①

同时，当代空间理论认为，空间并不是纯粹物理学或地理学意义上的客体，它同时具有社会性、历史性和文化性。三坊七巷是福州市南后街两旁由北至南依次排列的坊巷总称：“三坊”指衣锦坊、文儒坊、光禄坊；“七巷”则指杨桥巷、郎官巷、塔巷、黄巷、安民巷、宫巷和吉庇巷。三坊七巷是福州城市中不能忽略的重要空间建筑，其坐落于福州市中心城区，总占地约45公顷。坊巷基本格局形成于唐代后期，至明清尤其是清代中叶发展到鼎盛。2006年12月底，福州市启动了对旧三坊七巷的改造工程，目标是建成以居住为主，展示为辅，同时具有福州独特地域韵味和传统建筑风貌的典型城坊式历史文化街区。该项目一共斥资45亿元，力求在五年内修缮完毕，还原其古代风貌，此项工作

① 列斐伏尔.空间：社会产物与使用价值[M]//包亚明.现代性与空间的生产.上海：上海教育出版社，2003：47.

于2009年已基本完成。三坊七巷是福州城市空间中一个文化传播与生产系统，城市的发展进一步丰富了它的空间意义。

### (一)三坊七巷的城市空间意义与空间拓展

1. 三坊七巷的空间架构

新三坊七巷仍然在空间格局上最大限度地保留了原貌：东西走向的“三坊”“七巷”等巷道与南北走向的南后街等巷道，共同构成“井字形”街区的支脉体系，其中每个居住建筑单元的主入口一般都在东西走向的坊巷上。这些特征体现了“三坊七巷”格局是源于中国传统的“里坊”制度，并随着中国古代城市格局不断改变，经过历史的发展、朝代的更迭以及城市空间形态的不断发展、变迁，渐渐形成了今天的格局。

不论建筑内部空间还是巷道空间，三坊七巷的历史街区都具有强烈的地域特色：如多进院落的纵深布局，再如井、敞厅、敞廊、前后连续贯通的通道等建筑特色；每个居住建筑单元相邻接的墙体都有一道曲线形态的鞍式山墙或隔院围墙。“青瓦粉墙木构架”，加上条石铺成的环廊、天井，再加上小尺度的巷道空间，形成了明、清以来福州传统民居区别于其他地区民居的重要特色，共同建构着三坊七巷传统街区的空间特征。这是一种有机的、生态的结构，一种古朴感、安全感并具的感觉，是三坊七巷独有的、美妙的空间形态，具有鲜明的地域特征。①

2. 三坊七巷的空间拓展

国务院2009年5月14日出台的《关于支持福建省加快建设海峡西岸经济区的若干意见》，对三坊七巷保护修复来说是个新的契机，同时也体现出对其空间进行拓展的必要性和迫切性。如今的三坊七巷仍在不断地变化中寻找着自己新的角色定位，拓展的成果预期能惠及三坊七巷居民乃至整个福州的市民，并成为推动海峡西岸经济社会发展的积极力量。

三坊七巷成为福州文化旅游的拉动器，福州各种老字号在南后街三坊七巷一带聚集营业，再次唤起人们对老福州特产的认识，福州传统文化依托这个新平台重新获得生存和发展空间。新三坊七巷的文化内涵和含金量得到了前所未有的提升，这使现代福州的传统文化形态变得生动和多彩，从而加重了现代福州的历史文化质感和整体文化魅力。

---

① 坊巷文化[EB/OL].(2007-08-27)[2012-06-15].http://fuzhou.fznews.com.cn/sfqx/gaikuan/2007-8-27/2007827oi+vi-oCfe11629.shtml.

三坊七巷不仅是福州的空间建筑，是福州城市文化沿袭传承的一面镜子，也是两岸文化精髓集中展示的一个平台。目前，南后街已经有台湾商铺八家，其展示的金门三宝、药品、高山茶、台南小吃等台湾特产和小吃，处处体现着两岸相近的生活习惯和文化习俗，是两岸同根同祖的最好见证。三坊七巷作为闽台文化交汇集结之处，在两岸文化交流中扮演的角色也必将越来越重要。

### （二）三坊七巷的文化认同

三坊七巷的空间架构中，体现着传统中国的居住格局和古老福州的居住文化。从三坊七巷遗留的文物和单位中，可以窥见其在建筑园林艺术及闽学等方面取得的成就，深刻地体现了独具特色的名人文化以及多种文化交融而形成的地域文化。

三坊七巷被誉为“明清建筑博物馆”和“中国城市里坊制度的活化石”，具有深刻的文化内涵和魅力，其气势磅礴的布局体现出和谐内敛的儒家风范，坊巷格局中可见唐宋遗风。其中文儒坊、光禄坊两坊和郎官巷、塔巷、黄巷、安民巷、宫巷五巷保存较为完整，涵盖众多明、清、民国建筑以及全国重点文物保护单位，是一座璀璨而又丰富的建筑博物馆。

除建筑文化外，三坊七巷的名人文化更是突出。自晋、唐起，三坊七巷便是贵族和士大夫的聚居地，尤其是清至民国时期，这里涌现出大量对当时社会乃至中国近代史有着重要影响的人物：海外留学归来的严复、船政大臣沈保桢、近代中国睁眼看世界第一人林则徐、想通过改良振兴中华的林旭、革命志士林觉民，在思想、军事、工业、教育、文化等方面为近代中国做出了巨大贡献。这些名人身上淋漓尽致地体现着开拓进取精神、吃苦耐劳精神、报效祖国的精神，也流淌着福州“海纳百川，有容乃大”城市精神的精髓。他们通过自己的活动与著述为我们留下了难以估量的精神财产，成为福州人文荟萃的缩影，深刻地影响着今天的福州人。

除了作为物质文化遗产的古街区建筑格局、明清古民居、名人故居等，三坊七巷中也存留着大量的非物质文化遗产：诸多民间手工艺和曲艺、民俗节庆风俗、民间商贸习俗，以及传统宗教文化和以士族文化与家族祠堂、名贤文化、科举文化为代表的典型闽学现象。这些文化遗产都是不可再生的文化资源。对福州这座城市来说，作为四大文化品牌之一的三坊七巷已是一种浓重的化不开的历史文化记忆，是一种无法切断的城市历史文脉，是一种不可磨灭的文化象征符号，是一种具有文化意义、充满文化色彩的精神之旅，更是闽都文化博大精深底蕴的集中展示。[①]

再者，三坊七巷的空间建筑中，有独特的涉台历史遗迹。国家文物局将三坊七巷建筑群定义为“整体性的涉台文物建筑群”，共有26处古迹被列入国家文物局涉台文物目录，这是两岸文化同根同缘的历史印证。

### （三）三坊七巷与两岸文化互动

拥有文化资源是文化创意产业中的核心链条。以文化独特性为基底，以文化资源为主导，创造出新的产业内容，并能有效地切入市场，实现一定的利润，这对区域经济的振兴及区域文化的发展有积极的作用。三坊七巷的空间拓展，只有结合文化资源才更具有生命力，这也是文化振兴的关键。因此，深入发掘三坊七巷的文化资源，在修复和打造空间、开发旅游项目、举办各类活动的同时，让创造者的文化积累发生作用，将深厚的文化底蕴注入其中，开发出各类特色项目，是实现三坊七巷文化振兴的必要环节。

1. 注重创建体现两岸文化精髓的旅游品牌

三坊七巷是福州旅游的首选品牌，福州的城市形象和旅游资源在某种程度上都是围绕三坊七巷构建和开展的。改造完成的三坊七巷，具有了崭新的空间建筑，巩固了既有的文化认同，可以通过开发一些特色旅游项目，吸引海峡两岸以及国外民众的持续关注和消费。如“海峡浓情之旅”，在逛福州坊巷的同时品台湾小吃、赏台湾风情，福州文化与台湾文化兼收并蓄；如“寻根之旅”，通过参观明代第一个驱逐外虏、收复台湾的名将沈有容以及台湾近代化的开启者和推进者沈葆桢等台湾家喻户晓的历史名人的故居、事迹展，以此寻找两岸民众的共同记忆；如“品茶之旅”，利用福建是茶叶之乡的条件，在旅游项目中加入各种茶叶品鉴活动和展览等；如“国学之旅”，重读严复、冰心、林觉民等三坊七巷走出来的名人的文学作品，游览这些名人的故居，探寻他们的生活轨迹，旅游的同时接受近代文学洗礼；如“革命之旅”，福州是辛亥革命策源地之一，三坊七巷走出了多位辛亥革命英烈，在旅游参观英烈故居的同时能受到爱国主义的教育；如“时尚之旅”，通过夜游三坊七巷，感受福州夜生活，体验高档餐饮、异域风味咖啡厅以及酒吧文化；等等。特色项目的开发必将提升旅游体验的效果，使三坊七巷的旅游突破固有模式，找到一条拥有丰富文化元素和独特旅游品牌的路子。

---

① 林彬.论三坊七巷的精气神[J].闽江学院学报，2010(7)：1-7.

2. 着力塑造承载两岸民众文化情缘的载体形象

作为文化载体是三坊七巷在两岸文化互动中的重要功能之一。三坊七巷作为空间的存在，其蕴含着丰富的具有两岸渊源的精神文化元素。位于郎宫巷的天后宫，是福州城区现存最完整的天后宫，也是海峡两岸神缘的共同载体，最能体现两岸同源的文化景观。2011 年 4 月 25 日（农历三月二十三日）妈祖 1051 年诞辰之际，台湾主要天后宫庙宇及妈祖信众首度组进香团前往三坊七巷天后宫会香祈福，两岸妈祖信众亦在此举行盛大的开光大典。共同的信仰将两岸民众深深连在一起，宗教和民俗借此得到很大程度的推广。借此活动，三坊七巷进一步巩固了联系两岸民众情感的空间意义。今后，可定期策划两岸妈祖信众的交流和朝拜活动，同时将三坊七巷塑造成两岸文化情缘交流载体的形象。

2011 年 5 月 30 日，福建省文学院讲习所、海峡文学艺术发展中心在安民巷 15 号揭牌。作为文化情缘载体形象出现的三坊七巷，还可以在空间上进行形式内容更加多样化的交流，如客的入驻不仅增添了三坊七巷的文化元素，也进一步巩固了其文化交流载体的形象。在文化振兴思想的指导下，进行家族谱的交流，各类文化节的创办，各种文艺形式如两岸文学、歌仔戏等艺术的交流等。

3. 大力打造两岸各类活动交流的场所和平台

三坊七巷的空间建筑中，有独特的涉台历史遗迹。因此，这里是闽台国学教育和历史教育的最佳场所。两岸青少年的爱国主义夏令营已经在这里多次举办，改造后的三坊七巷必能为此类教育活动提供更大的空间。除此之外，利用三坊七巷的空间，可以进一步策划更多的活动，例如利用明清艺术博物馆、福建民间艺术馆、尚林书院以及宗陶斋这些空间特有的特色建筑和贯穿其中的独特文化元素，举办各类展览活动。这方面已经有很多实例：2011 年在三坊七巷宗陶斋举办的两岸城市青少年创意族谱联展，由福州、台北两地小学生用手中的画笔，画下了自己的族谱；明清艺术博物馆推出的“文儒讲坛”，每月都会邀请国内知名专家学者来此推广国学；福建省民间艺术馆自 2009 年以来已经推出“首届文房雅玩特展”“首届海峡妇女艺术节”等富含文化元素的展览活动，社会效果很好；尚林书院则连续举办了“三坊七巷近现代名人书画精品展”“三坊七巷文化艺术展”“福建省当代艺术大展 漆画艺术展”等。今后，这些成功的活动可以作为一个形式固定下来，另外还可以拓展更多形式的讲坛、展览、交流等活动，尤其是海峡两岸共同参与的、文化元素浓厚的活动，以彰显三坊七巷在两岸文化中的特殊地位。改造后的三坊七巷更富有闽都文化特色，从而成为一些固定项目的不二之选：海峡两岸民间综艺展演定期在这里热闹上演，每年元宵节灯会也在这里举行，这里还是东南沿海影视拍摄基地的不错选择。

### （四）数字时代三坊七巷的新功能和新使命

三坊七巷的功能和定位，随着环境的变化而转变，充分体现了城市空间与文化的互动。从 2010 年至今，政治环境、经济环境、文化环境和技术环境均发生了巨大的变化，其空间功能也在不断地流变中。当大数据、人工智能、量子计算等新兴科技驱动人类社会的快速数字化转型时，全社会都会迅速发生信息化和数字化的变革。新技术对人类社会的组织方式、运行模式都有着革命性的影响，数字与智能技术深刻地改变了人们的行为、社交、交易方式，甚至重塑着人与人、人与环境、人与政府的互动方式。

数字时代，三坊七巷的功能变迁有以下特点：

1. 街区功能数字化、智能化提升

福州的数字建设热潮也影响到了三坊七巷这个著名的历史文化街区，三坊七巷发生了“数字蝶变”。

所谓“一片三坊七巷，半部中国近代史”，林则徐、严复、林觉民、冰心等诸多著名人物，皆出于三坊七巷。为了更好地保护、传承、发扬历史文化，从 2019 年开始，三坊七巷就在致力于打造“数字街区”，与高德地图、支付宝合作，共同打造三坊七巷智慧景区，一个掌上历史文化街区正式上线。游客在高德地图上搜索“三坊七巷一键智慧游”，就可以通过智慧终端领略到三坊七巷这座“明清建筑博物馆”的文化风情。根据实景展现的手绘地图上，有街区中的各景点、酒店、风味餐厅、特色小吃、茶馆、咖啡厅、特色店铺、停车场、卫生间等吃、住、行、游、购、娱全方位服务信息，方便游客直观查找，一键导航到达。支付宝推出了三坊七巷智慧景区小程序，并在刷脸支付方面进行了深度合作。支付宝蜻蜓刷脸付是基于人工智能、生物识别、3D 传感、大数据风控技术，最新实现的新型支付方式。游客在无需打开手机的情况下，凭借“刷脸”完成支付，整个过程耗时不超过 10 秒。目前，这一功能已在三坊七巷的严复故居、水榭戏台、小黄楼、林聪彝故居等景点落地。[①]

2021 年福建省人民政府印发的《福建省“十四五”商务发展专项规划》中，

---

① 福州三坊七巷“数字蝶变”引领智慧文旅建设发展[EB/OL].(2019-05-08)[2022-01-09].http://travel.cnr.cn/2011lvpd/hangye/news/20190508/t20190508_524605300.shtml.

鼓励实体零售企业数字化、智能化改造和跨界融合，支持建设智慧超市、智慧商店、智慧餐厅、智慧商圈，推动实体商业运用5G、虚拟现实、人工智能、大数据等信息技术优化服务体验。三坊七巷的文旅和零售行业均有受益，如在三坊七巷的文创中心，游客可以使用“信用租赁”免押金租赁油纸伞等地方文创产品。

2. 打造城市智能数字化新交往空间

三坊七巷通过举办各类围绕数字建设的活动，成为数字时代人们新的交往空间，如，2021年4月，福建省青年建筑师协会在郎官巷联合主办“激发数字建筑新动能，开启智能建造新征程”主题活动。2021年4月，第四届数字中国建设峰会之“有福之州·对话未来”系列活动在三坊七巷历史文化街区举行。首场“共筑城市智能体，共谋城市数字化”主题活动于4月24日晚举行，城市管理者及专家学者共聚三坊七巷刘齐衔故居，共话城市数字化转型。在这里举办此活动颇具文化意义：一方面，三坊七巷是福州历史和文化的精髓所在，享有“闽都名人的聚居地”盛誉，是福州独一无二的代表符号；另一方面，数字峰会永久落户福州，每年的春天在福州聚集数字领域专家学者、行业精英，共襄盛会、畅叙数字未来，不仅助力福州数字化发展，而且对话数字行业的潮头，共同探讨数字经济建设的发展与挑战、落地与实践。数字中国建设峰会赋予三坊七巷这块钟灵毓秀之地与时偕行的历史使命，数字中国建设理念从一地一城出发，引发全国的共鸣。

一座城市的标志性空间经过岁月的沉淀，承载着属于这座城市的精神精髓，并通过各种元素和符号，实现了古老文明与现代城市的沟通，亦实现了文化与城市的交流互动。城市的文化生产功能在消费社会里更加凸显。三坊七巷是福州城市空间组成，同时也是海峡两岸文化创意产业合作的一个重要的文化依托，在建设海峡西岸经济区的政策背景下，在两岸文化交流先行先试的政策推动下，相信两岸的创意文化工作者可以以三坊七巷为切入点，找到丰富的创意元素，以共同的文化资源为依托，突出文化振兴的功能，创作出属于两岸交流的独特的文化产品。

## 二、福州古厝——传统空间的数字化再造与新生

### （一）福州古厝的历史背景和建筑特色

“厝”在福州方言中意为“房子”。在福州，那些有历史、有故事的房子为“古厝”。福州建城于公元前202年，历史上长期作为福建的政治中心，有着

2200 多年建城史，加之福州市政府对文物古迹保护的重视，使得福州留存有大量历史建筑，其中古厝数量众多。除了已被世人熟知的三坊七巷、上下杭、朱紫坊、烟台山等文旅景区外，还有许多各具特色的古厝星罗棋布于福州周边县区，这些古厝种类丰富，有古祠、古塔、古寺、古街、古寨、古园林、老洋房等不同类型，并且涵盖了不同时期的建筑风格。例如，三坊七巷属于古街，而烟台山则属于老洋房；三坊七巷是明清建筑风格，而烟台山则是近现代各国建筑风格的代表。

福州古建筑主座的建筑和中国传统建筑的布局特征一脉相承：在纵向的中轴线上，布置厅堂等主要建筑，两旁对称布置房舍庭院。主座外的侧院多数是灵活地随意布置。从建筑空间的处理来看，福州建筑在中轴线上的主厅堂，比北方的厅堂明显高大、宽敞，与其他廊、榭等建筑形成高低错落、活泼而又极富变化的空间格局。厅堂一般是开敞式的，与天井融为一体。

福州民居最具特色的是曲线型，并且在建筑上拥有着独具特色的“马鞍墙”，三坊七巷中的民宅也具有这个特色：沿袭唐末分段筑墙传统，有着高、厚砖或土筑的围墙，墙体随着木屋架的起伏做流线型，翘角伸出宅外，形似马鞍，俗称“马鞍墙”。

在装饰上，福州建筑的木雕和石雕同样出色。对普通居民来说，梁柱多不加修饰，选择简洁朴实的风格，而在门窗的雕饰上则会花费颇多心思。古厝窗棂制作精致，镶嵌的木雕十分华美，如三坊七巷在建筑装饰方面最有特色的要数对门窗的雕饰。

福州古厝在市区中心就有数个集中的建筑群，交通便利，是重要的历史、文化、文旅资源。然而在很长一段时间，未经开发的福州古厝很难为外人所知，甚至福州本地的年轻人也与古厝空间与文化渐行渐远，福州本地的城市文化认同中也较少包括古厝文化元素，一大批具有很高建筑、文化、历史和美学价值的古厝，就这样在城市现代化发展中沦为籍籍无名的守护者，这对一座城市来说是相当遗憾的。

### （二）福州古厝的保护与传播现状

近年来，福州始终坚定不移地抓好文物保护工作，古厝的保护和开发搭上了这班车，也获得了巨大的提升。为迎接 2021 年举办的第 44 届世界遗产大会，福州举办了“福州古厝保护与文化传承论坛”，又颁布了《福州市新一轮古厝保护提升工作方案》，提出公布一批文保单位、历史建筑、历史文化名镇名村，启动实施一批文化遗产保护重点工程，精心组织一批主题展，完成一批文化遗产保护项目，预备一批申遗项目，表彰一批做出突出贡献的先进单位、先进个人等“六个一批”任务，均为了大力推广古厝的认知和文化。当前，古厝在本地的传播主要通过以下路径进行：

1. 出版物

福州古厝能为社会所知，还是得益于2002年初《福州古厝》一书的出版，时任福建省省长的习近平同志撰写序言，有力扩大了福州古厝在全国的影响。《福州古厝》详尽介绍了福州地区各类古建筑，包括坊巷村寨、祠堂碑亭、名人故居、寺院宫观、桥梁驿路等，深入探究古建筑所蕴涵的人文信息，阐发其鲜明的地域和时代特色，生动展现了福州这座国家级历史文化名城的魅力，更体现了习近平同志高度重视文物保护、珍视名城传统风貌与个性，以及在延续历史文脉中创新城市建设、实现文化传承与经济发展相得益彰的思想。此书是福州市多年持续推进历史文化遗产保护的成就展示和经验总结，对古厝文化的认知传播、对福州的城市文化产生了深远影响。

2. 影像

2020年11月9日起，CCTV-10科教频道《探索·发现》栏目播出了大型纪录片《福州古厝》，并通过央视频在全网首播。该系列纪录片共三集，具体播出时间为11月9日至11日的21:38，并于次日重播。

在该片中，古厝的人文历史与保护故事逐步铺展。节目精心选取不同类型的福州古厝：有祭祀英烈的祠堂——戚公祠、马尾昭忠祠、林则徐纪念馆，个个都承载着一段荡气回肠的历史，那是中华民族崇尚的民族精神和英雄气节；有中国传统生活街区的典范三坊七巷，它是中华民族审美意趣与高雅追求的代表；有浓缩福州开埠以后商业文明发展的上下杭街区，它刻着中华民族开放包容博大胸襟的烙印；有守护中国古代最大铸铁佛造像的千年古刹，它是掌握高超古代科技的中华民族智慧的见证；还有遍布乡间的祖屋大厝，它是中国人从未割舍的世代乡愁、文化故园……这些姿态各异、内涵丰富的福州古厝，是中华民族传统文化博大精深的鲜活注解，凝练而灵动。①

### （三）福州古厝保护与传播中的问题分析

1. 当前的古厝业态创新性不足

从经营业态来看，古厝景区基本以商铺为主，旅游商品也多为工艺产品等

① 《福州古厝》展现文化遗产保护与活化的福州范本[EB/OL].(2020-11-27)[2022-02-15].https://news.cctv.com/2020/11/27/ARTIMdWdPKlvX2KjDQLDfP1Q201127.shtml.

物质文化，较少涉及歌舞和民俗等非物质传统文化。同时，历史老街区的收入来源更多依靠传统的商铺院落租赁业务，缺乏文创衍生产品产业的支撑，仅靠观光旅游产品已不能满足游客个性化、高层次的文化需求。当前旅游产品开发未触及福州古厝文化核心部分，产业链还没有得到充分地构建，不利于古厝旅游文化的进一步开发和文化认同的产生。

2. 古厝的空间意义发掘不够

通过文化旅游产业的开发来反哺古厝的保护和传承是一条可供借鉴的路径，然而从当前的发展来看，不少古厝周边配套设施不完善，旅游体验感不足，公共服务设施少，缺少游客休憩区；景区周边停车位数量不足，停车难；景区景点、游乐设施等设置不够合理，街区绿化、亮化工程水平低，达不到现代景区为游客提供全方位体验服务的要求，景区景观和服务的设计有待进一步提升。此外，还存在游客人群分布不均衡的问题。个别古厝空间的客流量较大，如早已享有盛名、游客熟知的三坊七巷、上下杭是游客首选游览区域，节假日游客量过度饱和，导致交通拥挤，住宿、用餐紧张，游客体验感差，重游率低。相反，其他古厝景区虽然保留着优质的建筑、历史、文化资源，但由于开发程度低，旅游吸引力不足，游客稀少，氛围冷清，产业整体发展势头不佳。

3. 古厝品牌影响力弱

由于围绕古厝产品和产业的传播和营销手段陈旧，营销模式单一且缺乏创新，前期依靠电视剧《三坊七巷》在主流媒体的播出为三坊七巷打响了知名度，但是近年来缺乏深入人心的宣传口号，尤其是对数字化、新技术的应用不足，在新媒体传播领域投入不足等使得后续宣传乏力。因此，除了三坊七巷在国内享有一定的知名度外，其他古厝普遍知名度不高，品牌影响力更是无法体现。在传播手段上，对古厝的传播依赖之前的传统媒体手段，在新媒体传播领域、精准营销、体验式营销、口碑营销等模式上投入不足，即使开通了公众号、官方微博、抖音号等新媒体渠道，但是由于缺乏创意策划，没有取得深度的精准营销效果。另外，对于建筑类的文化遗址来说，传播范围比较容易受到地域的限制，古厝传播中也存在着这个痛点。福州古厝虽然保存得比较完好，数量众多，广泛分布在福州城内的各个区域，但仅对于生活在福州的人们来说参观和游览的价值更高，而对于其他城市的外来游客来说，更倾向通过文字、图片的形式间接认知福州古厝，实地游览的动机不强。

### (四)数字文化经济下福州古厝的新文化意义

1. 注重对古建筑所蕴含的文化元素的保护

古建筑物理构件的保护固然应当得到重视,它们之中蕴含的文化元素同样应当得到重视。古建筑中的文化内涵、文化故事赋予其更多情感。在接下来的开发中,应该以弘扬文化为核心,大力挖掘古建筑独特的文化属性,在合理适度的前提下,采用创新性的方法来吸引人们关注中华文化,满足人民群众日益增长的审美文化需求。同时,单个古建筑虽然具有重要的价值,但是更要注重对古建筑周边生态的整体性保护,因为任何与古厝关联的周边组织、部门、产业、生态,都是古厝在城市发展中发生作用的中介,古建筑只有和周边的环境结合起来才能更好地发挥传承文化的功能。

2. 保护好传统古厝的历史传统及文化价值

数字化、开放融合的时代,信息巨量涌入,古厝的对外推广面临很多可能。各种高科技手段途径突然蜂拥而至,容易让人在将注意力放在技术的引入时,忽略了技术与传统之间关系的辩证思考。因此,在对古厝空间及文化进行开发和传播时,首先,要注重对自然环境的保护,对原汁原味的古厝地理空间的保护,不能在追逐现代化、科技化的路上遗忘初心。其次,也要注重对传统建筑风貌的保护,避免传统文化形态被破坏。传统古村落的存在价值是以其完整的文化形态而出现的,不仅包括古建筑物、古朴的环境和众多遗存文物,还包括原住民的传统生存状态,不可以“振兴”之名摧毁了传统文化的精髓。

3. 数字化技术智能服务应在古厝文旅业态中发挥作用

数字时代不能无视技术进步带来的变化和机遇。在古厝开发中,引入“互联网+”思维,依托大数据、人工智能、5G 等先进技术,为游客提供更加便捷、智慧、智能的旅行服务,是旅游产业发展和提升的重要路径。在古厝景区,增加数字化开发,优化受众数字体验,如将所有的古厝景点以视频形式向游客提供全方位 VR 体验,目的是让 VR 技术成为福州古厝文化传播创新的重要形式。后疫情时代,通过互联网和 VR 等新技术,搭建云平台、云窗口,让外地游客通过技术手段深入了解古厝文化,是很多景区都在尝试的举措,也是保护古厝文化值得借鉴的方法。如可尝试建立一个以“福州古厝”为主题的平台,将福州古厝的景点数字化,利用 VR 技术把景点形象化展示,让游客足不出户便可以直观地看到福州古厝的风貌,并了解古厝的知识和文化;开发插画、IP、动画等其他艺术形式,充实丰富古厝文化的传播内容;借助互联网大数据,通过网站后台收集浏览用户的相关信息，然后进行整理和分类，分析用户的年龄、偏好以及所关注的景点等，制定搭建文化遗产数据库、建立数字博物馆、开发文化创意产业等的数字化保护方法策略。

数字文化经济时代，新技术在特色古厝和文化遗产的保护中屡次被运用，其中包括开放共享、信息媒介、信息互动的数字化保护原则，要从中提取、开发出适合福州古厝保护的路径。

4. 数字媒介助力古厝传统文化破圈传播

古厝文旅产业应与福州城市总体规划、福州历史文化名城保护规划等统筹衔接。科学整合古厝资源，按照旅游潜力、旅游目标受众的不同对古厝进行资源细分，实施不同开发方案，避免同质化竞争，对不适宜用作旅游开发的古厝，应该严守保护原则，拒绝任何商业化行为。

首先，在传播方面，要大胆创新利用新媒体。福州古厝的品牌影响力不足的现状说明，在传播领域还有很大的提升空间。相关部门可以借助政企协作，大胆创新，在政府主导的前提下，主动引入社会力量，采取灵活的招商方式与举措，借助企业资金及保护改造专业团队实现对福州古厝保护利用的精细化操作，如与市内大型旅行社合作开发古厝旅游专线，充分发挥市场优势使景区运营走上良性发展的道路。

其次，可采取口碑营销，线上宣传。通过当前热门的微博、微信、小红书、抖音等新型社交平台，丰富传播渠道，积极与游客互动交流，邀请游客撰写旅游心得，充分挖掘网红景点；组织各种以古厝为主题的文创大赛、摄影大赛、短视频传播等强化用户参与，促进信息二次传播，对福州古厝进行口碑传播。同时，要打造传播矩阵，建立专业化的宣传团队，建立口碑运营团队，随时关注网络舆论，强化公关意识，避免负面舆情造成游客流失。

最后，通过新技术促成“媒介事件”，进一步强化福州古厝品牌。以 2021 年 7 月福州举办的第 44 届世界遗产大会为例，该大会本身已经具有全球的关注度和媒介事件的特质，而古厝景区借助这次媒介事件很好地强化了自身品牌影响力。在世遗大会期间，“抖 in 福州遇见世遗”2021 抖 in City 城市美好生活节在福州上下杭历史文化街区盛大举行。活动由中共福州市委宣传部、中共福州市委网信办主办，福州古厝保护开发集团有限公司、中共台江区委宣传部、巨量引擎福建本地直营中心承办，给观众献上发一场集“国潮、闽乐、非遗、世遗”等多重元素的沉浸式文化盛宴。在福州古厝街区“上下杭・金银里”商业步行街，打造了福州传统文化与科技创意碰撞的裸眼 3D 视频：110 平方米的折角屏上，一条福州金鱼跃出马鞍墙，灵动摆尾摇曳之时一个转身，金鱼幻化成“福”字，纵身跃进该届世遗大会 logo。这项表演不仅科技感十足，更体现出一种“古今交汇”的话语属性：一边是现代的金银里商业步行街，转身即为百年商行云集的古街区下杭路；一边是福州的传统“福”字，转眼幻化成世遗大会。而在福州中轴线另一端，古街区“三坊七巷南后街”前，则设置了吸引游客参与的科技程序：游客只要拿起手机打开抖音，对准南后街牌坊扫一扫，就有 3D 金鱼跃出。这款“厝厝有鱼”特效贴纸，是“抖 in 福州遇见世遗”系列主题活动的一个小彩蛋，也是福建首款“Landmark AR”特效。相关话题＃三坊七巷偶遇 3D 金鱼＃多次登上抖音同城热榜 TOP 1，热度达 498.2 万，在吸引游客走进福州这座古都、打卡南后街地标建筑方面卓有成效。该系列活动的设计，均从传统与创新中寻找灵感与元素，确实有如抖音官方所说的“抖转新遗”之意，体现出一种开放融合的话语表征。

在 2021 年世遗大会过程中，体现传统文化与科技结合的还有一个典型的案例，就是开幕当天在三坊七巷南后街登场的一场沉浸式演出“晋唐风韵”，迅速爆红网络；世遗大会闭幕前夕，一场名为“闽商盛世”的城市美好生活节又在知名古街区上下杭上演，作为整场世遗大会的收尾。一头一尾，不仅选取了福州最具有地标性的传统文化空间，更因为有数字新技术的加入，显示出数字创新的时代魅力以及新技术、新事物在互联网上制造热度的能力。

在大会进行期间，传统文化以及福州非遗的传播，与时下年轻人最喜欢的抖音等短视频平台的参与分不开。对传统文化的传播借助流量跨界破圈，借助“锚点”等新媒体技术，打通抖音口播视频和今日头条文章的关联传播链路；通过数字平台推广福州著名的脱胎漆器、角梳、传承千年的油纸伞、国宝级的寿山石雕的魅力，打造优质数字内容，吸引用户参与打卡，增加话题参与量。相应地，福州非遗、闽都文化的走红，也将鼓励更多非遗内容创造者加入。据白皮书显示，同比 2020 年 5 月，2021 年 5 月相关创作者增长了 40%，非遗内容相关的视频量增长了 67%，带动了福州各区县抖音打卡热度持续上升，打卡量翻倍增长。

世遗大会让我们看到“保护修复又充分活化利用文物遗产”的多种可能。世遗大会过后，在传统与科技之间创建链接，助力古街区文化的现代传播，这仍将是长期的话题。

# 第二节　科技介入公共空间:新店古城遗址公园的媒介属性

作为城市市民熟悉的公共空间,公园主要承担休闲、娱乐的功能。数字时代,技术介入公园的公共空间后,公园的空间设置、城市功能都发生了变化,媒介属性凸显。在不同的城市,这样的公共空间展示着不同的融合可能性,提供给城市市民越来越多的新体验。

现代城市不仅是人的栖居、生活以及交往的场所,也是一种理想生活的图腾、现代文明的象征,是官方与民间、精英与大众、传统与科技共同经营下的多元空间。当我们从不同角度思考城市发展进程中的问题时,除了从城市发展、城市经济以及民生问题的视角切入外,还可以从空间媒介、艺术影响、技术介入等角度来切入。公园的空间功能在数字时代发生了哪些方面的变化?在休闲功能之外,数字时代的公园能开发出什么样的新景观、新环境,如何促进公共性与交流性?这些都是当下城市传播中可以思考的问题。

福州的新店古城遗址公园是2020年重建的新公园空间,集遗址的历史感、技术的前沿感和空间的公共性拓展于一体,打造出城市发展的多功能复合新空间,是值得研究的样本。

## 一、从新店遗址公园说起

习近平总书记2014年3月在联合国教科文组织总部发表演讲时表示:"让收藏在博物馆里的文物、陈列在广阔大地上的遗产、书写在古籍里的文字都活起来,让中华文明同世界各国人民创造的丰富多彩的文明一道,为人类提供正确的精神指引和强大的精神动力。"

新店古城遗址公园的重建,就是对遗产再活化的一次尝试,是2020年福州新开放的园区中兼具传统遗址文化的厚重感与数字技术前沿新锐特征的一个典型。作为福州城2200年历史的根之所在,新店古城遗址公园经过两年多的修复才正式投入开放。最先定位为群众活动公园,但是与之前的群众活动公园生态不同,新店古城遗址公园加入了很多新设施,整个园区由迷你博物馆文化聚落、"活态"文化项目矩阵、头部文化企业聚集区等组成,其在功能上的多元性与一般的娱乐公共空间形成了鲜明的定位差异。在这里,博物馆文化聚落承担着展示闽越文化的责任,同时还容纳着数字文创基地、共享直播基地以及文化研学基地等多功能空间。新店古城遗址公园兼具传统历史文化元素，又富于数字科技成分，是数字时代地理媒介的典型代表。

## 二、新店古城遗址公园的历史与活化

新店古城遗址公园是一个以闽越文化遗址保护为核心，集文化展示、主题体验于一体的闽越文化公园。闽越文化资源的厚重感和丰富性在此次运营提升中转化成了文化品牌的内核。新店古城遗址公园的运营筹备工作始终围绕“挖掘推广闽越文化，讲好闽都先祖故事”“建设特色文化公园，打造城市新名片”“招大引强丰富业态，打造文旅新枢纽”三个方面展开。新店古城遗址公园文化在福州的历史发展中有着浓墨重彩的一笔：从空间上来说，新店古城遗址公园北入口的夯土墙是设计团队根据考古信息还原的新店古城城墙，右侧城墙上刻着司马迁在《史记·东越列传》里记载的“汉高祖五年，复立无诸为闽越王。王闽中故地，都东冶”，这表明新店古城遗址公园承载着闽越王无诸的故事。

在《山海经》中有记载：“闽在海中，其西北有山。一曰闽中山在海中。”据考古推断，秦汉时期，福州地处海湾之中，越王山（屏山）、九日山（于山）、乌石山、惠泽山（大庙山）均是海上的岛屿，闽越人傍水而居，城池宫殿临水而筑。主入口处的大型地雕《闽在海中》艺术化地反映了闽越文化从海上来，并逐渐成为今天闽都文化的重要源流。①

商周以后，中国逐渐有了比较成熟的文字。公元前221年，秦始皇统一中原之后推行“书同文”，统一了文字。在闽越文化被融合之前，闽人也有自己独特的文字——闽文。在公园内的雕塑“文字迷墙”上，刻着一些福州出土的汉代文物上的闽越文化图案或文字。今天看来这些内容复杂难辨，但它们是闽越文化颇具海洋特色的文字文明，为公园增加了厚重的文化底色。

在新店古城遗址公园内部，还有系列类似博物馆性质的展示空间：公园东侧的“闽风越韵”展示馆，旨在让游客了解新店古城城址之谜、城主之谜和文字之谜。展厅的第一部分名为“闽越溯源”，游客可以通过立面展示、展陈文物、AR互动展示等，快速了解闽地文明。在“逐鹿中原”和“无诸封王”板块，主要讲述越王勾践后裔无诸迁居闽地，佐汉灭楚，复立为闽越王，开疆拓土，带领闽越国走向繁荣的故事。

---

① 新店古城遗址公园：建起特色文化公园，打造热门旅游目的地[EB/OL].(2021-01-20)[2021-02-20].http://news.fznews.com.cn/dsxw/20210207/601f4821bc298.shtml.

展厅的第二部分名为“城邑寻踪”，通过福州考古发现的城池、宫殿等遗迹，展现了西汉时期闽地辉煌的历史和百姓生活场景。游客可以看到屏山汉代遗址13次考古发掘的成果，如“万岁”和“常乐万岁”瓦当、福州治城外的汉代遗址、福州目前发现的最大汉墓益凤山一号墓等。这些考古发现的展陈，为研究闽越国和闽越时期的文化提供了全新的视角和资料，一定程度上解答了作为闽越后人的福州人“根之所在，源之所系”的答案。

展厅的第三部分名为“新店考古”，让游客重回闽越古地，领略新店古城遗址的巍巍汉风。

展厅的最后一部分是“海上丝绸之路”，百米长卷投影全景式地展现了闽越先人背山向海，向海而生的决心：南岛语系的先民乘槎浮海，跨越赤道，驶向南太平洋；闽越文化承上启下，开启了通往东北亚与东南亚的交通航线，记录了福建“海上丝绸之路”货物贸易从滥觞到兴盛的过程。

在公园这样的公共休闲空间中全面展示一座城市的历史，在福州的公园历史上是前所未有的，从这个意义上说新店古城遗址公园对空间的功能拓展是有一定引领意义的。博物馆展厅置入公园，有效地改变了公园的文化导向，在公共体验空间中推进了福州历史文化的市民认同。在这里，城市中的展示馆成为沟通城市与市民的一种媒介，并逐渐形成了一种媒介仪式，或更具体一些，成为一种“通过仪式”——它使人们从原有的社会结构中暂时脱离出来，进入并经历一系列的仪式活动，然后重新聚合到社会结构中。经历这一仪式的主体，无论是个人还是群体，都将获得“明确定义、‘结构性’类型的权利和义务”，以及稳定的或反复的文化认同。①

博物馆作为城市和市民之间的文化传播媒介，围绕特定的社会类属与空间区隔，部分群体或个人获得了在现实世界与媒介世界之间穿梭转换的机会，他们在重返日常生活秩序之时，社会身份和地位往往都有所提升，既有的文化认同也得以巩固。对于任何一个参观者，无论是何种意义上的仪式，最终都会影响到个体或群体的文化认同的建构与维系。博物馆以公共领域的空间化、仪式化过程，使得文化的社会关系获得了象征性的表呈与再现。博物馆的参观仪式通过渗透到人们的日常生活体验和实践中，改写了人们对媒介、自我与社会关系的认知与感受，进而强化了城市市民的“中心形象”和文化认同。②

---

① 维克多·特纳.仪式过程：结构与反结构[M].黄剑波，柳博赟，译.北京：中国人民大学出版社，2006：94-95.

② 周根红.博物馆与城市文化的空间生产[J].东南文化，2010(6)：109.

## 三、技术介入对城市公共空间的功能拓展

公园设计提升之初，运营团队就秉持着“业态先行，业态引领设计”的想法，依托遗址、古建与农田景观，将打造闽越文化品牌、闽越文旅品牌、闽越研学品牌、闽越活动品牌、闽越文创品牌等五位一体的运营品牌，打造管理与治理结合、人文与自然结合、历史与现代交融的遗址保护“福州样本”[①]，也致力于营造一个数字时代下体现技术与空间融合、人的实体体验与虚拟体验并行的新型城市空间，在技术介入对城市空间拓展中探索出更多的可能性。

### （一）古建筑活化应用，打造多元融合空间

新店古城遗址公园将创新性展示文化融合业态，依托古建群打造迷你博物馆文化聚落，通过闽都食俗体验馆、源流书馆、六艺传习所、文创馆、国风动漫馆等，展示闽越文化和闽越后裔即当今闽都人的生活方式。

在打造闽越文化活态项目矩阵方面，新店古城遗址公园下一步将打造数字文创基地、共享直播基地、文化研学基地。这里举办的“我把福州寄给你”“天生福匠”“公园前集市”“汉服体验”“网红梦工厂”“一碗福州”“名家名坊”“非遗传习”“源流研学”“闽菜工坊”等常态公益联盟活动，堪称公园内的“文化流水席、艺术连轴戏”，成为新店古城遗址公园独有的“文化大餐”，体现出传统与现代的融合。

对遗址公园的规划，首先考虑的是将文化古迹完整展示出来，再通过补植烘托遗址的园林氛围。既要保护遗产，又要与现代化城市建设、居民日常生活融在一起，体现出空间的多功能性和融合的含义。新店古城遗址公园在未来的发展中，仍要以融合为要义精准发力，将自己的文化品牌打造成为头部企业文化项目的聚集区，同时在空间上与周边的动物园、儿童公园、森林公园形成“四园联动”，资源共享，打造福州城市北部文旅新枢纽，同时成为福州显著的对外交流展示会客的空间。新店古城遗址公园、动物园、儿童公园、森林公园抱团盘踞在福州北部，形成了城市北部的公园集群，未来，“四园联动”将极大地促进福州北部旅游产业发展，成为福州热门的文化旅游目的地，并能作为城乡融合的前沿，促进北部地区乡村振兴，积累更多文化融合和交往融合的新经验。

---

① 新店古城遗址公园：建起特色文化公园，打造热门旅游目的地[EB/OL].(2021-01-20)[2021-02-20].http://news.fznews.com.cn/dsxw/20210207/601f4821bc298.shtml.

### (二)打造多媒介互动园区,依托数字传播扩大影响

数字时代,人类对于空间环境驾驭的同时受到数字技术的中介的影响。在新店古城遗址公园,已有多家数字媒介入住,希望通过打造公园中的“媒介空间”,全方位改变公园带给游客的体验。园区已与国内头部视频网站“哔哩哔哩”达成合作,将借助这个头部平台推广闽越闽都文化。

在这方面有同样经验的还有福州冶山春秋园。2021 年 2 月开放的冶山春秋园位于鼓楼区闹市中心。冶山为闽都文化之根,曾长期隐没在住宅区中,鲜有人知。近年,福州开展历史文化风貌区整治行动,冶山遗址在保护与开发下才得以重现光彩。

冶山春秋园重建的消息最早在互联网媒体上传播以后,引发了公众的热议和讨论。顺利开园后,媒体效应更是吸引了市民前来打卡,也有市民自愿作为志愿者讲解员,成为城市传统文化传播的先行者和参与者。

数字媒体、短视频平台在扩大地方影响、吸引流量方面的能力非常可观。同年重新开放的南公园曾是清朝靖南王的私家花园,如今备受年轻人追捧,各类新业态如汉服游园会、文创快闪等新潮流纷纷入驻。[①]

### (三)打造城市居民的共同体验空间

城市空间不仅包括物质空间,而且关注城市与人的关系,以及空间内市民的存在状态。空间的设施与文化特色是居民的体验来源。对于新店古城遗址公园这样的技术入住的新空间,市民在使用和体验数字科技过程中感受城市,形成自我认同以及文化认同。

新店古城遗址公园通过数字设施、媒介活动、博物馆等元素加入公园,丰富着参观者的文化体验和文化想象,改变着我们的日常生活。这对于改变公园的刻板印象、拓展公园等公共空间的边界以及打破都市社会中的“壁垒”与“沉寂”具有重要的建构与创造功能。人们通过在此类复合空间的观赏和浸入,形成了一个隐性的文化交流的公共空间,甚至成为当下一种流行的文化文本,“为他们提供了梦想、幻象、行为、思维模式和身份认同的原材料”[②]。

---

① 福建福州蝶变:“千园之城”是这样炼成的[N/OL].(2021-07-22)[2022-01-09].http://www.jjckb.cn/c_1310077027.htm? ivk_sa=1023197a.

② 道格拉斯・凯尔纳.媒介奇观[M].史安斌,译.北京:清华大学出版社,2005:1.

### (四)数字时代实体空间与数字技术的交融

数字因素的加入,让公共空间具备了功能拓展的条件。现今的公园不再只是一个单纯休闲的单一空间,而是兼具媒介场所和融合功能的多元复合空间。

无处不在的数字技术已成为日常实践的重要组成部分。在数字时代背景下,媒介也以前所未有的广度和深度嵌入日常生活的实体空间中,为发展"延伸性自我"提供了技术条件。[①] 哪怕是在原来城市或者乡村居民熟悉的公共空间内,数字技术的深入和嵌入也在改变着这种空间的呈现和功能。与此同时,当下几乎所有涉及人类活动的数字平台或多或少都具有空间属性:社会经济活动正逐步向数字空间转移,甚至在某些方面实现了数字空间与现实空间的深度交织。在数字技术泛化使用的背景下,数字空间媒介作为数字逻辑规则和指令的延伸,不仅将"可感"的代码制品深度融入日常的沟通情境,重塑人类在空间世界中的行动和存在方式,而且还创制了一系列"可视"的编码实践,这些实践通过与原始对象和数字技术的多方互动,又反作用于数字空间媒介,使空间媒介的数字形象得以强化。[②]

在新式的公园园区中我们也看到了这一点:由于数字技术和媒介的加入,游客在园区公共空间内的行动也受这些技术的指引,各种参与打卡、分享传播等行为,都是数字媒介对人类在空间世界中行为和存在方式的改变。以数据、信息、知识为代表的新兴社会资源在一定程度上重塑着不同社会主体的行动模式,并对既有治理格局产生颠覆性影响。

## 第三节　数字时代沉浸式怀旧空间的兴起——以福州 M17 文化广场为例

如果我们考察媒介对时代和人类产生的作用,还停留在只观照各类社会结构中的子系统——专业信息系统(如报纸、广播、电视等)如何反映和呈现信息,那就会陷入再现论的窠臼。如果按照旧有范式进行研究,那我们考察城市

① 孙玮.媒介化生存:文明转型与新型人类的诞生[J].探索与争鸣,2020(6):16.

② 徐迪.空间感知与关系嵌入:论数字空间媒介化过程中的技术中介效应[J].新闻大学,2021(10):104.

中兴起的沉浸式新怀旧空间，就只能研究媒体如何报道此类空间、通过什么渠道进行传播。事实上，在中国各大城市集中诞生的此类空间，以及市民对此类空间的预期和认同，是一种数字时代的新物种，是基于媒介创造出的现实，是一种文化和媒介空间。当今媒介技术发展有一种趋势，其应用感受趋于隐形化，媒介仿佛是透明的，但影响力却愈发强大，社会生活中处处潜藏着媒介的印记。①

## 一、沉浸式怀旧空间的兴起

近年来，以怀旧为主题的文化旅游崭露头角，成为旅游市场的新宠儿。沉浸式怀旧空间在各大城市相继出现，已经成功吸引了一波热度，如长沙的"超级文和友"、北京的"和平菓局"、上海的"1192 弄"、重庆的"重逢 1980"等。这些城市空间都有以下共性：首先，都以 20 世纪城市生活场景为主题，突出地方特色和文化元素；其次，都设置于城市中心热门地段，拥有天然的流量优势；再次，均借助社交媒体传播造势，以微博、微信、抖音等平台大力传播，因此往往短时间内快速蹿红，迅速成为各城市热度极高的网红打卡地。以福州 M17 广场为例，此空间内以 20 世纪福州的标志性建筑、空间、元素、文化为主要植入对象，包括东街口天桥（因地铁建造需要已拆除）、老住宅、旧学生街、程埔头、20 路公交车、复古理发店等意象和元素。20 世纪，福州的城市记忆中刻下了几个关键的场景，如鼓楼区的安泰中心，曾经是当时的潮流聚集地；仓山师大旧学生街，是充满学生气和烟火气的地方。随着福州现代化城市改造的推进，很多元素已经消失不见，一代人的记忆和城市的历史也几乎要随之被遗忘。然而此类空间的出现，为旧城市文化元素提供了重现的机会，对城市文化记忆的传承具有积极作用。

怀旧旅游，是特定时期的城市场景及附着于其上的生活文化以商业形态再现，通过场景和内容打造，让游客在进入主题街区时有"恍若回到过去"之感。经历过特定时代、拥有共同记忆的游客在游览、体验中回忆深埋于记忆中的旧时光，感受到强烈的情感共鸣。而对于未经历过的年轻人而言，怀旧空间也有着文化钩沉的意涵：那些存在于长辈口中，或以各种形式记载和呈现的过去城市的记忆片段，以沉浸、直观、鲜活、生动的方式呈现在眼前时，年轻人从新奇体验中感受文化和生活的变迁，进而产生与城市精神共同体互动、与历史时光和长辈生活共鸣的情感连接。

---

① 孙玮.媒介化生存：文明转型与新型人类的诞生[J].探索与争鸣，2020(6)：15.

值得注意的是，此类怀旧空间并非独立存在，而往往与消费空间并置，实质上是一种“文化＋零售”的新模式，本质上还是消费主义。如在M17文化广场中，除了怀旧场景景观外，均是现代消费空间：有麦当劳中国首家复古装饰的餐厅，有福州的本土品牌、中华老字号“同利肉燕”，有福州当年的第一家牛排店品牌“新星牛排”，还有各种教育培训机构和其他零售业态。我们需要明确，怀旧空间终究还是基于零售空间的一种新物种，然而由于在零售行业中加入了怀旧文化的元素，而这种文化还是能让更多人参与、认同的在地怀旧文化，因此这种空间能在各大重要城市兴起并屡创话题和关注新高。

## 二、沉浸式怀旧空间兴起的文化与心理原因

从社会学、心理学、消费者行为学、文化学、地理学等多角度，都有对“怀旧”这个概念的内涵分析和解读，这些分析均能够加强我们对此类怀旧空间兴起的原因的理解。

### （一）从社会学研究角度观照怀旧

“nostalgia”这个词是希腊词根“nostos”和“algos”的组合，意思是乡愁，也就是带着对过去的记忆的悲伤。在医学方面专门用来描述瑞士雇佣兵远离家乡出现的生理病状。一代人童年记忆中的因素，空间、美食、物件等，随着时间的逝去，成为一种记忆的悲伤，演变成一种乡愁。放在今天来看，用乡愁来理解怀旧时，并不是指离开福州，而是指改革开放40多年来经济的快速发展、消费的多次升级，带来城市文化和人的生活方式的巨大改变。对身处其中的人，这种感觉是一种对新生活方式的接纳，但同时也是一种对过去的远离。

怀旧作为一种时空复合体，是一种时间尺度上的对过去的深刻记忆，涉及对历史和文化的继承和回忆，在空间尺度上寻求永恒的“家的感觉”，是在全球化语境下对本土文化的重建和认同。怀旧是怀旧主体对过去的一种想象重构。它是一种历史的、有价值的、审美的、情境意识的行为或地理想象。[①]

当下是视觉文化时代或读图时代，视觉文化的出现意味着我们对语言的重视开始减弱，而对图像的重视开始加强，对形象的感觉能力被再次发掘出来。以怀旧视觉化元素为代表的沉浸式怀旧空间，其鲜明突出的视觉符码，极具辨识度的空间环境元素，能更加快捷，也更加普遍地深入刺激游客的感官，

① 赵静蓉.怀旧：永恒的文化乡愁[M].北京：商务印书馆，2009.

浸入人的心中。现在怀旧变成了一种商品,成为一种关于过去岁月的工业文化。

当前的消费社会里,怀旧式的消费文化和产品的出现也是消费社会的必然产物。大众是消费的主体,在消费不断地升级过程中,所有的文化都会成为消费的内容,慢慢地形成了一个事物的价值大小并不是由其使用价值,而是由其在受众心中的交换价值来决定,这就导致了在消费社会中物品的可赏析性和可接受性以及文化元素对其价值的决定。而怀旧带来的可赏析性以及对受众心理情感认同的刺激,或者是对集体记忆、对集体无意识精神共同体等文化元素的泛起,在现代人心灵上或精神世界里精准直击需求,成为一种当下社会流行的精神时尚,顺应并满足了现代人对于心灵宁静的追求,这让怀旧文化成了最好的消费符号。

### (二)从文化地理学的研究视角来看

外部地理环境作为一种人们了解世界的依据,能给人一种确定性,而当这一切地理因素发生变化时,人会产生一种对未来的未知和不确定状态。对于经历了福州的传统时代以及现代化改造时代的福州人来说,此类症候更为明显。

怀旧旅游的出现既是人们对过往美好生活的追忆,也是对文化传承的热切回应,更是个体自我放松的一种形式。从文化地理学的角度来看,消费也有自己的地理学。销售的情景环境及社会为了向我们销售商品进而会创造空间,这个问题应该去思考和讨论。在19世纪末开始,大城市里就出现了产业化的消费空间,而商品本身的象征性地理关注的就是商品之间怎样关联,怎样与它们的生产者和消费者相关联。人们来到一个地方聚集在一起,形成了集市,这是一个不同一般的特殊场合,这个空间形成于日常生活的缝隙中,是一个分离的空间。随着时代的发展,市场中就会有更多空间被应用于娱乐,由此产生的结果之一便是用新式的视觉消费模糊了消费与休闲之间的界限。M17城市广场就是这样的所在——用怀旧的空间元素和视觉符码,将零售消费置于怀旧体验之中,形成了一种复合型的地理空间。[①] 当越来越多的此类空间在城市的各个部分,或者说在越来越多的城市中出现的时候,城市本身也成为一种消费场所。

---

① 迈克·克朗.文化地理学[M].杨淑华,宋慧敏,译.南京:南京大学出版社,2005:120-126.

### （三）从城市怀旧空间形成和发生作用来看

城市记忆主体承担着建构起怀旧认知、形成怀旧空间的作用。如早期福州的老仓山、老台江的城建，是真实的怀旧空间存在。而官方（政府）或民间（规划者等）作为城市记忆主体的一部分，在特定情境下借助城市记忆，重构怀旧空间（M17 文化广场以及类似空间），相似的视觉元素使得游客产生怀旧情感，赋予再造后的怀旧空间以"城市记忆的载体"的新身份进入公众视野。一个空间能成为怀旧空间内容，需要具备的要素包括景观（如原建筑、旧场景等）、文化符号（如老字号标志、老招牌、老物件等）、活动（如文化表演、游客互动活动等）等，这样的城市记忆载体才能触发游客的怀旧情感：这些历史遗迹的再现，各类媒介物的集中展陈或事件、行为对人的刺激"唤醒"了记忆，从而"触发"了怀旧情感，而怀旧空间形成后的空间体验可以使记忆主体产生归属感与怀旧感，进而"强化"地方认同。这也是 M17 文化广场这类空间存在公共性价值：在消费主义的大潮中融入文化元素的意味，对于福州城市的文化认同和记忆有着正面的推动作用。法国哲学家保罗・维利里奥在《视觉机器》一书中曾指出：事实上人的大部分情感记忆都可以算是地形记忆，每一次情感的付出与经营都与某个地点有着密切的联系，浅层记忆可以抹去，一旦进入某个特定空间，又会勾连起深层记忆。更有意思的是"有了地形记忆，人们就可以谈论视觉的年代，甚至谈论另一代人的视觉遗传"①。

### （四）一种象征性权力的文化功用

当人们使用象征性表现包括系统化的意识形态、与文化的联系、权威的结构、隐藏在背后的规则与人们的文化互动和行为策略时，文化影响就此产生。媒介化的象征性形式，通过机构的构建、组织和表述，通过空间媒介的设置获得文化上的权利。象征性权利使得个体和群体能够产出意义，并且建构生活方式。这类的象征性空间和媒介化的家园，吸引自我和别人的感觉、情感和思想。② 这种象征性权力的文化实践范式就像是有关生活方式的政治，这类文化权利拓展了人们的经历局限，提供给人们更丰富多样化的文化意义，将文化的体验和传播以及日常生活的方式，突破特定时间和空间的局限，在人们创造阐

---

① 保罗・维利里奥.视觉机器[M].张新木，魏舒，译.南京：南京大学出版社，2014：27.

② 詹姆斯・罗尔.媒介、传播、文化：一个全球性的途径[M].董洪川，译.北京：商务印书馆，2005：202.

释并利用大量符号和生产符号的技术下，设计出多种风格以适应人的多种身份。

今天的城市居民以及其他的芸芸众生，作为媒介化传播活动的接受者和参与者，不仅消费而且帮助生产大众文化，遍布全国各大城市的热门怀旧空间，就是最典型的例子。今天的文化现实越来越多的以媒介化经验的象征性环境为基础，文化面貌以象征性层面展现在媒介内容中，出现在日常生活的常规的社会交往中。象征性权利和大众文化彼此依赖、相互强化。当今正在迸发的各种文化创新、各种新的文化风格和主张的象征力量，将会对来自权力机构以及后面的各种传统形式形成制衡性的影响。在沉浸式怀旧空间之后，也许还会有更多新兴的、基于大众象征性想象的新空间出现在城市中，创新传播的未来可期。

## 三、数字时代沉浸式怀旧空间的特征分析与传播意义

### （一）追求“形神兼备”的怀旧体验

优质的怀旧旅游街区，必须通过内容创新和体验设计让游客产生重游意愿，形成强烈的情感共鸣、持久的情感牵绊和长久的回忆空间。以 M17 广场为例，其空间基础是所依托的场景——既要对建筑、设施、物件等进行年代风格还原，还要营造与场景相匹配的时代氛围和人的行为；既要提取城市历史生活的核心特质，又要注重细节之处的设计和表达，在有限的空间内陈列、集聚、最大限度展现能引发游客怀旧记忆的标志性建筑、品牌、设施、用品等。为了从生活情境出发，激发福州本地居民的感官体验和心理认同，M17 文化广场严谨地还原了 20 世纪福州城市样貌中每一个灯箱、每一块砖、每一堵墙，包括对 20 路公交车的原貌呈现，重金打造“电影级场景”，在让游客步入其中，沉浸式观赏和体验，从而产生深深的代入感和认同感。

怀旧旅游场景的打造，除了形之外，还应注重“神”的塑造。外观的复刻并不能完全承载怀旧旅游的精髓，必须包含有鲜活、生动的生活场景，两者兼备才是怀旧旅游的神韵所在。与怀旧旅游景区主题匹配、与旧年代同频的动态生活场景以及场景中的人、物、行为等，是辅助游客获得沉浸感的重要内容。M17 文化广场在场景展示之外，同时还有零售的功能。这些零售的推广方式包括产品的选择、各种售卖方式、复古包装的设计……以市井生活和烟火气营造怀旧氛围和生活神韵是打造怀旧旅游要关注的重要内容。个体的历史情怀与街区的场景氛围深度融合，唤醒乡愁，抚慰忧伤，获得情感的共鸣、释放乃至精神的满足。

### (二)打造传统与时尚融合的内容并重塑时空

在当下数字时代,打造怀旧旅游应有新旧融合的内容。年轻消费者并未经历过那个年代,对他们的吸引应该追求新旧的巧妙融合,这是长久吸引用户的核心关键。场景、招牌、人员的装扮需要有时代感,但同时产品和服务的设计也应该与时俱进,需要融入当前的流行时尚元素,如新技术的体验等。否则,当下游客尤其是年轻游客的体验度和满意度无法获得满足,无法起到长效吸引的效果。在这其中,技术的应用是关键的破题元素。技术不仅应用于场景中的互动元素的添加,也应用于在传播此类空间及文化时的媒介和渠道选择。

在数字时代,当前的新媒介技术改变了传统的时间性、空间性,创造了人类历史上前所未有的新型时空维度。就时间性而言,新媒体实现了逆转与交织。时间的可逆性从电子媒介出现就开始了。[①] 正是这种媒介对时间的可逆性,继而作用于现实空间,导致出现了怀旧的实体空间。人类的生存出现了多重时间性,空间也有了多元的时间感。由于智能手机和移动网络的存在,每个用户都被编织进这个网络,新媒体技术的全面渗入,为当前用户塑造了“媒介现实”,在这里,真正体现出技术“时空重塑”的作用。

### (三)显现出新型人与媒介关系并强化集体记忆

大众传播时代,当受众需要从社会子系统——媒介获取信息时,受众深刻理解媒介与现实的区别,能够在媒介现实和社会现实中画出一条边界。然而,在新媒体时代,新技术对人的渗透和嵌入是全面的、深入的,人们渐渐迷失了媒介现实和社会现实的边界,也容易将“媒介真实”认定为是社会真实。因此,此类怀旧空间的出现伴随着新媒体技术的渗透传播能迅速大火、线下打卡参与热度极高,短时间内就呈现出一种强烈的被认同的真实,这不得不说是新媒体的传播和动员能力呈现出的巨大体量,也是一种人与媒介新互动关系的建立。

法国心理学家莫里斯·哈布瓦赫认为集体记忆是“一个特定社会群体之成员共享往事的过程和结果,保证集体记忆传承的条件是社会交往及群体意

---

① 孙玮.媒介化生存:文明转型与新型人类的诞生[J].探索与争鸣,2020(6):15.

识需要提取该记忆的延续性”①。集体记忆是一个建构的过程，它体现在物质及物质被赋予的象征性意义上，因而物质性与被群体公认共享的象征意义在这一过程中是缺一不可的。记忆具有交往性，个人的记忆是在与他人的交往中被唤醒和加强的，同时记忆具有集体建构性和社会适应性，即只有与集体记忆的社会框架相吻合的个人记忆才能够最终被保留下来，而在这一过程中，记忆会随着社会环境的变化而被不断加工、削减、润饰，使之始终具有现实意义。在《福音书中圣地的传奇地形学——集体记忆研究》一书中，哈布瓦赫将集体记忆与空间联系在了一起，他详尽地叙述了一代代基督教徒为了维系和传播信仰，是如何致力于依照福音书中的圣地形貌在耶路撒冷重建那些精确的事件发生地，以及那些耶路撒冷的教徒是如何在不同的地方兴建起具有象征性的标志，以便在精神上与圣地相连的这种将“记忆空间化”的方式。哈布瓦赫较涂尔干更加强调了空间在集体意识建构中的重要性，“场所在保持实物稳定性方面发挥了一定的作用。正是由于定居在这些地方，将自己圈在这个范围之内，改变自己的态度以适应这些地方，才最可能使宗教信徒的集体思维稳定并持久，这就是记忆的前提”②。记忆依附于空间形成和变化，也需要空间进行不断地巩固，而集体记忆则是维系群体精神信仰、使之团结和延续的要素。

## 第四节　新城市休闲空间的功能拓展——对福州“大众茶馆”的研究

凯文·沃什(Kevin Walsh)曾在《表征过去：后现代世界的博物馆与遗产》一书中提到因“地方感”丧失而带来的现代性焦虑，工业化、后工业以及都市化的议题让人们无法理解或欣赏地方的建构过程，过去被形塑为一种制度理性化的形态，这种陌生化之旅导致了人们的茫然无知，进而丧失地方意识。③ 在现代化的进程中，全球化通过经济、市场、资本等要素制造了“流动性”与“无根

① 莫里斯·哈布瓦赫.论集体记忆[M].毕然，郭金华，译.上海：上海人民出版社，2002：335.

② 杰罗姆·特鲁克.对场所的记忆和记忆的场所：集体记忆的哈布瓦赫式社会——民族志学研究[J].曲云英，译.国际社会科学杂志(中文版)，2012(4)：34-46.

③ Kevin W. The Representation of The Past: Museum and Heritage in The Post-modern World[M]. London and NewYork: Routledge, 1992: 176.

性”。地方、社区、差异与文化认同被日益消解掉，原初的生活方式被逐渐遗忘：“地方”需要被再次看到，属于一个地方的集体记忆和生活方式在当下有了被唤起的趋势。

近年来，福州市出现了一种新事物：大众茶馆。作为一种新型的公共空间，大众茶馆及其所处的历史时空，将文化符号、消费行为和市民活动连接成了一个非常有趣的复杂结点，具有丰富的面向与研究价值。数字时代，在这个复杂结点空间内，孕育着更大的现实与虚拟互动的新可能。大众茶馆在当下的出现，具有历史情境中的特殊性，值得进一步挖掘和探讨。

## 一、城市休闲活动新空间——从福州“大众茶馆”的出现说起

2021 年 4 月 30 日，福州市鼓楼区三坊七巷“中瑞心选茶坊”揭牌营业。这是福州市试点大众茶馆项目的首家开业场所。紧随其后，位于仓山区梁厝特色历史文化街区蓝灰厝前广场的“梁厝・大众茶馆”也在五一黄金周对游客开放。

福建一直以茶文化享誉全国。此前茶叶一直以个体零售为主，以售卖茶叶和休闲饮茶等活动为营业目的空间也屡见不鲜，但并未进入政府监管和打造的视野。因此，当福州市着力打造 15 个大众茶馆试点项目时，这个行为本身就值得从城市建设和空间传播的角度予以关注。

政府推广大众茶馆项目的初衷，除了进一步倡导健康消费理念、推动完善茶叶经营主体的大众消费服务功能之外，也承担着监督此消费空间的安全、放心、健康、良性发展，并丰富拓展此类空间可能性的责任。

中瑞心选茶坊位于福州市知名 5A 景区三坊七巷中的南华影城内部，总经营场所包含二楼主茶馆、一楼连廊、后院等区域，总面积约 850 平方米，设计座位 150～200 个，根据经营需要最多可同时容纳 300 人。目前营业时间为每天 14:00—22:00。

该茶馆经营的食品品类包括各类茶饮品和点心零食。茶叶主推茉莉花茶、白茶、铁观音、大红袍等福建特色茶品，每泡价格 30 元，可供 6 人畅饮；花生、瓜子等茶歇零食每份售价在 5 元至 15 元；无限制开水供应，不另收茶位费，不禁止自带茶叶。这些定价和规定在消费水平上完全匹配了市民的消费能力。此外，大众茶馆同时又是丰富的娱乐空间，可供开展闽剧、评话、古琴等演出（三坊七巷在此方面有着更优质的资源支撑），秉承着“讲好福州故事”的主旨，让各年龄段群众和外地游客走进茶馆，认识茶文化、喜爱茶文化、关注茶文化。

项目负责人对大众茶馆的预期是:"茶馆不再是单纯品茗的场所,而是集娱乐休闲、亲友聚会、商务洽谈、主题文化经营为一体,各个年龄段均喜爱的社交场所。"

梁厝·大众茶馆项目由福州古厝保护开发集团有限公司与福建春伦集团有限公司合作建设,可容纳约150人。梁厝是2021年新开放的古厝群落空间,作为福州地铁一号线可以延伸到的景点,一经推出很快成为福州的网红打卡地,其本身就有着沟通和城乡文化融合的符号意义。至于这里的大众茶馆综合福州历史背景与茶文化,依托福建老牌制茶企业春伦集团多年来制茶、生产茶叶周边系列产品以及传播茶文化活动的基础和资源,除了饮茶的业务之外(主推福州茉莉花茶,因其是春伦集团的王牌产品,还有盖碗茶、大碗茶等),还融入福州本地小吃,以及福州评话、伬唱、农耕等特色文化,并定期举办茶学、茶道、茶艺、斗茶、品鉴等茶文化主题活动,打造全民饮茶、大众文化交流平台,致力于打造极具福州地域色彩的文化符号。①

## 二、城市大众茶馆新空间出现的文化意义解读

### (一)体现出城市管理者层面的空间设想

为进一步倡导健康消费理念,丰富完善茶叶经营主体大众消费服务功能,根据省、市关于打造让老百姓真正喝得起、喝得安全、喝得放心的茶品牌和茶馆消费场景的部署要求,2021年4月初,福州市政府办公厅印发《福州市大众茶馆试点建设工作方案》,明确当年6月底前,利用已建成的公园、历史文化街区、景区等国有、集体权属场所率先打造15个以上试点项目。

其中,鼓楼区、台江区、仓山区、晋安区各打造3个以上试点项目,市园林中心、福州古厝集团各打造1个以上试点项目。试点项目由市商务局组织验收通过后授予"福州市大众茶馆试点项目"牌匾。在总结试点经验基础上,逐步向全市所有县(市)区推广,力争到2023年在全市范围内打造一批主题鲜明、特色突出的大众茶馆,成为推广福州市地方茶文化的重要窗口,为市民和游客提供品质化、大众化的休闲旅游消费服务。

---

① 平价大众茶馆亮相三坊七巷[EB/OL].(2021-04-30)[2021-11-30].http://news.fznews.com.cn/dsxw/20210430/608bcff2cc445.shtml.

## （二）新空间促进城市公共空间规划

在15个试点项目中，福州南公园大众茶馆等9个茶馆均位于已建成的公园里。福州市商务局相关负责人介绍，这些茶馆原则上设置在公园、江（河、湖）边、历史文化街区等大众消费场所：黎明湖公园大众茶馆位于黎明湖公园北面入口与乌山防空洞南出口相邻处，茶馆内外场地总面积约717平方米，主要经营大众平价茶、轻食等；温泉公园大众茶馆位于温泉公园南门旧仓库，占地面积约503平方米，主要经营平价茶水，兼售佐茶糕点、特色小吃；烟台山公园大众茶馆位于烟台山公园里，正在进行装修扫尾工作，进一步细化茶馆内茶饮、茶点消费标准；此外还有江心公园大众茶馆、牛岗山公园赤米茶舍大众茶馆、井店湖公园大众茶馆、金鸡山公园大众茶馆、左海公园大众茶馆、福州茉莉花茶美学馆大众茶馆、闽剧大观园大众茶馆、鼓岭嘉湖大众茶馆、榕城广场大众茶馆等。以上公园地域均属于福州市具有历史和文化意义的地标，力争让大众茶馆成为福州市释放大众化消费需求的有效手段，助力福州加快建设现代化国际城市。[①]

## （三）作为社会结构与历史轨迹的表征

如果把大众茶馆看成是地方公共空间，那么茶馆在同一区域内就是城市社区中公共空间功能的延伸，可以满足社会中群体的实际需求性，可以促成交往，这是一个“人事地”的有效链接点。茶客们在这里休闲利用的是大众茶馆所提供的稳定高频、长期有效的空间进行信息交换、情感交流以及文化娱乐传播，这样的公共空间具有历史性和时代性。茶馆的发展在不同历史阶段中均呈现出不同的历史特点和文化隐喻，因而能够看得出福州市的城市生活变迁以及福州市民的生活方式的流变。

在20世纪福州人的生活习俗中，“茶摊、澡堂、讲书场”是他们的“民间休闲三宝”。可见在福州市民的生活中，公共空间的沟通和交流早有渊源。在过去，福州市茶摊林立，在东街口、三坊七巷、塔巷附近都有比较著名的茶摊。品茶配上福州文化中的“评话、伬艺”，就是福州市井生活的画面。而这一切随着现代化城市发展，逐渐消失在城市的公共空间中。福州大众茶馆的出现，将濒临消逝的生活模式又带回大众视野。

---

① 福州15个大众茶馆试点项目已建成开业3个[EB/OL].(2021-05-03)[2022-01-08].http://www.taihainet.com/news/fujian/szjj/2021-05-03/2505862.html.

在重新回归以后，茶馆的公共功能也发生了重要的变迁，从最初具有的饮食的基本功能基础上延伸出了休闲功能，同时还扩大了社会交往的功能。在这些功能拓展的同时，福州大众茶馆的发展还需要提升信息流通以及新兴娱乐功能的引入，强化本土优质文化和数字新型文化的正向传播，从而让茶馆成为一种既引领整个产业发展，又具有社会组织动员和整合功能的复合型空间。随着其他一些公共空间的衰落，茶馆公共空间开始承接和替代其他传统公共空间（如祠堂、庙宇、会馆等）在人们日常生活和城市社会发展中发挥重要的作用，对人群和社会认同与整合有重大意义。从加强环境整治、完备公共基础设施、解决当地大量剩余劳动力的就业问题等方面，茶馆还实现着对社会的整合功能。① 未来此类的空间将会成为文化传播和市民交往融合的重要空间。

（四）建立起集体记忆与社会怀旧

从主体的类型来看，记忆可分为私人记忆和集体记忆，而怀旧也分个体怀旧与社会怀旧。私人记忆最常见的表达方式就是传记，而集体记忆的种类比较多。相对于前者主要作用于自我身份的认同和个体历史的维护而言，集体记忆的功能则是保证整个社会系统的完整和连贯，使集体的传统和历史不被时间的流逝所侵蚀，并为未来提供可资参照和借鉴的文化遗产。从某种程度上来讲，集体记忆比个人记忆更值得我们关注和研究。社会怀旧和集体记忆有明显的相同之处，主要表现在功能和意义方面。②

一个城市拥有了集体记忆，才能够积蓄力量，从而走得更远，整个社会系统的完整和连贯以及文化的传承性才能够表现得更为鲜明。大众茶馆的出现激活了老福州人生活记忆点滴，正是起到了一种建立集体记忆与社会怀旧的推动作用。在这个数字化的时代，当一切都朝着互联网化和虚拟化狂飙突进时，大众茶馆代表的具身性和怀旧式生活方式，为我们提供了建立集体记忆的真实场景。

哈布瓦赫曾说："存在着一个所谓的集体记忆和记忆的社会框架，从而我们的个体思想将自身置于这些框架内并汇入能够进行回忆的记忆中去。"③城市管理者和相关部门的工作中很重要的一个部分就是将这种集体记忆的社会

① 顾辰.公共空间视角下茶馆的复兴与功能变迁研究[D].苏州：苏州大学，2016：62.

② 赵静蓉.怀旧：永恒的文化乡愁[M].北京：商务印书馆，2009：44.

③ 莫里斯·哈布瓦赫.论集体记忆[M].毕然，郭金华，译.上海：上海人民出版社，2002：69.

框架设立在公众面前，为市民的思想和行动提供可资参考的引导。

同时，怀旧所指向的大多是日常化、世俗化、民间化的历史，这与宏大的、主流的大历史不同，而这些小的历史就是“我们的历史”“我们的生活”，是文化惯例和意识形态写成的历史，记录的是百姓的喜怒哀乐、生活的日常起居，这种民间话语的形态对社会大众日常生活以及普通民众都有着巨大的亲和性，所以此类文化的接受程度在现代人群中也非常广泛。

## 三、从传播的角度审视公共休闲空间的多元化发展

城市空间的建设和文化的构建是一个复杂的问题，是建筑规划学、城市管理学、社会学、心理学等学科共同关注的一个问题。随着城市发展日益成熟，城市问题变得多样且复杂。后城市时代的很多社会问题难以通过规划管理的思路去彻底解决，此时从传播学的角度去介入是一个非常新的方式。在中国部分一线城市，如北京、上海的传播学者，已经对城市问题进行深入探讨和解决。在上海，复旦大学学者（孙玮、谢静等，2015）提出的对上海市“可沟通性指标”的建设等课题项目，将传播学的学术理论用来对标城市量化管理，是很有创新和前瞻视野的学术研究。

城市空间是一个承载着不断进行的多种传播的媒介。城市在人的社会活动中被建构、形塑，并作为人类的家园承载着人类的记忆而存在。它的时空一致性为人类形成精神上的共同体提供了独一无二的条件。城市空间不仅是城市规划过程中参与生产的媒介，也是资本意识形态和资本生产的结果；不仅为人类的传播活动提供了场所，也制约和引导着这些活动的进程；不仅可以跨越时空凝聚和传递人的情感与信仰，也作为载体贮藏了集体记忆；不仅是规划者塑造的媒介，也是直观地展示着使用者反馈信息的媒介。人们可以通过社会交往、空间使用和形成并延续集体记忆而产生共同体感受，共享基本道德观念及其带来的益处，而这是普遍社会信任生成与传播的唯一途径。在今天的城市生活中，大众媒介技术是空间偏倚的媒介，而城市空间作为人类几千年来生存、活动、建设、记载了人类历史和行为等所有迹象的最大物质实体群，是迄今保留最完整的、属于人类时间偏倚的媒介。人类从未放弃过对这个媒介的构建、改造和利用，但最大的问题在于，人类将其当作媒介来进行建造和使用的部分仍有很大的空间。

将传播学的思想引入城市空间规划和文化建设中已是时代需要。城市成为人类主要聚集方式以后，城市功能性空间的固化阻碍了普遍性的社会交往，改变了以往乡村模式下的人类交往方式，从之前的“熟人社会”转型成陌生人

社交的时候，公众参与公共生活对话的频率不足，公民的民主参与热情降低，公共人际关系冷漠，人群隔阂严重区隔，社会戾气日趋严重，导致了人与人之间的不和谐关系的产生。城市建设中隐藏的一些弊端引发的城市问题、信任危机、城市病等社会问题都伴随出现。当前城市规划的过程中，确实存在着忽视城市空间作为地理媒介所能发挥的作用，片面追求规模和数字上的繁荣的现象。基于此，从传播的角度上来考虑，如何通过打破和重建城市公共空间，增强人与人之间的交往和情感交流，改变城市人的社交模式和人际关系问题，通过空间的传播建构信任、唤起曾经的集体记忆和生活模式记忆，以此勾连大众的认知与行为，这是城市、社会与媒介都应该思考的问题。福州大众茶馆提供了很好的个案。

## 第五节　数字时代红色文化的城市传播——以福州为例

数字时代，新传播技术崛起的背景下，城市红色文化传播实践有了新的路径开拓。城市传播视域下，红色文化与人的感官接合，创造了新的知觉方式，增强了传播效果；技术驱动下的媒介融合带来城市空间体验的新动态，城市成为“地理媒介”。媒介融合、位置感知以及实时性反馈等技术更新了市民多重体验，改变了人与城市的关系，构建了参与式空间，强化了城市认同，探索出一条城市空间与数字媒介塑造市民感知方式、影响个体社会行为以及文化重组的路径。

以上提到的“地理媒介”，被斯科特·麦夸尔教授在他的著作《地理媒介：网络化城市与公共空间的未来》中，描述为“在现代城市中与不同媒介平台的空间化过程紧密相关的新技术条件”。地理媒介不仅重造了物理、物质，具身和面对面的交往，同时也改变了虚拟、非物质、非具身和远距离的存在。地理媒介已经被编制到包括公共具身交往在内的各种社会实践整体的重新结构化过程中。[①]

当我们把眼光放到具体城市研究对象——福州，致力于对福州地理媒介在红色文化传播中的实践和范式进行梳理和总结时，首先需要关注福州的红

① 斯科特·麦夸尔.地理媒介：网络化城市与公共空间的未来[M].潘霁，译.上海：复旦大学出版社，2019：50.

色文化资源。2021年3月,习近平总书记在福建考察调研时指出,福建是革命老区,党史事件多,红色资源多,革命先辈多,开展党史学习教育具有独特优势。在省会福州,以红色文物、红色剧目、红色故事为代表的红色资源也非常丰富。中国共产党建党100周年之际,各类丰富的红色文化活动各类活动在榕城大地营造出浓厚氛围。本章节着重探讨红色文化在福州传播的新路径,以及在数字时代,与新媒介技术、城市地理媒介融合后的文化传播的新拓展和新可能。

## 一、当下福州城市红色文化传播的路径

### (一)红色文物创造出新城市地标

福州市高度重视革命文物的保护工作,近三年来先后投入约1.3亿元修复了宏琳厝、福建省委联络站、生顺茶栈、潮江楼等一大批革命文物,并予以展示利用。例如,生顺茶栈曾作为中共福建省委地下党交通联络站之一,是福州近代革命史的一部分。从1938年建立联络站,到沪闽地下交通线的开辟,再到1949年新中国成立,前后11年时间,生顺茶栈这一党的地下联络站从未被敌人发现和破坏,为福州的抗日救亡和解放事业做出了重大贡献。

再如福州市马尾区的红色遗址潮江楼,其门口就可见到1991年福州市人民政府挂牌的“福州市革命历史纪念地”几个字。与这个革命历史纪念地相关的人物便是福州籍最著名的革命烈士之一王荷波。

据史料记载,王荷波于1882年生于福州,在十月革命和五四运动的影响下,投身工人运动,1922年加入中国共产党,常年在上海、郑州、武汉等地组织工人运动。王荷波经常往来于福州、马尾之间,来马尾就住在潮江楼。他时常出入马尾“海军联欢社”,通过海军政治部主任林植夫做海军总司令杨树庄、第一舰队司令兼马江要塞司令陈季良的工作。王荷波在马尾期间积极联系下层水兵和马尾造船厂工人,吸收其中积极进步的人士加入共产党。①

此外福州还有众多红色资源,如坐落于鼓楼区三坊七巷景区立本弄的福州市委旧址等34处革命文物,以及依托革命文物建成的44处各级爱国主义教育基地、党史教育基地、党性教育基地和廉政教育基地等空间。不论是这些红色文物创造出的城市新空间,还是“红色专列”地铁二号线这种行走中的载

---

① 街深处的“革命历史基地”:潮江楼[N/OL].(2015-06-04)[2022-01-08].http://www.fzhxsb.com/html/2015/06/04/content_3_7.htm.

体空间、各式展馆互动空间等，都成为城市新空间的组成部分生产集聚着红色的文化力量。

### （二）基于地方历史再创作的文艺作品破圈传播

党史教育、红色文化的学习中，同类题材的影视剧是最好的传播载体。2021 年以来，《觉醒年代》《理想照耀中国》《光荣与梦想》《叛逆者》《悬崖之上》等作品均叫好叫座，《觉醒年代》更是把主流题材献礼大剧变成了口碑流量双赢的流行文化现象，实现了破圈传播，形成了青少年追剧催更的态势。

红色题材影视剧在优质的故事情节、严谨的逻辑与推理，细腻的情感基础上，融入了丰富的爱国主义情感、崇高的信仰表征，加上现代精良的拍摄再现手法，对党史、国史、军史进行艺术化的创新表达，将百年历史融入视听语言的艺术表达中，宏大历史中包裹着个人叙事，人物鲜活细腻，信仰坚定执着，情感崇高美好，实在是新文化所向，深具优质文化底色，形成更易让年轻人接受的新文化形式。

除了影视作品之外，各种基于在地文化资源的开发的文艺形式，也是另一种时代画卷的展开方式。例如，位于福州鼓楼区西洪路的鸡角弄，是几十位革命烈士的牺牲地，其中包括中共福州地委第四任书记徐琛与其妻子——中共福州地委妇女部长余哲贞。这对夫妻因忙于革命工作，婚礼屡屡被耽误，最后在鸡角弄荔枝林下，于生命的最后时刻举行了悲壮的婚礼。为了讲好这段感人至深的故事，福州评话伬艺传习所精心编排了红色剧目福州伬艺《血色鸡角弄》，选取徐琛、余哲贞从牢房到刑场的场景，展现他们参加革命的艰险之路和相知相持的信念情怀。该剧目入选了庆祝中国共产党成立 100 周年舞台艺术精品创作工程重点扶持项目，已于 2021 年 6 月中旬完成创排。与此同时，在庆祝中国共产党成立 100 周年之际，福州市精心编排创作了一批红色文艺精品，包括音乐剧《江山多娇》、曲艺《滴水人家》、闽剧《杜鹃山》等。其中，红色题材闽剧《杜鹃山》由福州闽剧艺术传承发展中心（福州闽剧院）历时 3 个多月，日夜排练、打磨而成，已于 6 月 23 日晚在福州闽剧院剧场首演，“七一”之前将开展三场惠民演出。福州市文化和旅游局相关负责人表示，下一步将组织开展福州伬艺《血色鸡角弄》演出活动；音乐剧《江山多娇》、福州曲艺《滴水人家》也将陆续安排展演。[①]

---

① 福州：激活红色资源 汲取奋进力量[N/OL].(2021-06-28)[2022-01-09].http://news.fznews.com.cn/dsxw/20210628/60d91b8846a74.shtml.

这些地方文化的开发，从历史文化遗产中寻找信仰力量，结合地方文艺形式进行传播，用创新的形式和匠心为红色精神力量赋能，推动革命红色文化更好地融入当代人生活的同时，也让福州的传统艺术形式焕发新生命，是坚定文化自信、文化传承的重要方式。

### （三）红色主题展览活动构建新文化空间

2021 年热播的电视连续剧《绝密使命》，展现了 20 世纪 30 年代发生在中央红色交通线上鲜为人知的隐秘故事。而就在福州市也有一条闽江地下航线的存在。2021 年 6 月 25 日，福州市两新组织庆祝建党百年华诞创意展览，在闽江地下航线旧址举行。将展览选址于闽江游码头，是有着特殊意义的。“闽江地下航线”原是解放战争初期在闽江流域建立的一条水上地下秘密交通线，为巩固福建老区根据地、解放福建做出了巨大贡献。如今，这条“红色航线”历久弥新，带领无数游客体验和感受革命情怀，进一步传承和弘扬红色精神。

现场展区大致呈“几”字形，分成“党旗飘扬”“扬帆起航”“百年征程”三大部分，通过户外党旗和誓词、党建内容系列展示、互动体验、氛围渲染等形式，并结合福州“地下航线”轮船景观，讲好党建故事，树立典型标杆，激发奋进力量，强化产业报国、实业强国信念，打造红色网红打卡地。

其中，“党旗飘扬”造型主体由一幅巨大的随风飘动的红色党旗与建党百年标志构成，党旗左半部分为庄严的入党誓词，右半部分为展陈主题“‘新新’向党”四个大字，底座部分以镇海楼、三坊七巷、上下杭、闽江地下航线、榕树、海峡文化艺术中心等福州重要文化与景观特色为设计元素。

在“扬帆起航”和“百年征程”板块，图文并茂地展示了福州市两新党建工作综述、60 例福州市两新组织创新实践、35 位福州“党建之友”新矩阵代表等内容，全面彰显福州市两新组织坚持红色引领，打造两新党建“生力军”的辉煌历程，同时创新机制、模式、品牌、平台和服务等五大特色，推进两新组织党组织从“有形覆盖”向“有效覆盖”转化。

据介绍，在每一个案例旁边还附有一个二维码，市民群众可通过手机扫码进行在线阅读，也可现场互动打卡、合影、分享。

值得一提的是，百年征程造型主体由“1”“0”“0”三个阿拉伯数字构成，布局构思新颖，角度独特，正视和俯瞰均呈现“100”的画面效果，巧妙象征建党百年华诞。另外，该造型还具备夜间灯光效果，与台江区美丽的江滨夜景相呼应，共同营造“党建促发展，聚力新征程”的浓厚氛围。[①]

文化空间不断拓展边界，从线下走到线上；从传统意义上的实体空间，变为更丰富的“上云用数赋智”；文化体系更加多样、丰富，公共文化服务向着数字化发展改造提升。

习近平总书记指出：“要顺应数字产业化和产业数字化发展趋势，加快发展新型文化业态，改造提升传统文化业态，提高质量效益和核心竞争力。”运用前沿数字技术，构建新文化空间，并让文化空间炫起来、活起来，才能更好地与市民的文化需求对接，有助于提高全社会文化素养。通过这种方式，让文化融入日常生活，融入城市空间。

### （四）媒体矩阵传播红色文化　数字赋能拓展文化空间

互联网等新技术发展潮流的主要场域在城市，福州在红色文化传播方面也凸显出数字媒介的优势。数字媒介编织了城市感知交往和生活的巨网，媒介的数字化也将成为城市中一切社会关系总和的表征。

主流媒体对红色文化的传播多以宏观视角切入、做宏大叙事为多。福建省广播影视集团 8K 超高清大屏接入 CCTV-1 直播信源同步播出庆祝中国共产党成立 100 周年大会盛况。中共福州市委宣传部、福州广播电视台的《福州，听我说》节目中，各级各类学校红领巾学党史、讲党史。福建省广播影视集团除常态传播安排外，还做了一系列重点传播安排，如“童心向党”福建艺术扶贫工程、“思 · 享课堂”：党史教育校园行、987 私家车广播携手福建省妇联的“红色家风进校园”系列活动、“红领巾心向党”第四届小小朗读者大赛、传承红色基因 奉献公益爱心——《帮帮团》“巾帼文明岗”牵手老区儿童“六一”研学公益行等。福建省广播影视集团融媒体平台海博 TV 平台开辟了多项专栏，如“党史学习教育在福建”“奋斗百年路，启航新征程”“辉煌 100 年”“新思想引领新征程 · 红色足迹”“党建引领，近邻更亲”“百年党史铸辉煌——全媒体党史知识竞赛”等专题，结合其他全媒体新闻，进行全方位报道。

除此之外，技术介入会打开新的公共文化空间，如公共空间的大屏幕可以概念化为地理媒介的一个面向，作为植入在特定城市地点的媒介平台，有能力将关于公共领域观念在历史上的不同理解连接起来，这种传播设施在催生新

---

① “新新”向党：福州市两新组织庆祝建党百年华诞系列活动开幕[N/OL].(2021-06-25)[2021-11-20].http://news.fznews.com.cn/dsxw/20210625/60d56dbdebd66.shtml.

形态公共空间方面也有着强大的能力。[①] 这类屏幕技术也整合了现场体验，反映了媒介资源，尤其是大屏幕对于在地身份认同和环境氛围的重要性，大屏式的传播得到了更多的重视，这些大屏幕成为福州城市中心公共空间的核心元素。公共大屏幕上呈现的内容创设了特定的观看场景，与城市的节奏和惯例紧密地勾连在一起。大屏幕的固定性及其集体性导向构成了它的特点——正因为是固定的城市设施，城市居民常能反复接触，也就意味着大屏幕有可能被用于制造城市地点。

### （五）对于当下红色文化传播路径的一些思考

当然，福州市红色史迹的融媒体传播影响力存在较为显著的分布不均情况，具体表现为多平台基础数据缺失严重，融媒体平台运用不足等。福州具有良好融媒体基础及城市品牌影响力，经过建党百年的洗礼后，红色文化史迹的建设方面也取得了阶段性进步。后期仍应当创新红色文化及红色品牌打造的方式方法，运用大数据思维以及数字技术红利，借助数字媒介的影响力进行数字红色内容的打造和传播，进一步强化福州城市文化结构中的红色文化成分，提升福州红色文化在八闽地区的文化引领力。

红色文化内容早已从最基础的出版物、展览等常规方式，借助数字技术升级为在线课程、短视频、剧场、微电影、音乐舞蹈艺术舞剧、卡通 IP、动画、VR、AR 等人工智能技术。在数字技术的加持下，红色文化可以充满科技感，也可以很亲民、很艺术，一改以往过度宏大、宣传色彩浓等弊端，成为城市文化的有机组成部分。正因如此，作为数字化红色内容的思想和创意来源，福州红色文化资源仍然要加大保护开发和利用。一方面仍要加大对红色资源的抢救和保护力度，在红色资源保护开发中，要注重遗存保护，特别是对那些破损严重、面临重大安全风险的革命遗存，要及时采取抢救措施，进行加固修缮或原址重建。二要建立全社会共同参与的红色资源保护开发机制。建立公众参与制度，特别要促进民间团体、学术机构、学者及媒体平台积极参与红色资源的线索认定、保护、传播、修缮和利用等工作，科学地指导红色资源的管理、保护和利用。三要注重红色文化保护利用与城市更新之间的融合发展。要做好红色史迹与周边区域的整体开发，将红色革命遗址保护与城市更新改造结合起来，让红色文化资源保护与城市现代化改造有机融合，建构数字化红色文化新城。

---

① 斯科特·麦夸尔.地理媒介：网络化城市与公共空间的未来[M].潘霁，译.上海：复旦大学出版社，2019：107.

四要致力于提炼出福州的红色文化精神内涵，将这种精神注入城市文化的建设中，融入福州城市的“精神共同体”之中。

## 二、城市作为地理媒介——城市空间传播文化的多种可能

### （一）城市成为红色文化传播的媒介空间

数字时代，当我们研究红色文化的传播时，我们研究的已经不仅是红色文化在媒体上传播的内容或渠道，而且应该是整个城市如何成为红色文化的空间媒介。城市就是传播各类文化的地理媒介。移动和植入式媒介设备，连同被扩展后的各类数字网络，将城市重造为媒介内容与网络连接无处不在、无时不在的媒介空间。城市传播视域下，红色文化与人的感官结合，通过新的知觉方式，增强了红色文化的传播效果。

数字媒介无处不在的特性也正改变着城市的社会空间，这种复杂的改变不只是增加了个人或用户的选择，而是将这种变化扩展到社会生活的各个方面。建构城市边界的传统方法，比如城市的基础设施和硬件建设，对当下城市社会交往的影响越来越小，取而代之的是，分散反复且牵涉全球的传播实践，催生出新的交往关系，而新的交往关系，深刻地重塑了社会交往的整体过程。①

同时，在城市的红色文化传播中，我们还应该思考：新形态的集会和在公共场合与人共处的形式有助于影响文化实践、价值观和信仰的再度创造，可以帮助人们摆脱目前的困境。因此我们应该创造并加强一种能在差异性中寻求共同维度的归属感，以期创造出条件，让数字公共空间发展出世界主义的文明形态。② 因红色文化传播而勾连起的人与人的崭新关系就是归属感，新文明形态的重要动因之一。

### （二）红色文化与公共艺术结合构筑城市文脉

文化认同的建构和生产关涉到现实社会生活中的每一个人，而且它也深深影响着艺术传播自身的运转机制。但是无论是传播学经验学派、批判学派，

---

① 斯科特·麦夸尔.地理媒介：网络化城市与公共空间的未来[M].潘霁，译.上海：复旦大学出版社，2019:3.

② 斯科特·麦夸尔.地理媒介：网络化城市与公共空间的未来[M].潘霁，译.上海：复旦大学出版社，2019:21.

还是媒介技术学派都未能就这个关键问题给出令人满意的回答，而霍尔在这一方面却有非常敏锐地直觉和深入地考察。在他看来，艺术传播是建构文化认同的一种重要机制，其中既充满着艺术传播的符号诗学，也充满着有关权力话语的“身份政治”。一座城市的兴起和沧桑演变，无不铭记着它的住民们在悠长的岁月中，在共同的经验与交流中所达成共识的那些思想、习俗、情感，以及动人的事件和故事。也恰是这些，铸就了一座城市的“活的历史”文脉和精神气质，并且将通过一代一代市民而长远地影响着一座城市——作为集体人格——的“心态”。

城市的这种文脉、气质和心态，常常可以被一个初来乍到的“外地人”清楚地感受到，成为其对一座城市的识别和情感记忆的重要部分。具体地看，当人们来到一座从未涉足的，或是早已司空见惯的现代都市，它的车站、机场、码头、主要街道、广场、核心建筑群、剧院、商业及文化娱乐中心，必然是引起重点关注和形象记忆的中心。那些与城市实用性机能和具有审美价值意义的城市景观相整合的公共艺术作品，由于它们比一般的公共建筑和纯功能性的公共设施等更为直接和鲜明地展示了城市公共领域中不同时期呈现的公共精神、公众意志和公众情怀，并自然地流露了城市的过去、现在，以及对未来的憧憬。因此，城市中的公共艺术常被誉为城市的精灵、城市的眼睛、城市的标识、城市的守护神等。[①]

红色文化与公共艺术的融合输出，就是此类的城市“精灵”“眼睛”般的公共艺术现象。红色艺术作品可以突破以往红色文化传播过于宏大和生硬的刻板印象，更有利于其广泛地传播与接受。

### （三）技术驱动下的媒介融合形成新的城市逻辑

传统媒体的转型和新兴媒体的涌现，成为麦夸尔论述下的“地理媒介”。地理媒介概念指涉有意志化的各种技术构成的新的媒介景观。用地理媒介来命名这种新的状况，就是为了突出当下社会交往过程中，中介与直接之间日益复杂的关系。[②]

数字时代，位置感知服务不仅成为数字媒介最有活力和最为迅速的增长

---

① 翁剑青.城市公共艺术：一种与公众社会互动的艺术及其文化的阐释[M].南京：南京大学出版社，2004：63.

② 斯科特·麦夸尔.地理媒介：网络化城市与公共空间的未来[M].潘霁，译.上海：复旦大学出版社，2019：4.

点，而且也成为更宽泛的各种商业策略的关键。位置感知媒介将个人用户在城市环境中自由活动与大规模数据分析及位置追踪功能结合起来，形成了新的城市逻辑。

媒介虽然过去常常与城市公共空间的消亡及公共领域的商业化联系起来，但如今却成为重造城市的关键力量。地理媒介融合了不同的媒介部门，令数字设备和平台无处不在，在日常生活中大量采用了空间数据和基于位置的服务，并且将分散的实时反馈常规化，拥有这些特点的地理媒介成了塑造城市公共空间的重要力量，地理媒介通过改变社会交往的时间节奏和空间设置，已经成为当前公共空间政治的核心。[①] 当数字技术介入构筑的新型公共空间内，在城市的数字位置感知中增加了红色文化元素，人与城市、人与人之间就有了基于有红色文化而产生的关联、聚合与互动，产生新的逻辑。

### （四）红色文化重塑人与世界的关系

#### 1. 地方感（sense of place）认同：红色文化融入城市形象与符号

地方感对一个城市居民的文化认同感建立非常重要。地方感是指一个地方的特殊性质，也指人们对于这个地方的依恋与感受。对地方发展历史和本土文化元素的多角度传播，为人们营造出一种浓郁的“地方感”审美；城市中各种空间的呈现与相互连接，城市中的人在特定的空间中的行为，都彰显出城市精神的影响。

在地方感认同建立中，红色文化是重要的媒介和载体。红色文化中往往蕴含着地方发展的历史，是深刻印入地方文化基因烙印的元素。红色古迹、红色展览、红色文化活动的出现，让城市参与式公共空间得以建构。在城市中，媒介技术在城市中的位置变化，意味着对媒介和城市空间的体验出现了新的动态，从传统媒介到地理媒介的转变，牵涉到关于媒介城市和社会生活的多种讨论。去中心的传播平台，以及基于同伴交流和网络化合作的传播实践，在当前的城市中以各种形式或形态出现，数字网络的分散特点意味着可以获取并整合多重的信息输入，这使城市居民可以重新定义城市空间的文化氛围，“参与式公共空间”的理想，在实践中显得更为重要。[②]

---

① 斯科特·麦夸尔.地理媒介：网络化城市与公共空间的未来[M].潘霁，译.上海：复旦大学出版社，2019：16.

② 斯科特·麦夸尔.地理媒介：网络化城市与公共空间的未来[M].潘霁，译.上海：复旦大学出版社，2019：5.

红色文化影响社会关系网络，造成生产方式转变，重塑了人与世界的关系，将会成为大众的日常生活、知识生产、传播的新模式。

2. 打破区隔，推动融合：红色文化的功能拓展

红色文化的传播，在促进地方感认同、推进城市文化传播方面均有重要的功能。除此之外，在打破区隔、推动融合方面也能发挥作用。一方面，当我们思考城市如何既尊重多样性又打破区隔时，需要明确城市的价值在于给不同生活方式以存在的空间，给不同的价值观审美趣味以充分的尊重(特别注重保障弱势人群的权利)，促成异质人群之间的最大限度地对话、交流、理解、共处，并为这种对话提供承载平台和空间；另一方面，城市文化的塑造凝聚力的加强，必须充分实现传统与现实的交流融合，城市共同体的建构，依赖跨越时空的传播编制文化与意义的网络，让城市达成时空感的平衡。这张由人类编织的文化和意义之网中，就可以有红色文化参与的身影。

另外，城市空间上如何实现实体空间与心理空间的融合，这是在数字时代下城市发展尤其要面临并且需要思考的问题。街道、建筑、广场、桥梁、博物馆、纪念碑等实体空间组成的城市，与大众媒介建构的虚拟空间并非不能兼容，城市地点提供的场所感承载了个人集体记忆，倾注着公共或私人情感，具有无可替代的价值。红色文物和古迹等实体空间与其中蕴含的红色故事、红色精神等媒介构筑的信息空间，在这里达到充分的融合。

放置在城乡融合的视角来看红色文化传播，会让我们思考城市如何处理城市与社区、乡村，以及城市之间的互动关系。城市与乡村长期以来相互依存，你中有我，我中有你，城乡对立或分化的理念都不是主流。因此城市传播绝非意味着在城乡两元对立的立场中落入城市中心主义的窠臼。正相反，城市传播力图在城乡关系以及城市与社区、国家、世界等多重关系的视野中进行传播研究的范式创新，以促进融合、拓展传播与人的关系。

## 三、展望未来的城市红色文化传播

数字技术崛起，并通过地理媒介形态逐步融入日常生活，已经催生出各种新的传播实践、新的集体性和新的共同性。[①] 麦夸尔的著作从理论上激发读者对传统媒体研究背后的“再现论”范式做创造性批判。通过在不同城市空间的现场实践探索了地理媒介支持的交往在“重造公共空间”方面的可能性。数

① 斯科特·麦夸尔.地理媒介：网络化城市与公共空间的未来[M].潘霁，译.上海：复旦大学出版社，2019：139.

字网络媒介与城市地理元素全面地深度融合，将越来越多的传统媒体转化为地理媒介。

地理媒介与城市公共空间之间的纽带，如今已经成为我们尝试重新理解数字和技术问题的关键场景。这种思考也可以应用于红色文化与城市之间关系的建构和解读中。

城市传播视域下，红色文化与人的感官结合，创造了新的知觉方式，增强了传播效果；数字时代城市空间、人的行为、艺术传播活动可视为红色文化的传播媒介。同时，红色文化影响社会关系网络，造成生产方式转变，重塑了人与世界的关系，将会成为大众的日常生活、知识生产、传播的新模式。红色文化传播建构了新的历史与地方认同感，将成为城市形象建设中的重要部分。

## 第六节　数字幻影：无人机作为城市数字化新地标

伴随着科技的发展进步，无人机产业迅猛发展，无人机＋LED 已然成为当下世界科技圈的宠儿。近年来，大型无人机表演也经常出现在大型活动或开幕的场合，成为整个仪式的重要组成部分。以 2021 年为例，深圳有庆祝中国共产党成立 100 周年无人机表演。海口则有迎接首届消博会的无人机表演秀。天津市滨海新区为了迎奥运健儿凯旋，完成了千架无人机表演。云南大理也举办了“科技追光，遇见大理”的无人机表演秀。厦门市在 1200 架无人机表演中通过百变造型迎接金鸡百花电影节。闽江上空 1500 架无人机集结表演则是为了庆祝建党 100 周年，同时宣传数字中国建设峰会和中国（福州）国际数字产品博览会，展示数字中国建设成果和福州风采。1500 架无人机在空中不断变换出“喜迎建党 100 周年”“数字中国建设峰会”“首届中国（福州）国际数字产品博览会”“七遛八遛，不离虎纠”“中国古船乘风破浪”“祥龙腾空”等不同文字和图案，被通过各种渠道观赏表演的市民称为“超燃应援”。

在国外，各种无人机表演也轮番上演。美国 2017 年的超级碗中场秀上就已经有无人机参与表演。2018 年 10 月 21 日，在美国佛罗里达州迪士尼之泉上空，300 架 Intel Shooting Star 无人机上演了一场名为“星光假日”(Starbright Holidays)的创意灯光秀，空中圣诞树让游客提前感受圣诞气氛。根据电脑提前设定好的飞行路线和显示效果，300 架装载着 LED 灯的无人机在空中不断地变换着彩色图案，打造了一场完美宏大的灯光表演秀。

如果依据泛媒介的理论角度来理解，无人机成规模而非个别出现，并且引发大众市民的关注以及各种媒体渠道的传播现象，说明了无人机的仪式化表演行为已经转化为一种媒介文化，这背后有着深切的文化传播与建构功能。同时，无人机作为一种技术存在，其本身就成了一种地理媒介，成了一种城市表征自我以及市民认知城市的中介。重大活动与事件中，无人机表演构建出了具有共享意义的媒介事件，成为城市精神、市民认同、文化理念的传播载体。本章节着力分析作为媒介的无人机的城市传播意义，以及对于空间的重构、人的交往关系的改变所产生的功能与作用。

## 一、数字无人机技术创建城市新地标

数字时代，由于数字科技的介入，数字事件的发生，除了传统时代留下的城市知名地点外，由于数字新的网红打卡地以及新的人群聚集地点成为城市的新地标。在上海，位于滨江大道即墨路的望江驿 4 号驿站，被取名为“发现”——此空间是市科委、市经信委、张江科创办共同合力打造的城市科技探索空间，通过智能化的场景体验、最前沿的科技沙龙、最潮的极客产品展示，满足群众对美好科技生活的向往，成为市民了解科技生活的窗口，因此当之无愧地成了科技时代的上海新地标。在福州，台江区闽江金融街段，之前是金融企业办公地点的聚集区，但是近年来，这里的地理空间增加了一重新的意义：大型无人机表演场所。因为这里既有高耸的现代城市摩天大楼和夜间闪烁恢宏的霓虹灯，又有福州的母亲河——闽江穿行而过，兼有着现代化都市的城市意象和福州城独特的河流元素，其上空是绝佳的无人机飞行领域。不论是建党 100 周年庆祝大会、世界非遗大会，还是数字峰会等活动，都选择在这里举行大型无人机表演仪式。

2021 年 4 月 24 日晚，1500 架无人机在闽江上空进行了一场约 10 分钟的编队表演。这是目前为止福州举办的规模最大的无人机表演。此次表演主旨是为了数字峰会庆典，无人机在空中不断变换出“喜迎建党 100 周年”“数字中国建设峰会”“七溜八溜，不离虎纠”“祥龙腾空”等文字和图案，并与闽江两岸绚烂夺目的灯光秀共同描绘出“有福之城、有福之州”朝气蓬勃的身姿。[①] 大规模的无人机表演带来的炫目的视觉效果、数字媒体二次传播引发的话题爆炸，在市民的社交圈中有效地提升了对数字峰会的关注度，而这段江面也成为福州市民心中真正的科技新地标。

---

① 福建：1500 架无人机“点亮”福州夜空[EB/OL].(2021-04-25)[2021-11-30]. http://www.fj.xinhuanet.com/shidian/2021-04/25/c_1127372590.htm.

无人机飞行就是种建筑生产的互动实践，既包括对城市空间的观察与探知，又扰乱并改变了原有的城市秩序，将空间与意义重新连接在一起。建筑在此不是单纯的被观察对象，而成了一个可以被体验的环境，一个被实践的地点。[①] 基于此，我们说以上新空间意义的生成与无人机这种媒体关系密切。

城市新地标可以在数字时代产生新的变化，缘于事实上人的大部分情感记忆都可以算是地形记忆，每一次情感的付出与经营都与某个地点有着密切的联系，浅层记忆可以抹去，一旦进入某个特定空间，又会勾连起深层记忆。更有意思的是，“有了地形记忆，人们就可以谈论视觉的年代，甚至谈论另一代人的视觉遗传”[②]。经过几次重复，无人机在此空间的表演已经形成福州市民的集体期待。在 2022 年 2 月 15 日元宵节这天，又一场盛大的无人机表演在此上演。除了在这个中国的传统节日与市民进行情感沟通外，此次的表演还承担着对正在进行的冬奥会的宣传和祝福。无人机对媒介属性愈加突出。

## 二、数字无人机改造人与城市的关系

无人机的出现，让城市中的人——不论是无人机飞手的实践、城市管理层的管理领域，还是城市居民的关注范围，都拓展到了“对空”的维度。这是此类媒体以前不可想象的。“对空”的建筑是城市多样沟通的一种探索，其空间生产过程充斥着政府与公众、再现与建构、封闭与开放等多重传播关系。这些关系最终要通过公众的参与与实践统一体现，可见，公民建筑本质上是可沟通的建筑。无人机飞手得以在城市中重新创造属于自身的空间和意义，通过观察理解城市空间，通过飞行占用城市空间，通过互动改变城市空间，通过大型表演表演重塑城市空间的新意义。[③]

无人机作为一种城市地理媒介，改变城市交往轨迹和重塑公共空间的路径如下：其可以在特定的地点提供附加信息，或地理位置数据还能以其他的方式重塑公共空间。数字技术可以帮助人们更好地建构城市空间，增强使用者对空间进行修改和调整的能力。这些开放的关系性数字艺术作品，通过建立临时的公共情境，培养形成公共交往，利用实验性的数字界面，激发人与人之

---

① 周海晏.建构新媒体时代的“公民建筑” 上海无人机飞手群体“行话”中的空间可沟通性分析[J].时代建筑，2019(2)：20.

② 保罗·维利里奥.视觉机器[M].张新木，魏舒，译.南京：南京大学出版社，2014：27.

③ 周海晏.建构新媒体时代的“公民建筑” 上海无人机飞手群体“行话”中的空间可沟通性分析[J].时代建筑，2019(2)：22.

间、人与环境之间的好奇心以及与他人交往的意愿;通过建构开放式并由参与者推动的公共行为模式,创造人与其他人一起采取行动的契机,拓展我们对于公共空间和公共文化的思考。通过改变网络化公共空间环境的体验,为建立人与城市的关系提供了不同的可能。[①]

## 三、作为一种数字化、动态化公共艺术的无人机表演

在我国主要的节日和大型庆典,都有用烟火来助兴和烘托气氛的习惯。而在现代城市区域,由于城市的生态管理、污染控制等目标的存在,如果能打开创建一种新的应用落地场景,既具有绿色生态的特质,又能承载城市居民对节庆的仪式感寄托,那么以无人机表演为代表的数字形式无疑是当下理想的选择。无人机编队表演也被称为"天幕艺术"——运动控制的艺术,它可以给艺术创作提供新的想象空间,在舞台表演(大型烟花也属于舞台范畴)领域有很大的应用场景。

同时,无人机表演的商业价值也不容小觑。由于规模性、宏大性与视觉上的冲击力、与生俱来的新闻价值,因此其热度和流量的带动力也非常强劲,对政府、企业的形象传播功能也值得重视。城市中的数字艺术如数控光景艺术、数控喷泉艺术、数控焰火艺术等,所拥有的动态化、交互性及其虚拟性实属数字信息时代的产物,除了能够营造视觉观感上宏大、壮美般的意境外,"数字化""动态化""交互性"等审美特征还为城市居民提供了休闲娱乐的审美心境。

城市意象驳杂、繁复、形式多样,数字公共艺术作为形成城市总体意象的主要成分、作为塑造当代城市环境的新形式,能够反映出城市的情调和境界,其存在方式是人们欣赏、体验和感悟的对象。尽管传统静态景观艺术承担着城市环境的主要任务,有着不可替代的基础作用,但因受到数字化公共艺术的不断挑战,某些环节正逐渐失去引领当代城市环境艺术发展方向的主导地位,这已然是不争的事实。[②] 真实现实与虚拟现实成为营造当代城市意境的主体和发展方向。

城市审美意境不仅是人化自然的产物,而且也是科学技术与人造环境结合的体现。无论什么时代,改造自然环境或物化人文成果,均离不开这一规

---

① 斯科特·麦夸尔.地理媒介:网络化城市与公共空间的未来[M].潘霁,译.上海:复旦大学出版社,2019:103.

② 蔡顺兴."诗意之场"的当代性:数字公共艺术营造城市意境[J].民族艺术研究,2015(1):126.

律。后工业化时代，尤其强调数字科技对公共空间的介入，城市公共环境也必然会折射出数字艺术的时代特征。由于数字公共艺术广泛运用于城市环境，使得城市出现了新的不同于以往的建构手段和审美形式，营造出的“诗意”的环境，富有当代数字艺术的审美性，其特有的动态化、智能化、拟真、拟像等艺术属性，有别于传统静态艺术，从而导致当代城市环境艺术规律发生了新的转向。[①] 一方面，各种不同类型的数字艺术形式，以城市公共环境作为其存在和呈现的场所，数字艺术通过加入和参与，成为构建城市景观的主体部分。再加上由于数字艺术对城市公共环境的介入，也颠覆了传统公共艺术规律，传统静态公共艺术由于在内容选择、视觉呈现和信息传播方面延续传统路径而限制了在数字时代的影响，因此逐渐失去了在前数字时代的主导地位。另一方面，近年来不断创新的各类数字艺术表现形式，诸如数控喷泉艺术、数控焰火艺术、霓虹灯艺术等，以智能化与科技化营造出的奇幻景观，成为城市中更为主流和更易被人关注的艺术形式。

## 四、对重大事件的诠释重塑时空，改变人的社会交往

数字技术崛起，并通过地理媒介形态逐步融入日常生活，已经催生出各种新的传播实践、新的集体性和新的共同性。地理媒介与城市公共空间之间的纽带，如今已经成为我们尝试重新理解数字和技术问题的关键场景。正如克莱默尔曾说，人类对于媒介的认识有两个维度：一个是作为传递工具，它只是信息的载体；另一个则是媒介的非器具性，即“作为装置的媒介”。当无人机作为装置的媒介出现在城市上空时，就生产出一个人工的世界，开启新的交往和建立新的经验。不仅提升传播效率，更能生成新的世界，这才是传媒技术的生产意义。[②]

无人机媒介的存在，增加了话语上多元的连接关系，更重要的是提供了公民直接深入建筑的多元且多样的体验关系。新媒体带来了个性化的感知认知，也为中介的社会活动与空间体验带来了新的城市认知，带来了新的市民认同，建构了人与空间的关系以及人与城市的关系新维度。我们每个人都有切身经历，当前数字技术发达，随着虚拟交往的经验积累得越来越多，实体而具

① 蔡顺兴.“诗意之场”的当代性：数字公共艺术营造城市意境[J].民族艺术研究，2015(1):126.

② 西皮尔·克莱默尔.作为轨迹和作为装置的传媒[M]//传媒、计算机、实在性：真实性表象和新传媒.孙和平，译.北京：中国社会科学出版社，2008:64-85.

身性的实践在很多情境下被取代，带来了便利和创造了新经验的同时，具身性体验却慢慢缺失。桑内特强调在公共场合与他人的交往，强调具身实践能够培养共存所需的社会技能。① 阿伦特则强调，公共空间的公共性是靠像政治机会和演讲这样的具身行动来建立的。② 以上可以看出具身性的交往和实践一直是公共性建立的重要手段，而无人机作为装置媒介，其在促进公共场所具身性活动方面也有独特的贡献。

我们都知道，在城市中，建筑从属地到对空的空间关系拓展对城市尤为重要，因为城市本身就是“建筑森林”，是地理学中的神经丛，是流通交换和互动的地理网络，其重要网络交汇处往往伫立着公共建筑。③ 而无人机的灵活性让它超越了人的身体可以到达的空间，比在高楼上俯视或者固定空间、室内空间和室外空间的表演更具有灵活性和突破空间边界的能力。另外，空中表演的观看者是城市低空生产关系中的弱势群体，无人机在天空的表演更能彰显主办方和政府城市权利，是其维护自身利益的重要尝试，一种强势的表达，是一种认同的传播，给予公众一种对城市共同认同的信心。同时，无人机的表演有利于人们对建筑的认知和理解，有利于公众传播实践活动的开展，有利于构建新媒体环境下的城市的数字建筑。④

斯科特·麦夸尔在《地理媒介：网络化城市与公共空间的未来》一书中阐释了地理媒介给城市传播带来的深刻变革：数字媒介与城市公共空间之间的复杂关系改变了机会、偶遇和交往的动态，在城市场景中带来新的力量、节奏、规模比例和情感体验，关注媒介如何通过具体界面和传播规则来塑造城市公共交往。媒介技术迅速以各种新形态如大屏幕、墙面、灯光等嵌入城市已有的地理空间，重新安置了非具身性的碎片化主体，这种嵌入和安置将媒介技术原本对交往的时空设置叠加糅合到广场、公园、步道那些本就设定市民聚散流动的时空安排之上，这种叠加混杂是生成性的地理与媒介的联姻，改变了城市公共空间中公共交往的形态，创造出身体“集体在场”的新城市体验，也重新划定了个人边界与松散接触间的平衡点。⑤

---

① 桑内特.公共人的衰落[M].上海：上海译文出版社，2014.

② 汉娜·阿伦特.人的境况[M].王寅丽，译.上海：上海人民出版社，2017.

③ 路易斯·芒福德.城市是什么[M].南京：江苏人民出版社，2006：91-198.

④ 周海晏.时空大数据：数字化城市的“假体观视”：无人机航拍技术对城市时空关系的重构[J].福建论坛(人文社会科学版)，2017(12)：175.

⑤ 斯科特·麦夸尔.地理媒介：网络化城市与公共空间的未来[M].潘霁，译.上海：复旦大学出版社，2019：6.

无人机媒介的存在，也有力地朝"成为公共"的目标迈进着：地理媒介通过改变社会交往的时间节奏和空间设置，已经成为当前公共空间政治的核心，城市公共空间作为城市交往和沟通时间节点的功能，正在被新的逻辑全面地改造。当然地点从未消失，相反，许多特定的场合和时间正从时间和空间维度被重新打开，并且成为具有信息获取、记录归档和分析能力的新媒介。今天城市的日常恰恰成为地理媒介发挥作用的领域，包括城市广场大屏幕、墙面投影和大屏幕等多场城市公共空间的数字艺术实验。这些开放的艺术实践，将城市生活所有交往关系作为审美对象加以重新审视，媒介技术、具身行动和城市地理元素的深度融合，共同造就了"成为公共"的体验，打开城市生活的审美维度，同时推动了"成为公共"的过程。[①]

经过对无人机这种新型的城市媒介的了解和认识，我们再次确认了：媒介不仅是工具性的，还具有生产性的意义。媒介塑造了城市体验，创造了城市景观，由此改变了人类对于自身、世界的认知。归根结底，数据"时间域"也是一座"媒体城市"[②]。

---

① 斯科特·麦夸尔.地理媒介：网络化城市与公共空间的未来[M].潘霁，译.上海：复旦大学出版社，2019：7.

② 斯科特·麦夸尔.媒体城市[M].邵文实，译.南京：江苏教育出版社，2013：1.

# 第五章　数字时代下的乡村媒介

梁漱溟曾指出:“乡村建设,实非建设乡村,而意在整个社会之建设。”[①]因此城乡两者并非割裂与区隔的,而是整体和联动的。实现乡村振兴,也不是单一的只在乡村发力和做文章,而应当跳出单一乡村的视角,从城与乡的关系中找出路。实现乡村振兴,更多的是在城乡融合中提高乡村在新时代的自我发展能力,实现农业农村的现代化。城市与乡村在数字时代的发展与振兴,可以放置在城乡融合的视角审视。继在上一章节对城市在数字时代新媒介、新空间、新交往的理论与实践进行关注后,本章将关注的视角转向乡村。同时,我们也能从国外学者的观点以及其他一些学科角度来理解这个问题。国外学者也纷纷关注到了中国城市和城镇的发展。著名地理学着爱德华·苏贾被称为是“一个游走于世界的行吟地理学者”,他提出了“空间正义”的说法。2013年6月,他在接受上海《东方早报》采访时,就表现了对中国城市发展的学术关怀。他说“区域城市化”正在成为城市发展的新模式,这种模式出现在包括洛杉矶、华盛顿和旧金山在内的很多美国主要城市,也发生在北京、上海、广州等中国城市,它正在打破以往大都市的边界,创造出很多大型的多中心、网络型城市。旧的都市模式将城市分为市区与郊区,新的发展模式则是指中心城市外围地区的发展。在这里,一个主要城市周围可能会有几个次中心城市同时发展,如中国珠三角地区深圳、香港、广州、东莞这些城市之间就进行着互动性的网状发展。苏贾将这种现象称为大区域城市化进程,它兼具地区性和全球性两种特性。区域城市化将消除市区和郊区的界限,模糊市区、郊区、农村的概念。针对当下中国共时性地遭遇城镇化、大都市化、区域城镇化等问题,苏贾认为需要用社会空间辩证法这一方法论视野来认识,并密切关注和设法解决与区域城市化相伴随的空间利益不平等、空间非正义等问题。[②] 因此,空间

① 梁漱溟.梁漱溟全集[M].济南:山东人民出版社,1990:150.

② 爱德华·W.苏贾.寻求空间正义[M].高春花,强乃社,译.北京:社会科学文献出版社,2016:13.

是研究城乡融合发展的一个很重要的切入角度。在探讨空间的媒介属性、空间融合、空间利益、空间正义方面的问题的同时，也有对城乡融合研究思路的重要贡献。

本章的研究主要依托福建省的真实案例。在近年的乡村发展与振兴实践中，福建省涌现出一批典型案例，笔者根据自己所在的高校“乡村文化研究院”的研究项目出发，结合自己的田野经历，收集研究了众多的乡村案例，其中涵盖了通过艺术介入振兴乡村的屏南县龙潭村，通过在地文化研学项目的设计推广促进融合的泉州市永安村，通过传说文化资源的发掘助力振兴的屏南县后章村，通过“非遗＋乡村振兴”打造剪纸文化发展特色村的宁德市柘荣县靴岭尾村，以古民居、博物馆为载体传播农耕文化、打造新融合空间的屏南县漈头村，通过特色产业文化作为融合媒介的屏南县北墘村等。这些经典案例不仅反映了福建的乡村围绕自身条件、在地文化、产业特点等独特的资源优势努力探求走出特色乡村振兴之路的努力，更能将其放置在数字城乡融合的背景下，重点关注其结合数字时代背景的新范式、新思路，以及乡村振兴措施中促进城乡融合的传播与文化意义。

## 第一节　艺术介入作为城乡融合的新媒介——屏南县龙潭村

### 一、屏南县龙潭村简介

屏南县龙潭村是艺术介入乡村振兴的经典案例，因其用“文创—旅游”模式成功激发乡村减贫内生动力，创新走出“艺术＋乡村振兴”的路子，在一个破败的老旧村落实现了艺术和文化的复兴，成为在全国艺术乡建领域颇为知名的“网红村”。

龙潭村位于福建省宁德市屏南县熙岭乡，是该乡的第三大行政村，位于屏南县东部，东与四坪村和代溪镇忠洋村接壤，距代溪镇 10 千米，西与古田县吉巷乡水竹洋村接壤，距天湖顶湿地 12 千米，南与圪头村接壤，距古田鹤塘镇 16 千米，北与三峰村接壤，距乡政府所在地 11 千米。村落面积 2 平方千米，全村人口 1000 余人，340 户，辖 3 个自然村 16 个村民小组。龙潭村旧属古田县管辖，旧称福建省福州府古田县青田乡移峰里三十都四保西溪境龙潭里村（今熙岭乡龙潭村）。

龙潭村曾经是闽东驿道交通网络上的一个大村，然而在20世纪80年代，工业化浪潮袭来时由于地缘的劣势，龙潭村变成了一个交通闭塞的留守山村。2017年5月，在屏南县的"文创—旅游减贫项目"带动下，龙潭村通过建立文创试点、培育"文创—旅游"种子、推行"认租15年"规划、完善乡村基础设施、推进老屋再生工程、创新管理机制等措施，开始实施文创产业助推乡村振兴计划，让这个老山村找到了焕发新活力的契机。除了转变生产方式让原村民回归、新村民落户、启动新业态以外，还兴建了便利店、民宿等设施，龙潭村集体经济收入从几乎为0增加至2019年的16万元，村民人均收入18350元，比项目开展时增加了3倍，龙潭村的村容村貌也发生了翻天覆地的变化。2020年8月26日，龙潭村入选第二批全国乡村旅游重点村名单。①

## 二、屏南县龙潭村的艺术乡建策略

艺术是文化的形象化表达，是地方文化的符号表征。通过艺术项目创造新的景观，作为社区发展的新的动力源，这一新趋势引起了社区民众的极大兴趣。将艺术从博物馆、美术馆中解放出来，让它融入社会，进入日常生活，真正实现艺术为生活服务、为人们的审美服务，这也是对传统艺术展示方式的一种突破。艺术家通过与本地居民的合作，共同开发本地的文化资源。通过活动创造景观的可能性，居民在体验艺术项目时，可以将作品作为工具来向游客解释他们的记忆，并使他们的生活习惯形象化，以确保他们文化的独立性，通过与访客的互动来改变文化认知。与传统的艺术展示方式不同，这些是美术馆、博物馆之外的艺术展示，是真正的艺术融入生活与社会。这种做法为社区再造提供了新的思路，创造出新的生活方式和价值观念，重新创造了当地生活。

### (一)配套政策和管理机制先行

屏南县委先后出台《屏南县村级小额工程建设项目招投标管理办法(试行)》《屏南县村账乡管工作实施办法(试行)》等，以全程公开、透明的方式，采用投工、投劳及"工料法"计算工程成本等管理办法，保障项目建设资金安

① 福建屏南龙潭村：文创—旅游激发乡村振兴内生动力[EB/OL].(2020-04-16)[2021-10-30].http://www.fj.chinanews.com.cn/news/fj_zxyc/2020/2020-04-16/464776.html.

全的同时，快速推进项目的高效建设。从2015年开始，屏南县委、县政府大力推进全县文创工作，先后出台了《屏南县促进文化创意产业发展的实施意见》《文艺精品扶持奖励办法》等系列政策，为吸引文创人才、留住人才营造良好的政策环境。县政府每年安排专项财政预算用于文创产业的引导、扶持和孵化，县、乡、村三级共同构建"政府＋艺术家＋农民＋古村＋互联网"的文创发展模式。

县、乡、村三级组织因地制宜，创造性推出"认租15年"的规划：由村委与祖居户主签订15年期限房屋租赁合同（宅基地30年），"新村民"再与村委签订租赁合同；"新村民"出资、村委代租代建，在15年内每年每平方米只收3元租金。老屋得以"新生"，新村民也以较小的代价进入乡村生活。

### （二）建立文创试点，打造"文创—旅游"发展方向

2015年4月，屏南县在漈下村建立文创试点，引进"人人都是艺术家"公益油画教学项目；10月，在双溪镇建立文创人才基地"安泰艺术城"，以培养"文创—旅游"人才为核心，激发乡村减贫的内生动力。2017年5月，熙岭乡决定以龙潭村为文创基地，选送30多位村民作为"文创—旅游"种子到双溪安泰艺术城学习油画与新媒体营销。以他们为骨干，在龙潭村开办公益画室，利用互联网聚集流量，吸引海内外各界关注公益艺术教育与文创的目光，进而吸纳新村民的到来。

### （三）大力完善乡村基础设施

2017年以来，县政府新建了熙岭经三峰、龙潭至墘头12千米四级公路；在龙潭村建设了村民艺术公益教学中心、美术馆、博物馆、音乐厅、文化服务中心、休闲广场、乡村党校等文化设施；推进老屋再生工程，盘活龙潭村100多座老宅，保留古宅夯土墙、黛瓦木构的传统风貌，屋内结合现代生活需要，打造书吧、工作室、咖啡屋、音乐厅等文创空间；利用当地工匠，激活乡村传统营造技艺。[①]

① 福建屏南龙潭村：文创—旅游激发乡村振兴内生动力[EB/OL].(2020-04-16)[2021-10-30]. http://www.fj.chinanews.com.cn/news/fj_zxyc/2020/2020-04-16/464776.html.

## 三、屏南县龙潭村艺术乡振的成效与反思

### (一)从数据增长方面来看

艺术介入乡村以来,反映在数据上的变化可以说是非常直观有效的。龙潭村从之前的空心村变成了现在的网红村,“文创—旅游”的路子被证明是可行的,成功达到了减贫目的。从 2017 年 5 月以来,龙潭村常住人口从不到 100 人增至 600 人,游客从 0 增至年 20 多万人次,公共设施空间包括便利店、民宿等不断增加。龙潭村集体经济收入从几乎为 0 增加至 16 万元(2019 年数据),村民人均年收入比项目开展时增长了 3 倍。

### (二)从“人”的变化来看

自从走了“文创—旅游”的路线,原来外出的大批老村民回归兴业。他们将自家改成民宿、小卖部、餐馆、咖啡厅,融入了产业链,其作为传统农民的身份发生了改变,成为新文旅从业者。被龙潭村的艺术环境吸引的新村民,也大量迁移定居在龙潭村,同时,他们还带来了城市文化和行为模式,例如,将新兴数字媒介引入乡村传播,也让整个龙潭村步入数字时代的潮流。龙潭村能够在较短的时间里成为“网红村”,成为福建省乃至全国的乡村振兴典型,正是依靠着互联网的力量,从数字媒体的渠道中取得的突破。不论是龙潭村的老村民,还是迁居而来的新村民,人在龙潭村以艺术为中介相遇,极大地改变了龙潭村的文化生态和村民的精神面貌。

### (三)从乡村品牌形象来看

“文创—旅游”的发展路线赋予传统乡村以新的品牌价值。不仅“艺术网红村”这个称号为龙潭村带来了流量,龙潭村原有两项省级非物质文化遗产:红粬制作和黄酒酿造技艺也得以复兴传播。之前其作为空心村的现状导致这两项非遗均没有得到有效的传承和传播,在乡村振兴政策之后,老村民和新移民合力共同推广红粬、黄酒的文创项目,并依托这两项非遗文化,建立起龙潭酒博物馆,举办开酒节等,使文创项目融入了龙潭的发展定位,将本土文化的振兴融入艺术乡振的策略,取得了巨大的成效。

下一步,龙潭村还有更完善的部署:通过进一步营造乡村艺术酒店、户外运动基地等新项目,培育文创＋农业、文创＋旅游、文创＋互联网、工业＋文创、文艺＋文创等新模式、新业态,继续致力于传统文化的传承,此外,还要重

点保护当地的文化和非遗品牌"四平戏"。

## 四、当艺术作为城乡融合新媒介

### （一）艺术的生活实践性

艺术现在已经不再是束之高阁，只有精英阶层才可以享受到的文化，它与普通人的日常生活关系已经越来越密切。艺术实践均可以用来改造和丰富社会公众的日常生活，提升生活环境和人的交往方式，这在城乡都是适用的。

当艺术出现在平凡而司空见惯的生活场景，包括乡村日常生活中的时候，加上其渐渐地褪去地域性、阶层性，更加注重艺术与当地的结合性，这就凸显出了艺术的使命与实践方式，同时体现了艺术的公共性。艺术介入乡镇的未来将会是一种更加多元的社会建构与改造，也是一种促进融合丰富传播的尝试。

由于艺术的介入，乡村公共空间设计的变化、人文氛围的增加、生活品质的演变，就发生了密切的关联，艺术家通过自己的创作，通过自己的文化视野以及作品在乡村的展示改变乡村社会的道德情感、村民自我身份与价值的认知以及公民个体和社群利益的认同，具有更为贴切的时代意义和恒久的社会文化效应。[①] 如在龙潭村的实践中，龙潭村的村容村貌发生了巨大的变化，这里多了诸如艺术博物馆、美术馆、体验馆、教学场所、咖啡馆等新型的乡村空间，带来了一种现代化的文化交流和生活方式的传播。另外，很多村民自发地加入艺术的项目中来，参与这里的艺术公益教学和油画的学习。龙潭村的"安泰艺术教育中心"喊出"七天学会画画，人人都是艺术家"的口号，将公益美术教育作为一种链接村民的媒介，不仅创造了村民之间崭新的相遇，也点燃了村民心中的文化认同和文化自信。此类实践真正地做到了艺术就是生活、艺术就是实践，乡村艺术的发展境界以及对艺术的关注达到了一种前所未有的高度。

### （二）艺术的文化公共性

在艺术介入乡村振兴的过程中，艺术与乡村社会关系的转型密切相关，并且参与这种关系和转型的重新建构，从中呈现出艺术的时代性和公共性。公

---

① 翁剑青.生活实践与地方关怀：公共艺术的文化逻辑与方式[J].公共艺术，2013(3)：27.

共性是哲学、政治学等人文社科领域都重点研究的经典性学术议题，是指公共的性质、特征、属性与特质，理解公共性的核心在于厘清"公共"之意涵。因此公共性更注重可分享性、共有性、公有公用的基本含义。公共性也是对政府职能与结构、政府制度与政策、政府与社会关系等进行理论审视与规范审查的重要依据，也就是说政府的职能与结构需要做出符合公共性规范的调整，不断适应公共领域的结构转型，以确保政府主动、及时地回应公共需求，充足、优质地供给，并公正、平等地分配公共服务。①

艺术等观念形态在如此广大的领域富有影响与建树，可能使之成为具有潜在意义的社会价值和时代特性，而通过政府、社会、个人资源的协作，以及经由公众参与的公共艺术，恰是当代艺术介入人们日常生活和干预社会现实的重要方式和途径。② 龙潭村的艺术已经深入乡村社会关系的转型和建构中，艺术成为乡村的收入来源、成为村民的集体认同，乡村政府的职能和结构也逐渐符合公共性规范的调整，及时地回应各种公共需求。在公共服务方面，基于艺术的传播和艺术家的需求也在提升乡村政府的公共性。

### （三）艺术的空间性

在马克思主义思想中，时间曾被认为是塑造社会生产的积极实体，空间仅仅是社会关系发生的场所。大卫·哈维、多琳·梅西和爱德华·苏贾等地理学家第一次提出了空间在产生社会关系中的重要性。法国哲学家列斐伏尔在《空间的生产》中指出，空间研究的一个关键问题是将空间实践理解为社会对空间领域的"投射"。同时，列斐伏尔还建议这种关系是双向的："空间和空间的政治组织表达了社会关系，但也反作用于社会关系。"③

爱德华·苏贾则将列斐伏尔的这一概念描述为"社会空间辩证法的基本概念"：社会和空间关系是辩证的，相互反映、相互依存的。社会生产关系既是空间形成的，也是空间决定的。在强调后现代时期空间而非时间的重要性时，文化地理学的空间转向吸引了来自各种学科的学者们。而到了 2002 年，反思地理学的时机已经到来。在由地理学家迈克·克朗（Mike Crang）和奈格尔·思瑞夫特（Nigel Thrift）编辑的论文集《思考空间》中，作者们回顾了开创

---

① 丁志刚.公共性研究的路径及推进[N].中国社会科学报，2021-12-31(4).

② 翁剑青.生活实践与地方关怀：公共艺术的文化逻辑与方式[J].公共艺术，2013(3):26.

③ 列斐伏尔.空间的生产[M].刘怀玉，等译.北京：商务印书馆，2021:10.

性的理论,他们的"空间思维"影响了许多地理学家,确定了一些空间思考的新主题,如经验和旅行对地理学家的影响。围绕着空间实践,艺术和地理学之间也有了新的交集。

除了列斐伏尔之外,空间理论领域的另一位同样有影响力的是人类学家米歇尔·德·塞托(Michel de Certeau)。他在其开山之作《日常生活的实践》中发展了对与语言实践有关的地点和空间的理解。在这里,语言是构成语言的规则和惯例的综合体。对德·塞托来说,"空间是一个实践的地方"[①]。德·塞托对空间作为社会生产和经验的理解与文化地理学家的工作产生了共鸣,他强调要进入日常生活时间的场域中去分析实践、建构理论,从日常生活中发现文本。在实践具体地点时,某些艺术作品便关联了关键的空间。

从社会学家到地理学家再到人类学家,都有对空间的不同理解,但确定的是,学者们一致地看到了空间对社会环境、社会关系、文化和艺术生产带来的作用。在城乡融合的问题域中,乡村新空间的出现完成了一种空间生产,产出全新的研究文本、社会结构、村民关系以及文化特征。龙潭村的乡村空间中,有了"47 棵树"美术馆、安泰艺术教育中心、艺术家工作室、休闲娱乐空间、乡土博物馆、古宅古院等新融合空间,打破了乡村空间设置和布局的刻板印象,在这里真正践行了空间对于社会环境关系以及文化艺术带来的能动作用。

### (四)数字时代艺术助力城乡融合路径思考

#### 1.创新艺术形式

在艺术介入乡村的策略中,艺术形式的创新也是值得一提的。各类公共艺术、交互艺术、数字媒体艺术等,都是数字时代下艺术介入途径的创新实践方式。

当然我们要注意,作为人文与社会文化形态的公共艺术的创作与实施需要拥有丰富的文化经验和文化资源,以及特定地区的公众参与和社会认同。因此公共艺术的社会介入与传播理当优先发掘和尊重其地域文脉、地域特性和地域性的价值优势,使公共艺术与其所在地区的社会文化生态、空间环境及社群的利益诉求之间产生贴切的关系。已有的实践告诉我们,只有尊重和善于结合当地社会的文化内涵、地方经验及地域性元素,才能使公共艺术在振兴和改造地方社会的过程中与当地社会产生积极而有效的互动关系;只有合理

---

① 米歇尔·德·塞托,吕斯·贾尔.日常生活实践:实践的艺术[M].方琳琳,译.南京:南京大学出版社,2015:14.

保留和发挥地域社会文化和自然形态的资源特性，才能成就艺术自身的独特性和鲜活性，并与当地社会公众的认知与文化诉求产生共鸣。否则，所谓的公共艺术往往只能成为少数艺术家或某种长官意志的自我表现与视觉形式，而缺乏公共艺术应有的真实的社会特性和鲜活的地域特性，从而也缺乏对于地方历史文化与现实生活的融入和持久的生命力。①

龙潭村的整体建设从空间的设计营造上就基于当地的自然环境，从古村项目入手，寻找本地建筑的自身特点。从当地的老宅子中开发建造出的文化艺术创造空间，具有空间和形式上的独特性和不可替代的特性。整个村子的艺术和文化创意产业基于自己的地域优势，四平戏等文化产品、闽派黄酒等酿造记忆的文本开发均做到了尊重当地地域文脉、地域特性与价值。

2.创新传播形式

在艺术介入乡村振兴中，可以在传播形式上结合市场的需求和年轻人的喜好，在已有的装饰艺术、交互艺术、媒体艺术、移动互联传播等基础上打造出一些新的传播形式。例如，当前比较流行的沉浸式数字艺术体验馆，在此类管理艺术展中，游客可以置身于艺术装饰中心，并且完全沉浸于其中，打造出更理想、更优质的感官体验，提升艺术传播效果。此类沉浸式、互动式、情景式的新型艺术体验是典型的通过数字赋能让艺术活起来，强化传播效果的新尝试。

另外，全面数字化的手段可以解锁艺术的共享时代，尤其是在当前的新冠肺炎疫情的影响之下显得更为重要。例如，法国巴黎的卢浮宫，在疫情影响下处于闭馆状态时，也没有停止对卢浮宫馆藏宝藏的文化传播。该馆将其馆藏的 48 万件藏品均进行了数字化的加工，然后将其放置在官方网站上，这样网民便可以足不出户地查询到最正宗权威的卢浮宫馆藏的全面信息并进行下载。纽约大都会艺术博物馆、大英博物馆、日本正东京国立博物馆等，都尝试用这种方式完成人类文明的共享和传播。未来，人们更可以从共享的平台上，通过 3D 图像以及 3D 打印技术获得艺术品的消费。这一方面，谷歌的“艺术计划”就是致力于人类文明共享的这种目标的知名艺术数字化项目。

除此之外，数字化的成果还可以搭载 VR、AR 等先进的互联网技术优化用户的观赏体验和互动体验。例如，巴黎卢浮宫曾经为纪念达·芬奇逝世 500 周年推出了 VR 体验项目——“蒙娜丽莎：越界视野”。该项目通过 VR 眼镜，弥补了以往的实体观看蒙娜丽莎时的体验不足，并且还帮助观看者进一

① 翁剑青.生活实践与地方关怀：公共艺术的文化逻辑与方式[J].公共艺术，2013(3)：27.

步的体验感受达・芬奇创作这一幅画时所用的晕涂法技术。

在国内,说到这方面的成就,不得不提到敦煌莫高窟的数字化生活。众所周知,莫高窟的游客热情很高,而景区的接待能力却有限,文物保护不堪重负,面临着巨大的压力。再加上2020年开始的新冠肺炎疫情的影响,双重的压力让莫高窟开始寻找数字技术的解决方案。早在2016年,“数字敦煌资源库”就已经上线,而在2020年初新冠肺炎疫情暴发时,敦煌研究院联合腾讯研发上线了“云游敦煌”的小程序。这个小程序一推出就引爆了用户的关注热情,当时的浏览量达到1200万人次,这相当于整个甘肃省一年黄金周接待游客量的一半,可见数字化的推广量和传播度是相当惊人的。除了游览之外,云游敦煌小程序里还有很多可以互动和体验的文化创意项目,并且还有可供购买的文创产品。这些均为值得学习的创新传播方式。①

2021年2月,中共中央办公厅、国务院办公厅印发了《关于加快推进乡村人才振兴的意见》,文件中明确表示支持熟悉乡村的首席规划师、规划师、建筑师、设计师及团队参与村庄规划设计、特色景观制作、人文风貌引导,提高设计建设水平,塑造乡村特色风貌。这也是从政策层面上对艺术介入乡村振兴可行性和引导性的认证之一。

近年来,艺术介入乡村振兴从政策层面上的促进到实践中的执行,均有较大的推进。在中国的乡村振兴实践中,越来越多的乡村有了美术馆、图书馆、艺术家工作室、写生基地等公共空间,艺术家之间、村民与艺术家之间均有了交流互动的场景,并重建起村民生产生活的新公共空间。通过共同参与艺术实践并产生合作,村民成为公共艺术的受益者、创作者和组织者。

艺术介入乡村振兴作为一种乡村建设理念,其将艺术融入乡村建设,使得乡村建设的模式呈现出更多元化和创意化的发展特点,乡村振兴和建设的内容也因为艺术的加入而更加丰富,满足了新时期乡村振兴发展的需要。从建设过程来看,艺术介入乡村不只关注艺术,还通过艺术的产业振兴来带动经济振兴、文化复兴、社会管理等诸多层面。在实际建设中,融入艺术理念和艺术气息,更容易为乡村注入活力,实现乡村物质层面和精神层面的双重提升,促进农村社会经济、生态、文化的全面可持续发展,有利于乡村建立起艺术生态和文化生态,有利于通过艺术连接更多的人的交往活动,是有利于乡村经济振兴、文化建设、环境建设和治理管理等多管齐下的策略。

---

① 宋佳煊.“全民数字化”解锁艺术的共享时代[N].中国文化报,2021-04-25(7).

同时，艺术介入乡村也有利于城乡共生融合发展，使城市和乡村处于一种平衡状态之下，实现社会经济、生态、文化的和谐与可持续发展。通过艺术这种手段，可以深度挖掘城乡共生融合的共同点和契合点，为城乡一体化管理与发展创造可能；以艺术为基础的共生产业的发展，也可为城市与乡村的繁荣与发展提供物质保证。龙潭村的各类艺术培训与研学产业就是这样的共生产业，有效地促进了城乡融合和交流，并且助力龙潭村形成独特的乡村文化。

艺术介入乡村振兴的路径和意义还有更多可能。而艺术在当地的时间和空间中，也会逐渐增强公共性，对乡村产生文化与精神共同体层面的影响。同时，数字化改变了众多领域既有的结构方式，为创新提出了更高的要求。在艺术振兴乡村的领域，数字化带来的创新需求也迫在眉睫。从以上的经验中，乡村可以多考虑如何去打造新的数字化成果、优化数字化内容并且寻找数字化的平台，以及如何构建数字化传播，扩大乡村品牌和产品的影响，致力于打造数字时代“艺术促进城乡融合”的新路径和新经验。

## 第二节　乡村研学文化新空间与城乡融合——泉州市永安村

### 一、泉州市马甲镇永安村简介

福建省泉州市洛江区马甲镇永安村以永远安定的意思取地名，故名为永安村。新中国成立前，这里属永安保，解放初则归属梅山乡，再往后则归属杏山乡。1958 年建队时命名永安大队，1983 年改为永安村委会，全村现有总人口 2600 多人，586 户，辖 13 个村民小组。村落面积约 3 平方千米。村部建于 1992 年，建设面积 500 平方米左右。永安村有优质的文化建筑资源，包括清代古民居建筑 32 座。当前，永安村有新建民居楼（三层以上）170 多座。物产经济以农为主，主产稻谷、花生、甘薯、芋头、玉米；茶果、造林为副，个别种植药材麦冬、郁金香等，水果有龙眼、荔枝、枇杷等。在这样的基础上，永安村在乡村振兴中走出了一条基于花卉种植发展出的蝴蝶兰种植售卖以及文化创意产业开发之路，同时通过研学空间的设立推进城乡融合和人的交流，提供了可供研究和参考的新经验。

## 二、福建省泉州市永安村的乡村振兴实践

### (一)以花卉产业树立一村一品

永安村在种植花卉方面,有一定的历史渊源。20世纪80年代,永安村就已经开始种植花卉,当时几乎一半以上的村民都会在自家的田埂上种植不同类型的花卉。但当时的种植更多是个体行为,难成规模,也未能制造可观的经济效益,更不可能成为脱贫致富的重要产业。2012年,新任永安村党支部书记杜振忠下决心要提升集体经济创收能力,因此采取了一系列措施。一方面,杜振忠及其班子学习兄弟乡村的发展经验与发展模式,将原来零散的花卉种植户聚合在一起,集中发展花卉产业,打造花卉产业链;另一方面,他思考从花卉种植衍生出的生态旅游可能性,将花卉产业形成规模化种植,现代化、标准化生产,提高产品品质和经济效益。从2013年1月开始,村委8个班子成员注册成立了"湖景花卉农民专业合作社",发展农民专业合作社和股份合作,征求村民志愿加入。从种植到售卖,村民都主动参与,形成了合力的态势。

当时,村领导班子和蝴蝶兰种植企业家蒋思红达成合作,依托永安村花卉产业发展的悠久历史和已经形成的坚实基础,再引入成熟的企业经营管理模式,打造蝴蝶兰养育基地,让花卉产业达到规模化发展。合作成型后的蝴蝶兰基地,采取"合作社+公司+经联社+农户"的发展模式,企业带动农户发展,通过技术养殖,形成产业联动。现在,蝴蝶兰的规模化生产步入正轨,已被永安村列为"一村一品"的指定产品。蝴蝶兰并不是本土品牌,但是永安村通过将基地规模做到最大,以规模效应获得了资本的关注,形成了产业优势,带动了乡村经济的发展,也让这里成为"蝴蝶兰的第二故乡"。

养育蝴蝶兰的6年时间里,永安村集体经济收入从0增长到20万元,并带动了60多户村民实现人均年增收7000元。蝴蝶兰基地的盈利不仅带动了村委财政,也带动了村民就业。2016年,永安村已摘掉贫困村的帽子,实现全面脱贫。蝴蝶兰作为驱动当地农村经济的重要引擎,成为永安村美丽乡村建设的支柱产业。到2020年,永安村的花卉产业链基本形成,从事花卉产业的劳动力已经增加到800多人,村民年人均收入从14000元增加到20000余元,村委财政年收入增加到50万元。这些数字都非常令人振奋。

### (二)依托蝴蝶兰养殖产业进行乡村环境改造

在永安村,蝴蝶兰产业并没有停留在种植单一的模式,而是通过一系列乡

村改造，带动乡村发展。如通过新品类的研发、单株售卖模式的推行、电商直播渠道的打开等，增加了蝴蝶兰的销量。与此同时，基于蝴蝶兰种植销售，永安村引入了专业文创团队，打造专属蝴蝶兰IP和文创衍生产品。将蝴蝶兰IP扩展和活化，以文化符号的形式进入其他领域，是对乡村内环境和空间的重整。

永安村经过村委与专业公司讨论，将蝴蝶兰生产基地局部改造成“蝴蝶兰庄园”，把厂区变景区，由村集体返租改造，并委托专业团队进行运营。现在的永安村，有一座看起来很现代和壮观的“蝴蝶兰庄园”，这个复合空间的功能也很多元：前端是水吧、灯光秀、T台、打卡点等空间布置，集体验、沟通、观赏、传播等功能于一体；后端是蝴蝶兰种植园区和展示区，集生产和观光工场功能于一体。从空间上来看，蝴蝶兰基地作为永安村的一大旅游地标，既可以展示永安深厚的蝴蝶兰产业根基，又可以提供乡村旅游独特的产品，为后续旅游业态的开发如餐饮、研学等新业态的发展奠定基础，也为科技注入乡村振兴提供呈现的平台和基础设施方面的支持。

### （三）基于蝴蝶兰IP组织各类促进融合的活动

蝴蝶兰文化IP有利于进一步传播蝴蝶兰产业。2020年9月30日，永安村蝴蝶兰产业对接会在蝴蝶兰庄园中举办启动仪式，这也标志着永安村蝴蝶兰产业的又一次升级。蝴蝶兰节内容丰富多彩，参展商可以鉴赏蝴蝶兰的成品花卉，与众多业内同行专家讨论种植与产业的问题；蝴蝶兰爱好者、消费者则可以在这里获得品味、体验、观赏、交流、互动等新旅游体验。

永安村还将以蝴蝶兰庄园和蝴蝶兰节为切入点，引进各类团队，进行片区改造，“花卉研学”就是其中的一种。利用蝴蝶兰在当地的优势，从花卉种植的技术、花卉的历史文化、花卉花语等文化资源出发，设计教育、体验等研学课程，融入当地文旅产业中，既有利于蝴蝶兰这一IP孵化落地，又能强化蝴蝶兰品牌，创造更多融合、交流的机会，动员更多乡村内外的人员参与，同时增加农民的在地认同。

现在的永安村，经过近两年乡村振兴的实践，以“蝶变永安”为发展口号，以打造“蝶村”为主要目标，依托已经沉淀的蝴蝶兰产业基础，针对蝴蝶兰庄园、村集散中心、广场古厝进行整体规划改造，以蝴蝶兰元素重新装点、串联起整个村的发展脉络。农文旅结合，集“大棚景观＋蝴蝶兰精致园艺”“蝴蝶＋蝴蝶兰动植物共生”“蝴蝶兰花语以礼相待”于一体，从传统单品蝴蝶兰花卉基地升级成三产融合式蝴蝶兰庄园。该计划分年度分批次实施，同时引进社会合作资本，以乡村营造的方式，对自然环境、人文环境进行全面改造，建设成可持续发展的全域旅游乡村。

## 三、研学艺术活动：一种城乡链接

研学是教育活动的一种补充，在当下城市基础教育阶段中占有非常重要的地位，也受到学校和家长的重视。乡村由于其田园般的地理条件、丰富的农耕传统文化元素等，非常适合开展研学活动，研学活动也成为乡村振兴中文旅教育等行业的重要板块。从传播学的视角来审视，乡村研学活动本身就是一种媒介和链接，它起到了连接城市和乡村的作用，为智力的链接、人的链接提供了空间，让城乡的人以不同的身份参与其中，提供一种相遇的可能性，这都是研学活动作为媒介的角色与功能。

永安村在乡村振兴的进程中探索出了一条“研学”的路子。如前所述，基于自身蝴蝶兰养殖产业的基础以及中草药种植的基础，加上前期在营建蝴蝶兰庄园、整修古厝、传播孝文化等项目的过程中，建成了部分地理空间，因此永安村具备了研学教育活动开展的空间基础。除此之外，永安村在地理上紧邻福建省知名高校仰恩大学，同时与福建省委党校、福建江夏学院等高校有较为密切的联系，在村领导的支持下与城市大学生联合进行课程设置，创立出了花卉研学、中医研学等研学课程，这是永安村做研学教育的有效资源。作为城乡融合互动的重要路径之一，整个研学设计与开展所体现出的各种创新以及遇到的问题，均是当前乡村振兴背景下，城乡融合中存在的各类特质和问题的显现，具有研究的现实意义。本章节深入分析了研学艺术活动作为一种地理媒介的功能，试图对城乡融合以及乡村形象建构提出一些观点。

### （一）研学教育活动的空间意义

当研学活动在乡村发生时，乡村的空间意义发生了改变。整个研学空间提供了一种促进人产生新关联的空间，这种传播活动本身就成为一种媒介新形态的集会和在公共场合与人共处的形式，可以创造并加强一种能在差异性中寻求共同维度的归属感，影响着文化实践、价值观和信仰的再度创造，并且帮助人们摆脱目前的困境。

从空间角度考虑，空间仍旧是当下政治行动的重要形态。多样化的公民群体占据了世界上主要的公共空间。公共空间所具备的很多特质，生产不仅基于共同的自然，而且越来越取决于语言、图像、知识、情感、习惯、规范和实践等人造的共同性，城市替代自然成为生物政治性生产行为的基础。

在绝大多数社会研究理论中，时间与空间不是被简单地作为社会行动发生的外部背景和舞台，便是成为被忽略不计的次要因素。吉登斯在结构化理论中，将社会互动与时间空间紧密地联系在一起，并将后者视为渗透于社会建构全过程中的内在核心因素之一。在论述互动实践活动时，为了描述众多的互动参与到社会系统的时空建构中的种种情形，吉登斯提出了“社会性整合”和“系统性整合”这一对概念。在结构化理论中，“整合”这一术语指的是人们通过交互实践得以维系的系统化、条理化的联系和纽带。[①] “社会性整合”指的是行动者之间的交互实践，它的一个显著特征表现为互动，是在行动者共同在场的情况下完成的，面对面地交往与身体接近成了交互实践的一项基本条件，它在很大程度上有赖于“在场可得性”这个概念，不仅标示出行动者在时空上的临近程度，而且展现出他们在行动上的相互制约与影响。[②] 因此即使“系统性整合”可以在行动者或集团之间跨越广袤时空空间的交互作用以及身体不在场的情况下构建联系，并且我们也承认它的维度和突破限制的力度是更大的，但是面对面地交往仍然是一种社会性整合的主要特征，在当下的社会里依然显得非常重要。而研学空间就是这样一种能够促进社会性交往的空间——它把来自城乡的、不同文化背景的人聚集到一起，完成了文化的现场的交流与互动，具有非常大的空间意义。

### （二）研学教育活动的交往意义

数字化时代，电子传播媒介的广泛运用与快速交通工具的发明更多地基于虚拟交往技术的出现。这对社会的变革和现代化起到了巨大的催化作用，可以说是人类历史上空前的革命性变革，让生活内在的时空关系改变了，在场的实体的人不再是跨越时空的交互实践得以进行的唯一的中介，大量的活动可以借助于在场可得性降低及行动者缺席的系统性整合完成，通过分散的、实践提升出来的新的交往关系，深刻地重塑了社会交往的整体过程。然而，这也导致在当前的数字化时代，人们的虚拟交往所占比重越来越大，导致面对面亲密无间地交往一天天减少，人际关系疏离，人情冷漠和灰色状态四处蔓延的社会问题。

---

① Anthony Giddens. Central Problems in Social Theory[M]. London: Maemillan, 1979:76.

② 王宏图.吉登斯现代性思想研究[M]//包亚明.现代性与空间的生产.上海：上海教育出版社，2003:300.

研学基地等同类型空间的建设成为了在促进交往方面有积极作用的产业，并且通过交往改变了乡村当地义务教育阶段学生以及其他村民的生活，将村民以及政府的资源和行动深度卷入。乡村学生的教育内容中多了特色研学课程的注入，高校师生的创意、活力与智力资源被源源不断地带入乡村，既发挥了大学生学科和专业的优势，持续服务社会，也增加了高校对学生创新精神和科研实践能力的培育途径，是高校教育改革的实践。永安村接待学生研学的能力和观光旅游能力不断提升，吸纳着周边群众参与就业，促进乡村内部交流，亦实现城乡交往融合，是乡村振兴的有效衔接，助力乡村振兴战略的实施。

习近平总书记在中央人才工作会议上指出："国家发展靠人才，民族振兴靠人才。"实施乡村振兴战略更是必须靠人才，要打造一支强大的乡村振兴人才队伍，以一定质量、足够数量的多元化人才做支撑。2021 年 2 月，中共中央办公厅、国务院办公厅印发《关于加快推进乡村人才振兴的意见》，强调"乡村振兴，关键在人"，提出"坚持广招英才、高效用才"等一系列人才工作原则。[①]在这方面，高校是重要的人才供给方，是人才的摇篮，在为乡村培育人才力量方面应该承担起重任。因此，高校在人才培养的目标和过程中，与地方协同推进，与乡村的各类实践（如研学需求），与乡村中的人，均产生了交互合力的关系，也在交往中与乡村和农民建立了融合发展的情感基础。

### （三）研学教育活动的传播意义

永安村的"花卉研学""中医药文化研学"等专题课程，由福建江夏学院和阳光学院两所本科高校的大学生设计并负责执行。作为高等教育中重要的实践环节，该研学课程设计与执行转化成了大学生创新创业项目以及之后继续申报的"互联网＋""挑战杯"等比赛项目，丰富了大学生的实践教育，训练了大学生全方位的能力，同时又让大学生基于专业相关性参与了乡村振兴实践，是一举多得的好举措。城市大学生依据乡村所在地文化而开发设计、打磨课程、实践课程，就是一次城乡文化融合的过程。

"十四五"时期，"文化＋"与"＋文化"的跨界融合将成为常态。文化与其他行业产业间的跨界融合将更加深入、全面助力并全方位激发全民族文化创造活力，文化与其他行业的融合将从内容、载体形式等方面的融合向生产方式、生活方式、价值理念等方面的融合迈进。"文化的产业化"和"产业的文化

---

① 黄锁明.强化乡村振兴的人才支撑[N].光明日报，2022-01-07(8).

化”将同时发生，成为今后文化产业发展的最为显著的趋势。

研学特色课程的实践过程，也是提炼乡村优质文化资源，并实现对外传播的过程。研学成为一种特色文化，形成乡村记忆名片，继而成为乡村形象建设与传播的有效组成部分。

### 四、数字时代研学活动新方式创新

数字文化产业是文化创意、科技创新与市场选择的有机结合体。以发展数字文化产业弘扬中国文化精神，实现满足人民文化需求和增强人民精神力量的双重使命，可考虑从文化、科技、市场三方面创新来探索具体实施路径：既要强调文化创意，提升文化吸引力，避免文化产品空心化，也要强调科技创新，提升文化传播力，增强文化产品影响效力，还要强调市场选择，尊重市场经济规律，保障文化产业高质量发展。①

数字文化产业的发展也带来了研学产业生态的发展新机遇。数字时代的研学教育也有了新的开展方式。搭载着数字技术与平台，研学教育的生态整体获得升级。“云上学＋实地游”“数字内容＋数字交互”“数字场景＋专家联动”“线上直播＋VR课程”等方式，作为数字时代的新兴智慧研学解决方案，目前已经应用在我国的多个省市，如2021年6月1日，陕西旅游集团旗下骏途网打造的“数字研学”平台正式上线。此类平台提供的新方案，可以打造出以IP构建为核心的数字内容生产方式，构建“文旅智慧研学新生态”，提升了研学体验和研学文化传播效果，是值得推广的经验。

## 第三节　传说文化与乡村振兴
## ——屏南县后章村的传说文化

### 一、福建省屏南县后章村简介

屏南县后章村面积1.8平方千米，人口937人，266户，13个村民小组。后章村旧属古田管辖（旧称福建福州府古田县移风里三十二都八保后章村）。全村土地耕地面积830亩，林地4505亩，森林覆盖率80.4%。目前，全村已实

① 陈宇翔，李怡.数字文化产业发展的“双重使命”：逻辑、挑战与路径[J].南京社会科学，2021(5)：173.

现“五通”(通路、通自来水、通电、通电话、通电视),代淦公路贯穿全村,交通较为方便。

后章村具有得天独厚的自然景观资源:现有历史古民房近百座,章氏祠堂内存有古匾、文联章氏百代诗,祠堂门口有石旗杆。后章村门前屋后风景林存有稀有树种千年老树“茶楠木”、名贵的“大柳杉”“红豆杉”,还有飘香千里的八月“金桂”“银桂”,隆后的“紫荆花”都属省级的保护树种。后章村附近有惠风桥、白水洋鸳鸯溪、南山漈、闽东北廊桥、屏南文庙等旅游景点。当地有屏南老酒、屏南米烧兔、一捧雪、屏南夏香菇、屏南红曲等特产。

被称为“神秘麈浆,养生福地”的屏南县后章村人杰地灵,资源丰富,保留有大量的传说故事、原始风水林、矿产资源及特色民俗等,传说文化也因此成为该村乡村振兴实践中的有效抓手。2021 年 6 月,福建省第四批省级传统村落名单出炉,后章村榜上有名,可见其资源优势和在乡村振兴方面努力取得的成绩。以传说文化为定位进行乡村振兴具有巨大的潜力。

## 二、后章村“传说文化+乡村振兴”的相关背景

在国家倡导弘扬优秀传统文化的号召和非物质文化遗产保护政策的推动下,根植于乡村本土的民间文化重新走进民众视野中,成为大众所关注的焦点。中华民族有着数千年的农耕史,以农耕文化为主要代表的乡村文化,是中华传统文化的重要组成部分。在国家相关方针政策的指引下,后章村在这方面深入践行,认真贯彻中央指示,立足本土文化资源,深入挖掘传统农耕文化内蕴,抓住当地“传说文化丰富”这个资源亮点,积极寻找传说文化资源开发的新思路。

在乡村振兴的战略中,文化振兴是其中的关键环节,而乡村丰富的传说资源又是文化资源重要的组成部分。传说资源是当地传统历史文化的承载,传说资源中蕴藏着文化之美与文化之魂,并且是具有创造性转化和利用价值的关键资源。如果能够对传说文化进行正确的、创新的转化,那么对于文化振兴的渠道拓展、乡村振兴驱动力和表现力的提升、可推广的乡村振兴经验的积累方面,都具有非常重要的意义。传说资源的价值不仅体现在故事内容、类型的丰富多样上,也体现在多元的文化内涵与艺术审美上。乡村传说资源具有鲜明的地域个性,饱含着农耕文明的元素,蕴含着源自乡土社会,至今影响着中华民族的道德和价值的指向,构成了民族文化中最有生命力和最具代表性的基础文化资源。研究传说资源的活化路径与转化策略,发现传说资源之美,活化传说资源之魂,实现创造性转化和创新性利用,对于丰富文化振兴的内涵意

蕴，提升乡村振兴的内在活力，具有重要的意义。

### （一）关于后章村的传说文化记载

后章村有惠泽龙传说、罗永传说、龙王与树神的相关祭祀习俗等文化资源。这里保留着“章氏宗祠”“拓主殿”“惠泽龙出生地”等古建筑，有树龄在500年以上的古树名木，还有400多亩楠木林。

在后章村的民间传说中，最知名的就是惠泽龙王的故事。程惠泽化龙是流传在屏南县及宁德市一带的民间传说，这个故事的出处就在后章村。在历史上也确有程惠泽（1580—1598年）其人，于明朝万历八年（1580年）三月十八日辰时出生于屏南县黛溪镇后樟村，其故居现在仍有保存。

惠泽龙王的传说，在当地人的话语体系中记载如下：传说程惠泽自幼没了父母，与外婆同住，后到熙岭九峰寺当了长工。偶然之中，他得到一颗神奇的宝珠，由于无处可放，便含在口中。一天他在应答师傅喊话时将宝珠吞入腹内，尔后身体奇热难耐，睡石板条、泡冷水槽都无济于事，最后浸泡到九峰寺下的虎潮潭中。程惠泽在虎潮潭中逐渐化成了一条巨大的人龙，告知送饭来的师傅说即将离开虎朝潭，要到官井洋当龙王去。离去当日，惠泽龙行雷降雨，开垦良田三百丘，以报答寺院。惠泽龙到官井洋当龙王之后，每年逢年过节都借大雨给后章外婆家送去大黄瓜鱼，外婆见大雨造成农作物损失，要惠泽龙不必再送鱼。惠泽龙还将其母亲棺木从后章村移到三都澳一个孤岛的悬崖上，至今悬棺和墓窟的地址仍在。

民间还流传着清朝乾隆年间在收复台湾的战争中，惠泽龙借水淹没台湾的军事设防，清兵顺利收复台湾。乾隆皇帝得知为惠泽龙显灵相助，当即敕封惠泽龙为“通海龙王”，亲自手书金字牌匾，送九峰寺惠存。

惠泽龙的传说散记于《后章村谱》《九峰寺志》《屏南县志》《宁德县志》等史料。历代文人骚客，远至清朝训导黄瓛臣（中国近代史、华侨史、福建地方史上的伟人黄乃裳，字绂函、瓛臣，又字九美、慕华）和知县沈钟，近及现代民间才子张戊子和当代作家禾源都有将惠泽龙记于文章歌赋，其中以黄乃裳的《龙王篇》最为传神：

> 龙王程氏前代贤，托迹僧家能悟禅。自得骊珠一下咽，浑身壮烈如火煎。
> 神物变化不俄延，初居浅水旋大川。虎潮潭中偶一迁，头角鳞甲无弗全。
> 自言不日当升天，报僧以禾三百田。未几雷雨挟奔泉，平地滚滚成深渊。
> 阇黎识见大拘牵，击鼓撞钟求免焉。龙神不及开广阡，掉尾只成三顷田。
> 迄今古迹尚宛然，攫石爪痕深若镌。有时尺木空中旋，飞雹纷纷沙石坚。

有时人间祷雨虔，甘露顷刻施八埏。寺僧尤感法无边，设像祀之堂西偏。不知修真几何年，却胜成佛与成仙。我今登门私自怜，身价毋乃信于前。谨拾始末歌长篇，庶几得附青云传。

（二）后章村传说文化开发和旅游资源现状

后章村以惠泽龙、姚三奶等为代表的传说文化，内容十分丰富。历史上出了五个五代同堂家族，是宜居康养之地，可待开发的养生文化资源也很丰厚。后章村境内有龙王殿、拓主殿、龙王祖柩沉棺穴、七星池、百善涯瀑布、南岩洞、陀岩胜境、白马大王殿、文福寺遗址、磨坊遗址、文峰矿寨、古石矿洞、举人府第、岩堂大厝、八家仓楼、秀才大院、鹤峰书院、章氏宗祠、五代婆嫁衣等名胜古迹。惠泽龙神话传说、罗永故事、将军拓主故事及民间历史传说故事，内容丰富，类型多样。

基于此，后章村开始布局“传说文化＋乡村振兴”建设的初步规划：引入传说故事创作基地；将传说故事与地方资源对接，拓展并活化传说故事，打造参与性强的乡村游路线；布局打造屏南传说文化研究平台，用“目标、战略、文化、学习、项目”带动后章村文化资源规划发展；在发展中紧抓“惠泽龙王”这一核心文化符号，整合文化资源，带动文化资源的开发与利用；从“人、地、景、物”四个层面切入，进一步凝练、打磨概念，规划文旅线路。另外，强化乡村产业的品牌效应，“惠泽龙”品牌黄酒入选了厦门金砖会议用酒；可依托优质水源开发品牌矿泉水产品；可结合现有水源地旅游路线，融入屏南龙王文化等旅游线路的整体规划。为促进后章村旅游业发展，考虑将后章村打造为依托剧本杀为背景的神话体验村，等等。

（三）后章村传统文化发展的困境

总体说来，后章村已经找到了一个通过挖掘传说文化资源来进行文化乡村振兴之路的大方向。但是，在开展过程中，后章村也面临着一些现实困境。如之前村内空心趋向严重，“文化＋乡振”之路面临着智力支持不足的危机；之前对传统文化传承和保护不足，对宝贵的传说文化资源重视程度不够，乡村内部的文化认同和精神共同体的建立任务仍然艰巨；优质传说文化目前还没有找到与乡村旅游产业融合的合适路径，因此在“文化＋产业”方面的融合思考尚未有突破；惠泽龙王等故事的数字媒体内容转化与传播在市场上的效果和受众接受情况仍是未知数，方案的可行性和落地性仍需要实践检验。另外，专项规划滞后、基础设施薄弱，与其他村落在发展步伐上已经有了较大的差距；

地理、交通上存在的问题,与文化振兴配套的其他产业的同步振兴的问题,都是摆在后章村面前亟须解决的难题。后章村在成功定位、找到差异性发展的路子方面,仍在探索的过程中。

## 三、传统文化作为媒介铸魂乡村振兴的思考

文化振兴是乡村振兴的铸魂工程。基于乡村的历史传统、农耕文化,更是乡村的内生动力和活力,是乡村振兴必须用好的文化资源。只有如此,才能提升乡村振兴的品质,找到适合在地的发展路子。

梁漱溟在他的《乡村文化建设理论》一书中指出:要重视乡村文化建设。他说:"原来中国社会是以乡村为基础,并以乡村为主体的;所有文化,多半是从乡村而来,又为乡村而设——法制、礼俗、工商业等莫不如是。"①梁漱溟在他的实践中,发动成立乡村文化建设研究院,积极在山东邹平开展乡村文化建设试验,经过理论研究和实践检验,他更加坚信中国文化复活的关键在于乡村文化。他们进行的乡村教育运动和乡村文化建设,是我国较早研究乡村文化建设的典范。

### (一)乡村文化(传统及传说文化)的重要意义

弘扬传统文化并促使其与现代文化融合发展,是乡村文化建设的基本要求。乡村文化建设的过程是"对旧的乡土文化进行挖掘、改造,进行新的乡土文化培育,推动新的乡土文化形态重构的过程"②。乡村文化建设是构筑有现代意识、科学精神和人文理念的乡村文化空间,从而促使先进文化创新发展,提高农村发展能力,培育社会主义新式农民。当然,中华文化深深植根于民间土壤之中,广大乡村也蕴藏着丰富的完整的中国传统。在现代化建设和乡村文化建设过程中要对我国传统的乡村文化进行保护和有效开发,要对那些物质文化遗产、非物质文化遗产和传统村落进行认真保护和有效开发。传统村落的保护必须立足于改善村落的人民生活质量,保护必须与发展结合,让村民分享传统村落的功能而获得利益。

### (二)乡村文化(传统及传说文化)的传承路径

乡村传统文化是乡村文化的根和魂,是乡村文化的起源和发展动力,在现

---

① 梁漱溟.乡村文化建设理论[M].上海:上海人民出版社,2006:10.

② 李秀忠.当代中国乡村文化建设问题研究[M].济南:山东人民出版社,2014:26.

代化发展的今天更需要重点关注和保护。传统固然是一种保守的力量，但它也是一切前进的基础，是今天文化发展的灵感和力量来源。乡村传统文化历经了千百年的传承和发展，也经历了历史和实践的检验，前人证明有效的我们就继续传承和发扬。除了做好挖掘保护和传承之外，还要积极吸取现代文明和外来文化，推动传统文化的创新性发展。

1. 着力做好优秀农耕文化保护

优秀农耕文化无论在古代还是现代或者未来，都在乡村发挥不可替代的重要作用，也是整个人类的精神家园，理应做好保护传承。应该充分发挥政府的主导作用，只有政府高度重视和扎实工作，乡村传统文化保护才能引起大家的关注。在保护过程中要发挥全体村民的积极性，只有村民自觉投入，才能全面推进文化保护工作。还要积极调动社会力量，只有各方协调进行，才能使文化保护工作得到充分保障。在做好保护工作的同时，还要合理使用优秀文化遗产，让它们在乡村文化建设中发挥应有的作用。

2. 深入挖掘农耕传说文化的精髓

美国学者怀特曾指出，文化是一个连续的统一体，文化发展的每一个阶段都产生于更早的文化环境，而且过去的文化环境决定着现在的文化发展潮流。乡村传统文化中有很多优秀文化思想，如农耕文化中的天人合一思想、村规民约、家风思想和孝文化等，要善于挖掘和整理。这些优秀文化思想不仅对提高村民素质和民风建设有促进作用，而且在当代乡村振兴中也会发生积极作用。基于地域性的传说文化中，也蕴含着在地文化中的优质文化精髓，如惠泽龙王的传说中，程惠泽的深明大义、忠孝两全等美德特质，都是中国传统文化的精髓，也是乡村文化建设的重要内容，对其进行开发和传播也能起到进一步推动家风、民风和乡风建设的作用。这些优秀农耕思想都是千百年来传承发展的文化成果，对于推动新时代的乡村文化建设，提高民众素质和淳化村民心灵等都有着重要作用。

3. 创新传承传播乡村历史文化

乡村文物、古迹、传说、文化、美德等是传统文化的见证，不仅可以从中了解古人的发展历史，还可以从中体会到古人的思想和理念，更可以成为现代人在当前社会中生存的文化支撑力量。传统村落是历史的见证和文化发生的场所空间，通过空间功能的拓展和融合，在新时代的乡村文化建设中仍能发挥积极作用。传统乡村文化对于今天的乡村文化建设以及全人类的人文精神建立都有积极作用，不仅需要采取措施严格保护，还要积极传承和发展，不断赋予其新的内涵和新技术形式的展示形式，用新兴的高科技的范式、前沿的内容，唤起社会尤其是年轻人的关注与参与，促进传统文化在新时代的复兴。

### （三）乡村文化作为媒介

詹姆斯·凯瑞认为，人们建构、维系、修正、改造现实的努力是发生在历史中的可以公开观察的行为，人们通过对各种符号系统的建构来创造、表达、传递关于现实的知识及对现实的态度，这些符号系统，包括艺术、科学、新闻、宗教、常识乃至神话。[①]

后章村的传说文化资源，是当地人创造出并仍在使用的符号系统，是影响着后章村人的认知和行为的系统和中介。在媒介学的视野中，各种机会条件下的、只要是用来做一个组织集体变化的载体，都可以承担中介的功能，因此在后章村的乡村振兴之路上，传说文化就是媒介。同时，技术的变迁也在影响着这种符号系统的创造与理解，所以在数字时代，后章村的传说文化也面临着创造、建构、编码、传递方面的新挑战。

将乡村的传统、传说等文化看作媒介的思路，让我们重新认识到文化中介、勾连、建构的重要作用，这也是传播学、媒介学的学科理论对“文化铸魂乡村振兴”这句实践经验的理论补充。

## 四、数字时代乡村优质传说文化的复兴路径

### （一）借助数字化手段活化传说文化

数字手段的加入改变了传说文化的话语形态和传播方式，可以将原来尘封的、小众的文化内容通过数字平台精准地推广至预期人群。惠泽龙王以及一众传说故事的活化，在传统转化方式的基础上，可以进一步倚重数字多媒体方式的呈现，不论文本还是影视，或者各种音乐舞蹈艺术的方式，均可以借助数字化的方式继续扩大和转化，如基于虚拟现实（VR）技术的沉浸式展示、数字图书馆、传说文化资料库、后章村知识图谱等。

积极运用现代化的传媒方式，如沉浸式展览、体验、剧本杀等新形式，创新性地传承民间传说资源，形成一定的文化品牌效应，为实现乡村振兴、建设美丽乡村这一美好蓝图注入新的动力。搭载互联网数字化媒介，如各种社交媒体、自媒体、直播平台等，进一步传播传说文化。数字化技术让传统文化有了新形态，拓展了交流沟通的途径，让城乡融合共享发展机遇有了新的可能。

---

① 詹姆斯·W.凯瑞.作为文化的传播[M].丁未，译.北京：华夏出版社，2005：29.

### (二)借助空间媒介助力传说文化传递

从媒介学视角看,“媒介”首先是指在特定技术和社会条件下象征传递和流通手段的集合,这个集合先于并大于当代媒体领域,即被视为大规模扩散手段的印刷和电子媒介等。但是“像餐桌、咖啡、阅览室、打字机这些东西,不是为散播信息而造的,但它们作为散播的场地和关键因素,作为感觉的介质和社交性的模具而进入媒介学领域。没有这些各式各样的渠道、各种的意识形态,就可能不会有我们所了解的社会存在”。对媒介学者来讲,在特定的物质和技术条件下,载体关系和运输手段担保思想在每个时代的社会存在。世界上一切都是信息,都可以是传播载体机构的物质载体,包括社会符码、身体器官、传播的一般方式等。媒介这个词还可以适用于人们使用的自然语言、身体器官、符号的物质载体以及技术手段。①

在乡村振兴实践中,要结合媒介学等理论扩展对媒介的认知,如对空间媒介的建构和应用需要得到重视。空间具有直观性、具身性等媒介特点,无形的文化能够有形地呈现在公共空间中,空间还能促成人的到场、交往和行为,完成特定空间内的传播,这都是空间媒介的功能。后章村仍有一些传统的空间可以被利用和改造,作为媒介发挥作用,如村里的传统地标祠堂:既是传统空间,也是新兴的实体空间和技术空间;既可以承担传统乡俗、民俗活动,也可以在城乡融合的活动中提供共建功能,如各种学术研讨会、交流等,变成一种融入传统文化和现代公共媒体的复合空间。

### (三)通过数字化手段推进文化城乡融合

数字时代,深入挖掘优秀文化资源,要注重数字化并提升数字文化产品的感召力;要重点把握数字文化内容属性,深入挖掘乡村丰富的历史、农耕、传说等文化内容资源,以优质的数字文化产品弘扬社会主义核心价值观。另外,要打破信息茧房,提升数字文化产品的传播力。数字化丰富了文化表达和传播的手段与方式,同时也深刻地改变了文化的内涵与性质,形成特定形态的文化产品,从而冲破地域、年龄、群体的限制,让传统、传说文化能影响到年轻人。数字时代也要培养大众审美趣味,提升文化品鉴力。数字文化产业发展除了要从文化内容创新、科学技术创新等方面发力之外,还要从提高消费能力、引

---

①　雷吉斯·德布雷.普通媒介学教程[M].陈卫星,王杨,译.北京:清华大学出版社,2014:4-7.

导消费审美、影响消费习惯等方面提升大众对数字文化产品的市场消费需求与消费品位。而这些提升、打破、传播等最终的目的是在融合的语境中看问题。数字化文化传播促进了地域的融合、人的融合、文化的融合,有效地助推了数字化城乡融合。

## 第四节　非遗作为城乡融合的媒介——宁德市靴岭尾村

柘荣剪纸享有国家非遗的声誉,而有一个乡村则依托柘荣非遗剪纸文化,走出了一条"非遗+乡村振兴"的路子,它就是柘荣县的一个以剪纸为主题的特色村子——靴岭尾村。这个案例也有着城乡融合传播的研究意义。

靴岭尾村坐落于福建省宁德市柘荣县的西北部,这个小小的村子有400多年的剪纸历史,村民们心灵手巧,能够剪出精美的剪纸作品。随着近年来乡村振兴战略的不断落实,靴岭尾村积极响应党和政府的号召,凭借自身的地域文化优势,已被宁德市文化和旅游局授予"剪纸特色文化村"称号。柘荣剪纸这项文化遗产是世界级的非物质文化遗产,靴岭尾村以柘荣剪纸为核心发展成为"剪纸特色文化村"。从文化带动经济的长效发展角度来看,这对扩大柘荣剪纸非遗的认知度与振兴发展靴岭尾村,都有较大的推力。

### 一、国家级非遗项目"柘荣剪纸"简介

#### (一)柘荣剪纸艺术特征简介

柘荣剪纸是福建省宁德市的一项民间艺术,风格独特,具有鲜明的地域个性,既承传了中原剪纸的写意、质朴、浑厚,又融合了南方剪纸的严谨、细腻、秀丽,具有较高的文化艺术价值和文化品位。柘荣剪纸作为国家品牌,具有浓郁的地方特色和汉族民族特色,作品或淳朴、率真,或写意、粗犷,或清新、典雅,符合大众的审美需要和欣赏心理,既是收藏馈赠和家居装饰的佳品,也是上好的艺术礼品和流行的旅游商品。

柘荣剪纸可追溯至唐代,盛于清、民(国),千百年来,柘荣剪纸传承不绝,以窗花等形式融入人们的生活中,对研究南方剪纸的传承风格有较高的历史价值。改革开放后,柘荣剪纸受到经济冲击,从事剪纸艺术的人锐减,作为柘荣人骄傲的民间剪纸逐渐淡出视野。近年来,在国家对传统文化复兴的政策

推动下，在县委、县政府的重视和有关部门的支持下，柘荣剪纸获得再度复兴的契机。

柘荣剪纸以精美镜框纸、精装册盒剪纸等 6 大类产品为主，涵盖剪纸台历、旅游念品等 100 多个品种，内容、包装、艺术上均在全国领先行列。20 世纪 80 年代起，柘荣剪纸多次入选参加省民间美术展览，多次在国外交流展出，声名远播。另有多幅剪纸作品入选“第二届国际剪纸艺术节”，部分剪纸被福建省博物院、中国美术馆收藏。中央电视台、《人民日报》等官方媒体对柘荣剪纸做了专题报道。柘荣剪纸形式多样、用途广泛、文化底蕴深厚。2018 年 5 月，柘荣剪纸技艺入选第一批国家传统工艺振兴目录。2019 年，柘荣剪纸被列入国家级非物质文化遗产保护名录。

柘荣县政府极力宣传发扬柘荣剪纸，但国家级传承人袁秀莹年事已高，其余剪纸大师各自发展，没有形成完整的、系统化的柘荣剪纸品牌，其影响力和知名度还较低。柘荣剪纸传承与推广面临着传承人断层、知名度不高、时代环境冲击、文化创意有限等困境。

### （二）柘荣剪纸现有产业平台

基于传播和推广柘荣剪纸非遗的动机和需求，柘荣县目前有如下的柘荣剪纸交流、研发等平台，着力于柘荣剪纸的研发、展陈、教学、传播与零售等产业需求：

柘荣剪纸交流平台：福建省柘荣剪纸协会、柘荣县文体和旅游局、柘荣县文化馆、柘荣县融媒体中心、柘山柘水、柘荣二中、柘荣三中等政府与民间机构。

柘荣剪纸研发平台：福建省小红鞋文创有限公司、郑平芳剪纸研究团队、柘荣县火凤凰剪纸艺术中心、柘荣县袁秀莹剪纸文化传播有限公司、福建省柘荣县柘一剪剪纸文化传播有限公司、柘荣县金柳剪纸工艺品有限公司、福建省柘荣县昱翔剪纸文化传播有限公司、柘荣县传承剪纸加工厂、柘荣县晓卿剪纸有限公司、柘荣县王艳剪纸艺术馆、柘荣县郑小玲剪纸艺术馆等企业及组织。

### （三）柘荣剪纸的经济与社会效益

柘荣剪纸的经济效益近年来日渐显著：柘荣剪纸相关文创产品涉及产品范围广，覆盖日常生活，紧跟时代潮流，迎合市场需求；与村民合作生产相关产品，提高村民额外收入，助力乡村振兴；打造剪纸文化网红村，开发民宿，改善乡村经济状况。

社会效益方面：柘荣剪纸作为非物质文化遗产，文化内涵丰富、研究价值高；与研学相结合，可增进人们对柘荣剪纸这项非物质文化遗产的了解，推动非遗保护和传承的进程；该项目中的文化创意社区与当地人进行合作，帮助有劳动能力的残障人士就业；利用柘荣剪纸装饰乡村，改善村容村貌；等等。

## 二、宁德市柘荣县靴岭尾村简介

本章节的研究对象——靴岭尾村，位于福建省宁德市柘荣县西北部，104国道旁，距县城4.5千米，下辖上洋、下洋、里洋3个自然村，共148户618人。地域面积1.68平方千米，林地面积2252亩，耕地面积696亩。近年来，通过实施绿化、绿韵、绿态、绿魂"四绿"提升工程，逐步建成上千亩集种养、育苗、观光、采摘、体验、民宿、餐饮、文创、农产品精深加工于一体的"绿盈"经济产业园，成为全市乡村振兴示范线上的重要一环，被誉为"文创田园·清新乡野"。靴岭尾村同时还有着400多年的剪纸历史。随着近年来乡村振兴战略的推行，在党和政府的号召以及当地村委的带领下，靴岭尾村深入挖掘剪纸文化，全村动员学习践行剪纸非遗艺术，剪纸文化也成为该村特色的文旅标签，融入"文创田园"的整体乡村振兴策略中。

## 三、靴岭尾村"非遗＋乡村振兴"的发展模式

### （一）"非遗＋乡村振兴"模式的确立背景

确立"非遗＋乡村振兴"，是靴岭尾村当前班子和乡镇、县文化部门合力并深思熟虑的决策。这个决策有以下的背景依据：

1. 中央明确指出在乡村振兴战略中要重视非遗文化

乡村振兴既是党的十九大报告中提出的重要战略，也是2021年中央"一号文件"重要主题。2018年9月正式颁发的《国家乡村振兴战略规划（2018—2022）》对乡村振兴战略具体实施策略进行了详细阐述，规划指出要"完善非物质文化遗产保护制度，实施非物质文化遗产传承发展工程"。目前，乡村振兴战略已经全面步入快车道。文化遗产作为乡村地区的历史文化资源，是乡村振兴的灵魂，能为乡村振兴快速发展增添强劲的动力。

2. 福建省政府重视乡村文化发展

近年来，福建省深入乡村，挖掘自身文化资源，发扬文化优势。福建省委办公厅、省政府办公厅下发《福建省优秀传统文化传承发展工程实施方案》。《实施方案》提出，从2017年起，每年整理一批文物典籍、提升一批文化遗产、

建设一批教育基地、创作一批文化精品、办好一批主题活动、打造一批传播平台、推出一批研究成果。经过三至五年努力，推动优秀传统文化研究、教育普及、保护传承、创新发展、传播交流体系初步形成，文化品牌战略成效日益显现，文化自觉和文化自信增强，文化软实力和影响力得到显著提升，“化民成俗”取得积极进展。

3.“数字福建”推进非遗文化数字化

2018年4月22日，首届数字中国建设峰会在海峡国际会展中心开办，福建数字非遗在福建省文化厅主办的海丝数字文化长廊上亮相。通过“互联网＋科技＋非遗”的手段，以“带得走的非遗”“听得见的非遗”“学得来的非遗”三种简单、贴近生活的数字化方式展示不一样的非遗。非遗数字化是指将非物质文化遗产中的游艺竞技、文学艺术、神话传说、音乐舞蹈等传统文化资源，以文字、图像、语音等可视化手段综合记录，呈现非遗项目的历史、现状并追踪其发展情况。数字非遗的亮相，让人们聚焦福建，为柘荣剪纸这项非物质文化遗产的发展提供了契机。

《中共中央关于制定国民经济和社会发展第十四个五年规划和2035年远景目标的建议》中也明确提出实施文化产业数字化战略，加快发展新型文化企业、文化业态、文化消费模式。在文化产业数字化提速的同时，网络视频、在线阅读、有声读物、数字音乐、网络游戏等新型业态也迎来高光时刻。数字经济逐渐成为经济增长新动能，为文化产业发展创造了有利条件。在数字化趋势下，中国传统非遗文化受到广大人民的关注。近年来，运用虚拟现实（VR）技术保护的非遗，已经走出了实验室，成为向大众推广传统文化的重要渠道。从动漫到VR，从全息舞台到沉浸空间，数字化新技术让非遗文化活化起来。

2021年4月，第四届数字中国建设峰会在福建省福州市举办，这对世界级非物质文化遗产——柘荣剪纸来说，是一次极佳的展示和宣传机会。数字峰会后发布实施的《福建省促进大数据发展实施方案（2016—2020年）》等文件明确提出加快发展大数据产业，101个项目被列入“十三五”数字福建专项规划滚动管理的重大项目（工程），投资估算合计2765.7亿元，其中就有不少属于数字创意产业的范畴。数字创意产业，将为地方经济的发展提供新动能，扩大地方软实力和地方文化影响力，抢占未来发展先机，巩固技术创新优势，为文化强省战略提供基本支撑，也为柘荣剪纸的发展提供政策战略支持。

4. 世界非遗大会为柘荣剪纸提供发展契机

世界非遗大会，全称为联合国教科文组织世界遗产委员会会议，是联合国教科文组织下属的世界遗产委员会的例会，每年召开一次。其主要议题一般是审批哪些遗产可以录入《世界遗产名录》，并对已列入名录的世界遗产的保护工作进行监督指导。2021 年 7 月，第 44 届世界非遗大会在福州市举办。福建省政府通过遗产大会这一重要契机，向来自世界各地的与会代表、来宾展示中华文化的博大精深和福建文化的独特魅力，组织包括茶文化题材音乐剧《茶道》、海丝文化题材舞剧《丝海梦寻》等经典舞台剧目及古典艺术展演活动，组织中国传统戏剧展演和经典曲种展演等配套文化活动，通过福州这个窗口，向世界传播好福建风貌、福建形象、福建精神。柘荣剪纸作为福建省的世界级非物质文化遗产，同样受到大会的高度关注，这也是柘荣剪纸面向全国、面向世界展示其文化内涵的最好时机。

### （二）“非遗＋乡村振兴”模式的开展方式

靴岭尾村是按照国家政策规划的新发展理念——创新、协调、绿色、开放、共享进行改造的，该村积极响应国家建设，依托相对开放独立的区域空间，深入挖掘当地的产业特色、人文特色和生态资源特色：通过聚集和利用独特的乡村资源要素发展具有柘荣剪纸风格的特色产业，利用柘荣剪纸特色，带动当地经济发展，推动农业农村现代化进程；通过完善剪纸风格人才、特色文化创意社区建设人才、农业农村建设人才、教育理念建设人才等多方面人才的引进、培养、使用，以及其他政策措施，为乡村振兴提供人才支撑；借助特色文化创意社区的建设，延长柘荣剪纸产业链，发展柘荣剪纸文创产业，建设柘荣剪纸文创产品基地，促进靴岭尾村与其他地区的产业对接、文化交流，优化乡村创业创新生态，推动乡村文化资源效益、生态资源效益向经济效益转变，促进乡村文化发展与经济发展相得益彰；通过在乡村地区倡导和推广绿色技术、绿色产业、绿色生活等生态环保理念，继而推动乡村绿色发展。总之，要通过各相关功能的叠加和复合，放大综合效应，带动乡村发展，为农民提供教育、医疗、文化等基本公共服务和金融、科技、电商、时尚、交通、物流、文旅、休闲、健康、养老等综合配套服务。

“非遗＋乡村振兴”模式主要以剪纸非遗为资源，以文化创意创新为手段，致力于通过挖掘与盘活靴岭尾地方特色文化资源、提炼地方文化要素、开发特色文化产品、发展特色文化创意产业等过程，将靴岭尾村打造成全省首个剪纸文化创意社区，以发展柘荣剪纸文创产业链，并以靴岭尾村为中心向社区周边进行辐射，借势互联网，与周边乡村合作，组合打造成为集剪纸特色、乡村美景、红色文化特色等为一体的“网红乡村”，继而推动柘荣当地经济发展，最终构建产业兴旺、生态宜居、乡风文明、治理有效、生活富裕的现代化乡村。

首先是文化产业化。上游打造剪刀、刻刀、剪纸用纸等剪纸材料用具，完善剪纸废纸材料环保回收再利用，并且与公益机构联动，将弱势群体、残障人士融入生产这一环节中来，解决他们的就业问题，以工代赈。下游打造文创产品制造、产品设计、包装运营、品牌宣传策划、产品售卖一体的完整链条。充分发挥柘荣剪纸这一文化产品所具有的经济、文化双重属性。其次是产业文化化。柘荣县有太子参、白茶、茶籽油等丰富产业，可将柘荣剪纸元素融入其产品及品牌包装设计中，增强产品文化内涵。最后是村容村貌的打造。高颜值的村子能留住游客的心。一是将平面剪纸图样绘制在村民房屋墙上；二是打造立体镂空墙面等建筑，发挥柘荣剪纸美学；三是增设鲜明独特的打卡村标，供游客拍照打卡，打造网红打卡地；四是打造以柘荣剪纸为传播载体的“党建宣传栏”“村民村事栏”。该项目意在打造文化创意社区，丰富产、学、研链条模式，不仅能够有效地整合乡村特色文化资源，而且具有公益性和环保性。通过打造良好村容、文化产业化、产业文化化，将文化特色转化为文化资源，实现经济效益与社会效益双赢，助力乡村振兴。

## 四、非遗作为媒介如何提升城乡“可沟通性”

穆勒(Muller)①认为“城市居民通过与这个领域的其他人随意和开玩笑地互动，使公共领域有意义”，这些可被视作导向“可沟通性”的基础。夏哈姆林(Cees J.Hamelink)②在一次学术交流中提出“可沟通城市”，认为这种可沟通性是一种来管理城市冲突的创造性的方法，并将其看作是基本人权的体现，说明城市居民参与城市生活、获取城市信息的行为，可以建立城市自豪感。冈伯特(Gumpert)和德鲁克(Drncker)③把“可沟通城市”的基本特征概括为三个方面：城市应为市民的日常沟通活动提供自由空间，城市应建立起符合城市传播规则的基础设施，城市应为市民提供言论自由与参与自由的环境。杰弗里

① Muller D. Citizenship and Social Class in Southeastern Europe—The Citizen in The National Code of Romania, Bulgaria and Serbia[J].Osteuropa, 2002, 52(6):752-773.

② De Bens E.& Hamelink C. & J. Media Between Culture and Commerce[M]. Intellect Books, 2007(Vol. 4).

③ Gumpert G.& Drncker S.J. Communicative Cities[J]. International Communication Gazette, 2008, 70(3-4):195-208.

(L.W.Jeffrey)[①]概括了“可沟通城市”三个特点：城市需将居民整合为充满活力的整体，帮助市民参与公共事务与扮演社会角色，城市作为传播系统能够平衡移动与稳定。

将“可沟通城市”引入我国，并进行本土化改造的主要阵地是复旦大学。复旦大学围绕“可沟通城市”做了系列研究。复旦大学新闻学院教授谢静[②]将沟通的意义视作为市民的城市生活方式以及城市发展建构基础。谢静、孙玮[③]制定了上海市的可沟通性城市指标体系。谢静[④]提出“城市既是不同于乡村的一种生活方式，又是联系城市和乡村的一种中介机制。城市传播并不是一种与乡村传播对照的传播形式，它兼有共识与共处”。信息社会下，围绕乡村传播要更多关注传播的技术与媒介问题，解除城乡区隔，将其看作一种新空间形式、流动空间。

在探讨非遗如何促进可沟通性这个命题时，笔者以“城市传播”“可沟通性”等为理论依据，遵循传播研究范式的创新，站在已有的乡村传播学理论基础上，以“可沟通性”理论的核心价值对剪纸非遗艺术与靴岭尾村的人与空间互动关系进行审视，试图探求“文化＋乡村振兴”的模式中，乡村的空间和人是如何被文化影响最终达到振兴的目标，此种模式的“可沟通性”是如何建构起来、如何起作用的。

“可沟通性”倡导多元融合、时空平衡、虚实互嵌以及内外贯通。[⑤] 理想的可沟通状态，既尊重多样性又打破区隔；既镶嵌于当下的日常生活，又持久地进行着跨时空传播的意义网络编织。可沟通性也有着实体空间和虚拟空间的相互嵌入和高度融合，尤其是在当下的数字环境下，虚实之间的互嵌融合程度是一个城市沟通性体验的重要指标。同时，可沟通性还追求城市与社区、乡村、国家以及与其他城市之间能产生连接的方式和程度。

在可沟通理论的视野之内，城市作为一种复杂网络，本质上由传播构成，传播行为遍布城市实践的各个方面。在这里的“城市”，并不代表与乡村绝对区隔的城市，而是一种乡村未来的发展形式，“城市传播并非是在‘与乡村对立

① Jeffrey L.W. An Urban Communication Audit: Measuring Aspects of A Communicative City[J]. International Communication Gazette, 2008,70(3-4):257-273.

② 谢静.可沟通城市：网络社会的新城市主张[J].新闻传播研究，2015(7):21.

③ 谢静，潘霁，孙玮.可沟通城市评价体系[J].新闻与传播研究，2015(7):10.

④ 谢静.可沟通城市：网络社会的新城市主张[J].新闻传播研究，2015(7):21.

⑤ 谢静.可沟通城市指标体系建构：基于上海的研究[J].新闻与传播研究，2015(7):25.

的城市'中的传播,而是一种新的传播形态,它体现了城市作为汇聚、并置、交流之所的特点。城市传播已然超越了空间界限,在一个更为开放、流动的网络中建构或者解构关系”①,因此基于城市可沟通性的研究也可以给予乡村实践以理论借鉴。

城市(乡村)传播中基本上围绕着三个维度:第一,地理网络,即城市实体空间的面对面交往与聚合,这个维度体现着传播的空间性;第二,信息网络,即城市各类虚拟平台的社会交往、公共参与等,体现了传播的社会性;第三,意义网络,即城市在精神文化层面的共享与认同,体现了传播的象征性。这三重网络并非互不关联的独立系统,而是相互重叠、相互影响,以实现多融合、时空平衡和虚实互通。② 可沟通性就是在这三个维度中进行考量的。在靴岭尾村,剪纸非遗的引入对该村的以上三个维度都产生了影响和改变,有着明显的“可沟通性”意义上的推进。

### (一)创造村民活动的新空间,形成人群之间的联动

在城乡地点提供的场所感承载了个人集体记忆,倾注着公共或私人情感,具有无可替代的价值,城市和乡村的生活正是结合实体虚拟两种空间的纽带。靴岭尾村的乡村空间也起到了这样的链接作用。目前的靴岭尾村涵盖剪纸馆、油画馆等多个区域,通过乡村空间布局的改变,有助于挖掘靴岭尾村内部区域文化特色,充分发挥区域特色文化优势,形成区域特色鲜明的社群。

在走上“非遗+乡村振兴”路子之后,靴岭尾村标志性的公共空间有了改变,比如出现了剪纸馆、油画馆等。因为空间的维度经常能够扩展传播的想象。靴岭尾村中有了剪纸馆、油画馆等展陈和学习的场所,柘荣剪纸文化融入薛岭尾村的村容村貌美化和功能建设中;乡村中创建了以体现柘荣剪纸文化元素、具有本土特色和文化内涵的户外雕塑群打卡点;将柘荣剪纸文化元素融入薛岭尾村的村落形象体系、导览体系(含总导览栏等)。这些场所提供了村民活动的新方式和新空间,产生了村民在崭新空间中的全新关系建构。

桑内特强调在公共场合与他人的交往,强调具身实践能够培养共存所需的社会技能。③ 阿伦特强调“公共空间的公共性是靠像政治机会和演讲这样

---

① 谢静.连接城乡:作为中介的城市传播[J].南京社会科学,2016(9):108.

② 谢静.可沟通城市指标体系建构:基于上海的研究[J].新闻与传播研究,2015(7):26.

③ 桑内特.公共人的衰落[M].上海:上海译文出版社,2014.

的具身行动”[1]来建立的。村民之间面对面交往的增加，这是可沟通性重要的组成部分，在当前技术发展的形势之下，具身活动具有不可替代的意义。据靴岭尾村村支部吴书记说：“在创建剪纸村之初，我们村两委号召家家户户都通过参与的形式，重新熟悉剪纸非遗文化。每周六晚上，村支部都会请非遗传承人来教大家剪纸，因此形成了在村村民全员参与的态势。既然我们村要以剪纸非遗作为特色发展，那么我们村民首先自己要了解并热爱剪纸非遗文化。”基于此考虑，村管理层促成了剪纸课堂活动，村民在参与过程中，从一开始的观望状态，到后期主动打破区隔，形成了人群之间的联动，并且形成村民对剪纸艺术的接触、喜爱，直至认同以及主动推广。一些在靴岭尾村空心最严重时离开的村民，也基于剪纸文化带来的吸引力和凝聚力选择迁回本村，开始从事与剪纸教学、传播等相关的产业，剪纸非遗在村民内部促进交往、增强“可沟通性”方面作用凸显。由于空间功能的改变，村民在新的剪纸馆、油画馆内学习、交流剪纸，重新以一种新的形式去重组与相处，促进了村民之间的交往，带给了人们对空间认识的新鲜感，打破了原有的审美麻木，扩展了感官体验。这些空间承载着个人集体记忆，倾注公共和私人情感，既有实际的空间功用，又有虚拟的精神价值，剪纸文化空间就是这样一种纽带，延伸人对乡村的空间环境的感官体验，促进公共空间中的具身交往，同时共同塑造出乡村的文化和形象，有利于促进乡村的内部可沟通性的建立。

### （二）基于剪纸非遗推动了村民对乡村文化的认同

在推进剪纸非遗文化的同时，村两委修订村落村规民约，并以柘荣剪纸文化元素和方式，将靴岭尾核心特色文化和村规民约形象地展示出来，提升村内外公众的认同度，提升村民乡贤的文化自信。村民是村子发展的重要主体，村民有乡情，村子才能留住人，村子有了人才能够更好地发展。以柘荣剪纸形式描绘村民好人好事、重大事件。村委打造了专门的剪纸图案“村事墙”，用于记录村子里发生的故事，维系村情。一是将柘荣剪纸《出嫁图》《十二生肖》等作品平面图画到居民的墙上，美化村容。二是打造以柘荣剪纸图样为形状的立体镂空墙面，将建筑与剪纸完美融合。三是对剪纸内涵进行深度挖掘，让柘荣剪纸与省内漳浦剪纸、蒲城剪纸及纯美术创作剪纸等产生明显的差异化特征，形成特色优势。

剪纸本身也是一种艺术，可以用来建构乡村的文化属性，传达文化意涵和

---

① 汉娜·阿伦特.人的境况[M].王寅丽，译.上海：上海人民出版社，2017.

特定的主题内容。例如，建议将柘荣非遗剪纸与马仙姑文化（柘荣另一个国家级非遗文化）、太子参文化、高山白茶文化融合，培育出柘荣剪纸的文化特色。在村民参与剪纸以及接触这类文化的时候，村民可以通过艺术载体获得更多基于共同在地信仰的文化认同。

但总体来说，这种模式在推广中仍然存在问题，村民的“文化自觉”仍显得不够。文化自觉的概念由费孝通先生提出，其内涵为在全球化背景下对“我们为什么这样生活，这样生活有什么意义，这样生活会为我们带来什么结果”的问题的反思与回答。换言之，其核心概念是有“自知之明”的生活在一定文化中的人，能够感应日常生活中的文化因素，也能在艺术生产的过程中探索出最适合本地区发展的道路。以此为基础，参与乡村进行遗产存续和传统文化复归建设的政府、企业、艺术家、学者等社会各方，应以尊重乡民主体性为前提再介入其中。

### （三）依托剪纸非遗扩展乡村对外传播的途径与功能

目前，柘荣剪纸文化的发展也在融入童趣产业、农耕文化研学产业、白茶产业，以及开发和培育柘荣剪纸文化创意伴手礼、旅游纪念品等的产业。在新闻媒体以及各种社交媒体上，当剪纸加童趣等特色产业，真正地抓住用户的痛点成功营销的时候，就可能会影响到更大范围的人群，这将助力靴岭尾村的形象传播。可以通过如下的一些具体项目实现这些功能：

靴岭尾村近年来发展林下经济，到此旅游的游客可体验自主采摘，通过打造柘荣剪纸伴手礼包装，让游客将采摘品装袋带走。可以着力打造以柘荣剪纸传承人为主要授课人的线上剪纸课程，将剪纸技艺的教育从线下有限的影响范围拓展至更宽更广。通过每年筹划一次柘荣剪纸文化节，涵盖剪纸作品、剪纸文创作品展览、柘荣剪纸文化会演等活动；与县城学校、少年宫合作，每月定期举办亲子研学活动，通过参观柘荣剪纸村、了解柘荣剪纸文化、体验柘荣剪纸等三个环节来加深对柘荣剪纸的理解，增强文化研学教育意义。在文旅产业中，开发具有剪纸特色的乡村民宿，充分利用项目开发的文创产品和当地剪纸作品提升民宿文化氛围，利用舒适的居住环境，充满地域特色的装修风格，提升民宿整体形象。传播方面，应用新形态传播载体，如“党建＋”，以柘荣剪纸作品的形式来展现党史风采，不仅传播了红色文化，更将柘荣剪纸以一种新的记录载体形式传承下去。

在数字媒介传播方面，以更有趣的直播、短视频形式，加深品牌烙印，与消费者建立更深层次的联系。将剪纸传承故事借助互联网平台传达出来，既结合剪纸喜闻乐见的民俗文化，又结合产品的实用性、创意性与娱乐性，逐步做到产品创意娱乐化。研发具有文化内涵、非遗传承与创新、鲜明时代特点、贴近于消费者实际需求的剪纸。同时还可以带来一定的成交额，做到品效合一。用全媒体思维，依靠抖音、快手、B站、西瓜视频、小红书、视频号等短视频流量平台进行创意宣传。一是开发柘荣剪纸课程、直播互动等宣传营销。二是加大在短视频、微视频上的投入。针对现在的群体以及当下的热点话题，制造各种短视频，帮助品牌进行全方位的投放。三是进行全方位立体性投放，主要以直播带货的形式，通过视频贴片、广告冠名、互动贴纸、产品口播、产品植入等方式发布和传播短视频广告，在电商平台建立网络店铺，扩大销售途径。

## 五、数字时代“非遗＋乡村振兴”模式的拓展路径以及对于城乡融合的意义

“可沟通性”对于城乡融合发展研究的意义重大。当前，城市病困扰着大中型城市。城市建设中存在着空间公平、群体隔阂、地域差异等诸多问题。除此之外，还有城乡之间的无序流通导致的新问题，如外来务工人员的无序流动等给城市提出新的挑战。城乡一体化的进程中存在的系列问题让城乡“如何可沟通化”的重要性凸显。

“可沟通城市”理论将沟通、传播视为人类的生存方式，各类主体通过信息传递、社会交往和意义生成等多种传播实践活动，实现城市（乡村）的多元融合、时空平衡、虚实互嵌合内外贯通，在人性充分实现维度上的多重“可沟通性”。①

在靴岭尾村，剪纸这种非遗资源就是制造和促进沟通的元素和载体，是一种典型的地理媒介。此种文化的传播作为村民的生存方式，作为村民社会交往的构建基础，村民的活动交往、文化认同、乡村文化传播皆围绕剪纸而进行，因此重新塑造了乡村与空间，并且形塑了靴岭尾村的乡村文化和村民认同。靴岭尾村的实践为我们探索出非遗文化在乡村振兴中应用的一些成功经验和模式，可以总结为：通过利用非遗文化符号的独特魅力引发村民的具身性参与；以非遗元素为中心，建构实体空间与虚拟空间，拓展人的感官体验，形成人群新的文化认同，进而沟通人与人之间的关系；以非遗元素为基础，构建乡村独特文化定位和符号，以非遗信息传播为载体，助力传播乡村形象；以非遗为

① 谢静.可沟通城市指标体系建构：基于上海的研究[J].新闻与传播研究，2015(7):25.

龙头，带动其他乡村经济产业的发展，如主题文旅、研学、衍生品开发等；以非遗文化为中介，开拓对外传播的平台和路径，以文化交流为形式，为融合发展创造更多场景、经验与可能性。

# 第五节　藏在乡村中的博物馆——以屏南耕读文化博物馆为对象

## 一、屏南耕读文化博物馆简介

有一座耕读文化博物馆，位于福建省屏南县漈头村。这个村是一个有着1140多年历史的中国历史文化名村。耕读文化博物馆是中国博物馆协会非国有博物馆专业委员会团体会员单位，它以该村13幢明清古民居为主题，设展区和库房，总面积3000多平方米，馆藏各类藏品3万余件（套），展区分设“十五展厅”“三十基地”“四长廊”“一间书院”“一个工作站”。

屏南耕读文化博物馆的办馆宗旨最初是让各地区、不同年龄的人，都能感知到耕读文化。除此之外，一个办在乡村的耕读文化博物馆，还要承担起建立与乡村生活的共生关系的职责。在“物”的收集与展陈上，在寻找藏品和展示藏品时，都要基于土器物体系与乡村生活本质的联系；在空间布局上，建在乡村的耕读文化博物馆具有独特的观赏、教育价值和独特的审美意义。屏南耕读文化博物馆选在明清古民居中，也是一种乡村生活和传统文化的时空意识和结构。而在机制和功能上，除了对外展陈的功能外，耕读文化博物馆的存在也让本土村民参与到乡村博物馆的建设和发展中来，让博物馆成为一种记录乡村并与乡村共生发展的所在。

## 二、耕读文化博物馆的功能：农村文化传播的空间媒介

### （一）活态化呈现传统农耕元素

在耕读文化博物馆现有的馆藏中，包括新中国成立前屏南的“三件宝”——地瓜（番薯）当粮草、大笼当棉袄、竹篾当火宝。这是处在水深火热的时代下的屏南人民必不可少的生活用品，是极具屏南特色的藏品。馆长张书岩说：“这些旧物不仅是普通家族历史的见证，也是党带领中国人民从站起来、富起来到强起来的最好见证。”馆内还有其他珍贵藏品：有皇帝圣旨、钦赐匾

额、文房四宝、古床榻等;也有反映社会悲惨状况与女性卑微地位的卖儿契、典妻契、三寸金莲鞋等;还有一家三代人穿过的“九日干”长棉袄、惠安女斗笠和越南斗笠等。文物无言,历史有声,这些藏品生动地再现了屏南生活旧貌,也是农耕文化的载体。

### (二)传播农村传统文化,联系村民与乡村日常

在耕读文化博物馆内,主展“福在民间”“家风家训”系列民俗实物,兼设研学旅行大讲堂、孝廉文化讲坛、老干部讲坛、普惠金融学校和耕读文化体验区等。展厅功能完善,具备联合办展的基本要素,适宜各个博物馆或民间收藏家独立、联合举办专题展览。该馆新设立的“福建省屏南耕读文化博物馆屏南一中社科分馆”位于屏南一中新校区综合楼,暂设“耕读传家、科教兴国”和“雷锋精神文化展厅”。同时,配套“非遗”项目进校园,首批入校剪纸和拓片教学两个项目。

屏南耕读文化博物馆力争避免乡村博物馆建设脱离村民和乡村生活,而成为门户紧闭孤立的存在,或一味迎合观光消费的场所,致力于真正在乡村发展中发挥作用。乡村各类博物馆不仅对外传播着乡村的器物、农耕文化,而且能让村民参与到乡村博物馆的建设中来,并保持与乡村日常生产生活的联系。

### (三)作为城乡融合、对外交流的媒介

屏南耕读文化博物馆建馆10年来,有23个国家和台港澳地区的70多万人次免费进馆参观,国内外100多家新闻媒体报道。慕名而来的中外游客在这里收获到了情感的共鸣和文化的洗礼,纷纷称赞其为“白水洋的另一个精彩世界”。另外,耕读文化博物馆还在屏南一中等学校建立分馆或者展厅,通过扩展空间功能传播文化;同时还配合“非遗”项目进校园的热潮,在周边城市的中小学开展剪纸和拓片等项目教学,承担文化传播的重任。创始人张书岩曾去重庆大学、福建农林大学等高校讲解相关的博物馆创办过程、一些农耕历史以及博物馆藏品管理培训班的课程等。屏南耕读文化博物馆还和福州市博物馆建立起跨界结对帮扶的关系。2019年2月,首个联合展览落地福建省省会福州市。这样的对口支援、结对帮扶的友好关系,也是城乡融合的一种有益的实践。

## 三、中国乡村博物馆典型案例

坐落在乡村的博物馆有很多种类型。博物馆被视为现代社会的某种现

象，同时也是一种社会实践形态，博物馆实践是“正在发生的社会事实”，因此博物馆也扮演了一定的社会的和文化的功能，是文化有机体的一部分。博物馆组织（机构）可以被看作类似传统的乡村社会或城市街区一样，是一种社会的或文化的有机体。乡村中的博物馆更是与乡村的环境融为一体。[①] 在法国，20 世纪 70 年代生态博物馆概念与理论的诞生，源于社会史思潮呼吁重回传统的历史叙事，强调边缘人群的文化价值。对于地方来说，地方价值不仅关注地方之于民族重塑的作用，而且还关注地方独特性与民主性进程，关注人类生存危机、生态环境等问题，传统博物馆在功能与角色反思基础上，实现了从“物件”博物馆化向地方博物馆化的过渡。[②] 以下是中国几个比较早的生态和乡村博物馆的案例回顾。

（一）第一座生态博物馆：贵州梭戛村

中国第一座生态博物馆建立在贵州省六盘水市六枝特区梭戛村。该区居住着一个稀有的具有独特文化的苗族分支，这个分支的 4000 多人分布在附近的 12 个村寨中，与外界很少联系，他们中存在和延续着一种古老的、以长牛角头饰为象征的独特的苗族文化。这种文化非常古朴：有十分平等的原始民主；有十分隆重的婚嫁、丧葬和祭祀礼仪；有别具风格的音乐舞蹈和十分精美的刺绣艺术。村寨隐蔽在高山之中，村后是一片原始森林，对面山上建有石头营盘。显然，他们是出于战争的考虑而选定了这个易守难攻的村址。传说 200 多年前，其先辈由外地被驱赶到此定居。由于山高路陡，资源匮乏，粮食产量很低，每年有近 3 个月要到山下背水以解决人畜饮用水之需，生活异常艰苦。他们的衣服从种植、织布、染色、刺绣均在家庭内完成，基本上是男耕女织的自然经济。

总体看来，这个村寨的自然环境、社会结构、经济状况和精神生活仍然保存在一种比较完整的文化生态中。这是一个很难得的活生生的文化整体，尤其是这支崇拜牛角的苗族分支在全世界已属稀有，因而具有很高的保护价值和研究价值。经过两年建设，1998 年 10 月 31 日梭戛生态博物馆举行了开馆仪式，正式开放。[③]

① 潘守永.从方法到视野：博物馆民族志与博物馆人类学的探寻[J].广西民族大学学报（哲学社会科学版），2021(43)6:4.

② 尹凯.生态博物馆在法国：孕育与诞生的再思考[J].东南文化，2017(6):97.

③ 苏东海.中国的第一：贵州梭戛村[J].中外文化交流，2002(2):8.

### (二)浙江省安吉县的生态博物馆聚落

生态博物馆是一种“地域+遗产+文化记忆+居民+公众知识”的特殊理念博物馆。生态博物馆的出现即是从生态学的观点出发,以特色文化为核心,将文化遗产地视为活态的天然生态博物馆,是对自然环境、人文环境、有形遗产、无形遗产进行整体保护、原地保护和居民自己保护,从而使人与物和环境处于固有的生态关系中和谐向前发展的一种博物馆新概念和新方法,其核心理念中既强调了本土性,也强调了多元性。[①]

安吉生态博物馆于 2012 年 10 月 29 日正式开馆,由 1 个中心馆、12 个专题生态博物馆和 26 个村落文化展示馆组成,面积达到 1886 平方千米。与一般乡村博物馆有定位上的不同,因此性质也有些差异,但两者共性在于都立足于传播优质乡村文化。

安吉生态博物馆在汲取贵州、广西、云南、内蒙古等生态博物馆建设经验的基础上,立足安吉地域文化特色,充分展示安吉的物质文化遗产和非物质文化遗产。它集中展示着安吉辉煌的历史,系统地呈现安吉当地的传统民风、民俗,既包含着历史人文、自然生态的内容,也富含科学知识,有着科普功能,更是一座具有复合功能的、综合性博物馆。

### (三)花园村的中国农村博物馆

中国农村博物馆地处浙江省东阳市南马镇花园村的核心地段,2014 年 6 月对外开放。展馆正对着花园中学,布展面积达 3200 平方米,共有 3 层,下设政策制度馆、农村变迁馆、农村民俗馆、中国名村馆、中国江河源头馆、百村印章馆、领导关怀馆、村主任论坛馆和花园村馆等分馆,以理论与实践、制度与发展、实物与影像等形式,反映了新中国建立以来不同时期党和国家对农村政策制度的变化,展示了以名村为代表的中国农村发展历程和发展成就。

### (四)山东省的“乡村记忆工程”

2014 年 2 月山东省日照在配合开展第一次全国可移动文物普查的基础上,确定从 2014 年起实施“乡村记忆工程”,通过因地制宜建设民俗生态博物馆、社区博物馆、乡村博物馆,收集和展览富有地域特色、活态文化特色和群体记忆的文化遗产,加强新型城镇化进行中的文物保护工作,做好文物安全“天

---

① 单霁翔.论生态博物馆的原生态环境保护[J].中国名城,2011(3):4-10.

网工程”的示范工作，实现对文化遗产的整体性和真实性保护。[①]

## 四、博物馆：数字城乡融合中的新力量

### （一）乡村博物馆的文化空间生产

随着乡村振兴和乡村文化的发展，乡村博物馆成为乡村文化空间生产与城乡文化融合的重要组成部分。乡村博物馆不仅生产和再造乡村文化，也通过传播和融合影响着城市文化，并进行着对外的传播。乡村博物馆通过空间的选择（大量选在古民居、农耕地现场等地）、设计，成为一种视觉凝聚的文化场所，成为在地村民与来访者或游客等对话和交流的公共空间，强化了村民的文化认同，也完成了乡村耕读、农业文化的传播。同时，乡村博物馆也成为现代乡村景观的一部分，打造出了一个乡村的符号和文化空间。

正如福柯所指出的：“目前这个时代也许基本上将是属于空间的年代……我相信，我们正处在这样一个时刻：我们对世界的经验，比较不像是一条透过时间而发展出来的长直线，而比较像是纠结连接各点与交叉线的空间网络。”[②]

当代空间理论认为，空间并不是纯粹物理学或地理学意义上的客体，它具有社会性、历史性和文化性。博物馆正是这样一个包含着社会、历史、文化等多种元素的城市空间。这一空间与其他城市建筑空间一起，共同生产着一个新型的城市文化，成为城市“空间生产”的一部分。列斐伏尔所阐述的“空间的生产”，可进一步表述为“（社会）空间的（社会）生产”，即通过人的社会实践来创造空间的机制与过程。“空间的生产，在概念上与实际上是最近才出现的，主要是表现在具有一定历史性的城市的急速扩张、社会的普遍都市化，以及空间性组织的问题等方面。当今时代，对生产的分析显示我们已经由空间中的事物的生产转向空间本身的生产。”[③]文化空间生产是指运用文化的象征、想象、隐喻等手段，对空间进行文化编码组构，赋予空间以社会历史意义的表征性空间建构的过程。随着现代社会的发展，博物馆也从单一的宗教信仰和文

---

① 山东启动乡村记忆工程[EB/OL].(2014-02-19)[2021-12-05].http://theory.people.com.cn/n/2014/0213/c107503-24341509.html.

② 张颐武.全球化与中国电影的转型[M].北京：中国人民大学出版社，2006：57.

③ 列斐伏尔.空间：社会产物与使用价值[M]//包亚明.现代性与空间的生产.上海：上海教育出版社，2003：47.

化传承功能逐渐走向多功能多层次的空间架构，成为现代社会城市文化空间生产的重要组成部分，它不仅构成了城市文化，而且生产和再造着新型的城市文化。

因此，博物馆成为沟通城市与市民的一种媒介，并逐渐形成了一种媒介仪式，或更具体一些，成为一种“通过仪式”，使人们从原有的社会结构中暂时脱离出来，进入并经历一系列的活动，然后重新聚合到社会结构中。经历这一仪式的主体，无论是个人还是群体，都将获得“明确定义、‘结构性’类型的权利和义务”，以及稳定的或反复的文化认同。[①] 博物馆也可以成为乡村空间中一个重要的符号性存在，与城市博物馆一样，成为地标、打卡地，成为城市标志性的景观和文化象征。

同时，对于历史传统的重建、地方价值的发现、传统博物馆的反思、生态环境的回应共同催生了生态博物馆理论、实践与思想。这是生态博物馆的发生学机制。作为生态博物馆实践的场所，“地方”特有的社会文化范畴在时间和空间两个维度为生态博物馆提供了表达自我的机会；同时，生态博物馆以其特有的理念与哲学诉求，成为失落的“地方”重新发现自我、重绘自己的助推器。[②]

### （二）数字时代博物馆的数字化空间生产实践

数字时代，借助数字技术手段，从传统博物馆存在和展陈方式，将文化资源活化为数字资源以及可以再传播的资源。

消除空间区隔，将博物馆中的优质内容转化为与在线教育、文创等行业相匹配、衔接的数字化内容，不仅能扩大传播范围，还能丰富参展者的体验，增强他们的记忆。

数字媒介与传统的文博行业并不冲突，它们之间还可以做出更好的融合。例如，通过微博、微信、短视频传播平台等新媒体，推广博物馆相关的认知；利用数字技术、AR、VR等提升展览以及观展体验，增加普及知识时的生动性和趣味性；用新潮前沿的技术手段和方式，吸引年轻人把目光放到农耕文化等领域，实现传统文化的破圈传播；通过趣味性、传播性强的创意视频，营造刷屏传播的态势；扩大文创产品设计和售卖的范围，从线下扩展到线上。数字时代博物馆的发展和影响，对技术和数字化能力颇具考验。

---

① 维克多·特纳.仪式过程：结构与反结构[M].黄剑波，柳博赟，译.北京：中国人民大学出版社，2006：94-95.

② 尹凯.生态博物馆在法国：孕育与诞生的再思考[J].东南文化，2017(6)：101.

数字化趋向亦可以进一步深入文创营销和传播的链条。如博物馆建立文创产品开发跟踪管理平台，实时掌握开发种类、形式和销售情况；根据市场变化为不同的营销渠道调配产品，促使线上线下多渠道紧密配合；了解市场反馈，指导展陈设计，捕捉和满足消费者的心理需求，保持文创的新鲜感和艺术性。博物馆里的文物不应该只留存于厚重的历史中，更应该走进人们的日常生活。从这个角度看，让数字化的手段介入文创开发、营销、传播等各个环节，为博物馆更好地利用文物资源提供了更多可能，不仅赋予各类馆藏新的生命力，也能不断满足人民日益增长的文化需求，这是优秀传统文化创造性转化、创新性发展的应有之义。

当代人类学视域下的博物馆民族志，至少需要从三个方面来认识博物馆实践：一是作为内容形态的博物馆，二是作为机构和组织形态的博物馆，三是作为建筑形态的博物馆。三者之间互联互动。作为内容形态的博物馆，主要是收藏实践、展示实践和教育实践，这类研究就是非常具有博物馆"内部性的"研究。[①] 而作为机构和组织形态的博物馆，在日常实践的背后，会有突出的时代性和在地域性。作为建筑形态的博物馆，更是融入当地的文化和自然环境，成为在地空间构成和文化组成不可或缺的部分。乡村中的博物馆，是乡村的重要组成部分，也是乡村振兴不可忽视的重要组成部分。

## 第六节 特色产业文化作为融合媒介<br>——屏南县北墘村黄酒小镇

### 一、屏南县北墘村简介

北墘村位于屏南县代溪镇东南部，村落面积 28 平方千米，全村现共有 609 户 2290 人，从事老酒酿造农户占全村农户 99%，村落传统格局保持完整，传统建筑中大部分是古民居，同时种类丰富，有祠堂、庙宇、门楼、炮楼、歇亭、水碓房和廊桥等。2016 年以来，北墘村成功举办了三届黄酒文化节，活动举办期间，福建新闻频道、海博 TV 等栏目都在北墘村开展直播活动，央视也转播了黄酒文化节的黄酒开酿祈福仪式。北墘村获得了诸多荣誉，包括：2014

① 潘守永.从方法到视野：博物馆民族志与博物馆人类学的探寻[J].广西民族大学学报（哲学社会科学版），2021(43)：6-7.

年第三批中国传统村落、2017 年中国传统建筑文化旅游目的地、2019 年国家 AAA 景区、2019 年省级乡村振兴示范村、2019 年省一村一品示范村(黄酒)、2020 年全国文明村落、2020 年福建金牌旅游村、2020 年宁德文化振兴优秀示范村落(一县一个)等。

北墘村中保留有原生态的农耕文明,众多明清建筑风格的建筑院落,以及历史悠久的红曲制作和黄酒酿造技艺。北墘村的发展始终以黄酒文化为核心,依托"政府+企业+农户"的模式,积极挖掘当地文化旅游资源,着力培育乡村文化队伍,打造地方特色的文化品牌,构建一个产业与文化旅游融合发展的,集影视制作、包装创意设计、黄酒技艺培训、商业运营和衍生产品开发于一体的文化旅游地。北墘村的振兴发展围绕黄酒文化做足功课,通过阵地、队伍、品牌全方位打造,既发扬了文化传统,还激发了旅游活力,更兴盛了产业发展,成功走出一条以文化繁荣带动产业兴旺的路子。另外,村里成立了景区旅游开发公司,租赁修缮古民居,完成了农耕文化展示馆、红色文化展示馆、黄酒文化展示馆、党校、祭酒堂等文化展馆的建设,完成了对吴氏宗祠、佛仔厝、炮楼、哨楼、攀龙桥、古井、古树等构成村落历史风貌要素的保护修缮工作,不断地吸引外来人员到此休闲度假、摄影采风。北墘村也注重融合与合作,先后与福建阳光学院、复旦大学等院校合作,通过院校人才力量助推北墘导览系统、北墘文化收集提炼、北墘特色文创产品研发等项目。

## 二、特色产业与乡村振兴:北墘村发展的经验探索

### (一)"产业+乡村振兴"的路子

党的十八大以来,乡村产业加快发展,为保障粮食和重要农产品供给夯实了基础。2021 年农林牧渔业增加值达 8.7 万亿元,比上年增长 7.1%。产业发展上成绩斐然。2022 年的中央一号文件明确提出"聚焦产业促进乡村发展"。文件再次强调,乡村振兴,关键是产业要振兴。

其中,中央一号文件对产业的描述,锚定了"两多"目标:拓展农业多种功能、挖掘乡村多元价值。要充分挖掘乡村在食品保障、生态涵养、休闲体验、文化传承等方面的功能,延伸出特色种养、农产品加工、休闲观光、农村电商等产业,拉长产业链条。可见,最新的中央精神对乡村产业的发展提出了更新、更高的要求。

对"产业+乡村振兴"重要性的认知早已有之。习近平总书记在福建考察时指出,要加快推进乡村振兴,立足农业资源多样性和气候适宜优势,培育特

色优势产业。实现乡村振兴，产业振兴是关键。对乡村产业而言，特色是乡村产业发展的基础，优势是乡村产业发展的目标，两者有机结合形成的特色优势产业是乡村经济发展的重要支撑。推进农业农村现代化、实现乡村振兴，要认真贯彻落实习近平总书记重要指示要求和中央决策部署，坚持因地制宜、创新驱动、绿色生态、融合拓展，加快培育壮大特色优势产业，激发乡村经济发展活力。以特色产业为“中介”，以产业生产文化，以文化滋养产业。

在发掘优势产业时，要坚持因地制宜，明确特色优势产业发展路径；坚持创新驱动，强化特色优势产业科技支撑；坚持绿色生态，彰显特色优势产业的内在价值；坚持融合，拓展提升特色优势产业辐射带动力。通过优势产业建构，跨界打造城乡融合的新链条。加强创新链与特色产业链的深度融合，强化以品牌推进优势产业文化，在产业文化打造的基础上建构品牌IP，利用品牌强化乡村的形象。构建城乡融合的新场景、新机遇、新链条、新业态，从产业的角度助推城乡融合。

### （二）北墘乡村振兴的实践历程

北墘村的乡村振兴历程可从2014年被命名为中国传统村落开始。此后，2015年北墘获得了美丽乡村的称号，2016年北墘成功举办了首届黄酒节，2017年黄酒小镇顺利启动，2018年黄酒小镇的建设获得了有效推进，2019年北墘被评为国家3A级景区，成为福建省乡村振兴示范村，同时也是北墘奖学奖教基金基地，2020年北墘被评为全国文明村落，同一年北墘“党建＋乡村振兴”的活动正式启动了，而此时的北墘乡村振兴也进入了第二个阶段成长期。

对于北墘的黄酒文化小镇，这个思路最早是从地方特色文化资源挖掘出来的，从地方的特色文化资源中提取出符号化和要素化的部分，将它当作最重要的文化资源与黄酒产业结合，形成了一种特色文化创意产业，也就是黄酒文化小镇和社区的产业模式，之后则是对当地特色文化创意社区进行培育。

## 三、数字时代特色产业文化与城乡融合的发展思考

### （一）从产业文化角度助力城乡融合

“城乡融合是融人、融物、融制度，实现城市与乡村的无缝衔接。”[①]实现城

① 王留鑫，赵一夫.基于城乡融合视角的乡村振兴实现路径[J].宁夏社会科学，2022(1)：98.

乡融合与乡村振兴具有内在的一致性，所需要的就是资源要素的配置、组织形式和经营方式的再造，以及社会分工的进一步改善。城乡融合和乡村振兴相辅相成。实现城乡融合需要改变城市偏向的发展战略，助力乡村的发展，没有乡村的振兴，就不是完整的城乡融合发展。① 城乡融合是乡村振兴的内在要求，实现乡村振兴需要城市的发展助力，不管是城乡融合还是乡村振兴，两者都服务于建设社会主义现代化强国的战略举措，都致力于实现共同富裕。但是城乡融合更多的是强调解决城乡发展不平衡问题，从城乡融合角度思考的乡村振兴，要跳出单一对农村发展不充分的考虑，打通城乡间要素流动的制度性通道、产权的限制等。②

产业文化的打造和传播正是这样一种促进融合的尝试。北崊村的实践始于对黄酒产业文化的复兴和打造，再从此出发，打造黄酒文化的衍生系列产品。当前进入数字时代，黄酒文化的打造也面临着与时俱进的转型问题。数字文化产业是文化创意、科技创新与市场选择的有机结合体。以发展数字文化产业弘扬中国文化精神，实现满足人民文化需求和增强人民精神力量的双重使命，考虑从文化、科技、市场三方面创新来探索具体实施路径：既要强调文化创意，提升文化吸引力，避免文化产品空心化；也要强调科技创新，提升文化传播力，增强文化产品影响效力；还要强调市场选择，尊重市场经济规律，保障文化产业高质量发展。③ 黄酒小镇这样的文旅产品，就是具有文化传播力和影响力的产品。在数字时代需赋予黄酒文化以当代精神，以黄酒文化为内核，为北崊村数字乡村发展提供资金、技术、智力、人才等方面的支持，推动构建多元主体参与的数字乡村共建格局。在黄酒小镇的构建和传播中，将互联网技术应用在传统旅游行业里，将互联网的线上管理运营和线下的运营培训应用在传统的民宿等当中，实现传统行业的消费升级。

### （二）从空间层面上促进城乡融合

黄酒文化如何促进城乡融合？还可以从空间上来思考。以黄酒文化为内核构建的空间，可以容纳多种活动的展开。在绍兴，“黄酒会客厅”这种形式的

---

① 刘合光.城乡融合发展与乡村振兴：特性、共性与联系[J].国家治理，2021(4)：9.

② 王留鑫，赵一夫.基于城乡融合视角的乡村振兴实现路径[J].宁夏社会科学，2022(1)：98.

③ 陈宇翔，李怡.数字文化产业发展的“双重使命”：逻辑、挑战与路径[J].南京社会科学，2021(5)：173.

空间已经落地应用。黄酒会客厅以酒文化为媒，打造融合围绕酒文化延伸出的新文化体验空间。绍兴的酒温柔与强劲并济，黄酒会客厅也秉承这样的气质，大气而内敛，亲和不张扬。同时，黄酒会客厅也引入咖啡、书店、酒吧等与人们生活共通相融的功能区域，由此连接起人、城市与生活，连接起传统、现代和未来。黄酒会客厅融合了黄酒生产文化、黄酒艺术以及黄酒当代营销等内容，同时具备休闲、城市交流、商务接待等功能，也具备了城乡融合的空间功能。

除了以上对黄酒文化空间的设想外，北墘最有价值的旅游资源依然是各类古民居。比较有代表性的古民居既是历史建筑空间，也是旧物展览空间，里面展陈着改革开放后的物件、毛泽东时期的像章文化等展品。这些旧物展览空间与传统历史建筑空间融合成了一种全新的展演空间，在这种空间中穿行，参与者变成了公共生活中的过程性主体。

同时，这一类的空间也是一种社会性编码，形成了人对空间的感知框架。北墘的产业空间、怀旧空间中确定的感知框架是一种对历史回望为主题的核心，造就了北墘自己的艺术品质，形成了一种传播地域文化特质，具有拓展人的交往边界的作用。这样的空间感知在流动的社会关系的连接中、在与外界广泛的联系中，赋予了参与者强烈的文化认知。而对于北墘当地，地方性被不断地再生产出来。北墘的地域品质，在这种交流过程中不断地改变、不断地勾连与重构。

综上，实现乡村振兴，产业振兴是关键。产业发展提速、质量提升是乡村振兴的关键动力。当然，一味追求产业的规模和数字的增长并不值得提倡，因为持久性不足、后劲不强的产业发展，终将会被实践淘汰。乡村产业发展要追求产业链的健全和延伸、追求精准施策，提振弱项，还要在产业发展中打造有益的产业文化，这不仅有利于产业的布局和发展，也有利于农民形成对产业的文化认同感。同时，产业文化与乡村文化还能进一步相融，黄酒小镇的文化成为北墘村民非常认同的乡村产业文化，也是北墘村乡村文化的重要元素和标志，通过乡村中黄酒元素的建筑、空间等展陈，进一步在人的交往之中实现传播，为乡村振兴提供更加充沛的动能。

# 第六章　数字时代下城乡互动与融合的思考

当前，中国已把“乡村振兴”上升为国家战略，把生态文明建设当作中华民族永续发展的大计。让城市与乡村协调发展、让人与自然和谐共生，不但变成国家意志，而且逐步成为中国社会的共识。“乡村振兴”重新激活了富有家国情怀的中国知识分子的“百年乡建”传统；生态文明建设号角奏出了“天人合一”思想的时代强音。[①] 在“城市传播”研究有序推进和结出硕果的同时，“乡村传播”研究也骤然升温，成为一些年轻学子探索的前沿领域。不论是城市传播还是乡村传播，研究者都会有共识：城市与乡村的互动与融合的关系是当下社会中很重要的一组关系。在传统社会和现代社会，我们都不难从社会中同时发现乡土性和城市性。费孝通先生所描述的中国基层乡村社会的一些基本属性，被扩大为中国整体社会的本质特征，中国城镇社会、城乡关系的传统及传统的城市性等，相应地被忽略。长期以来，将中国社会的传统性归结为“乡土性”，遮蔽了城市性对于中国社会发展的重要作用，在面对当前中国社会卷入世界范围内城市化进程的新形势下，这种论调极大地限制了学术研究对中国社会的解释力。[②]

当前传播学对该问题的审视，需要我们挑战原有知识体系和学术话语体系中城乡割裂思维定式，摒弃城乡对立的观念，将城市与乡村置于一个流动的传播网络之中，考察中外城乡关系网络的历史变迁[③]，然后聚焦于传播媒介与传播方式，从传播变化来理解城市、乡村及其关系的嬗变，寻求新的、整体性的知识创新起点。

从政策层面来看，《纲要》中也提出了“健全城市融合发展体制机制”，并强调“建立健全城乡要素平等交换双向流动政策体系，促进要素更多地向乡村流动，增强农业农村发展活力”。可见，实现城乡融合发展是实现高质量发展，全

① 赵月枝.乡村振兴与中国传播研究[J].现代视听，2019(10)：1.

② 孙玮.城市传播的研究进路及理论创新[J].现代传播，2018(12)：36.

③ 谢静.连接城乡：作为中介的城市传播[J].南京社会科学，2016(9)：109.

面建设社会主义现代化国家的内在要求。这一过程不仅是在解决不充分发展和经济增长的问题，也是在回应不平衡发展和共同富裕的问题。[①]

结合之前章节的研究，我们可以进一步确定——城市与乡村本就不是割裂的、对立的，不是被生硬的边界区隔开来的，也不是机械地引领和模仿的关系，而始终是一种互动共融的状态，这种互动是长期、永恒的，其面向也是越来越广的。当前，中国发展进入了数字化时代，在智慧城市以及乡村振兴的时代背景下，城乡之间的关系在环境和技术的驱动下发生了更紧密的关联。从传播角度来说就是：数字技术让媒介与地理相互嵌入愈加紧密，城乡的空间、文化和人之间都产生出新的关联和新的互动。之前的章节中，本研究已经对城乡媒体、空间媒介和地理媒介中部分传统与新兴的案例和经验进行了全面展示和深入分析，从中可以看到不同时期、不同机制、不同技术形态的各类媒介如何在“数字城乡融合”这个大的框架中发生功能和作用。

在本章中，笔者集合之前的研究，进一步分析数字城乡中的技术、媒介、空间和人之间的关系模式，关注城乡文化的发掘和传播，认为在“数字城乡融合”的语境和命题下，从传播的角度审视，需要注意：第一，媒介在城乡融合发展和信息传播中的基础与核心的关键地位必须得到学术层面的肯定，这也是进一步强调传播学在城乡融合等社会问题的研究和在场作用不能被削弱。从传统媒体到地理媒介，不管媒介的范畴如何拓展、如何在内容与载体内部发生着研究的偏向，媒介作为核心的载体这个位置始终不变。因此，在“数字城乡融合”的新语境下仍应该关注媒介从内容到渠道的建设，包括原有的媒体、各类数字化平台，以及城乡各种空间媒介，并在规划和使用中更注重融合的功能和属性的设置。第二，文化作为城乡互动融合对话的智力支持和底层逻辑，谨防在融合发展中被遮蔽和遗失。互动与融合致力于消灭信息与技术鸿沟，但是绝不能以特色本土文化的消失为代价，这不论是对城市还是乡村都具有警示作用。在融合发展中，既要建立可融合、可对话的动态新型文化形态，也要保护城乡各自的文化在地特性，不能在无序挪用中被同化。第三，要围绕技术发展进行批判和反思。一方面，需要厘清技术与人的关系，不能盲目倚重技术而无视人的主体性。技术哲学研究中包括基特勒、斯蒂格勒等学者的观点都可以给我们以启发和思辨的依据。另一方面，在面对技术发展的迅猛浪潮时，地方政府组织与人的媒介素养的提升也是必须考虑到的部分。

---

① 高帆.城乡融合发展重在推进 6 个转变[N].光明日报，2021-04-13(8).

# 第一节 媒介作为城乡信息传播的基础与核心

从“媒介”作为“中介”之意入手进行研究，可以达到全面理解和展现媒介与城市、乡村共同存在、互动过程的目的。因为从发生学看，现代媒介是城市的创造，而城市（乡村）则是存在于媒介的穿梭编织之中。城乡空间之间、城乡与媒介、各类媒介之间，共同形成贯穿城乡的网络体系，调节和扩展城乡关系，形成独特的生存和文明样态。媒介对于城乡的反映，是持续和独特的，传统媒介与数字媒介均呈现着不同侧面的城乡，媒介依然是城乡信息的基础和核心载体。

## 一、建立“泛媒介”论的思路 重新审视媒介的范畴

随着信息技术的发展以及传播学研究的范式创新，各种媒介发展趋势都指向一种“泛媒介”的认知：“新一轮技术浪潮，将使得‘媒介’与‘非媒介’之间的界限淡化、模糊，未来甚至会消失”——万物皆媒。[①]

除了界限的不断消失外，互联网不仅聚集了从前所有的媒介，也聚集了我们所能够见到的所有人。泛媒介传播时代与以往传播时代的核心区别是媒介不仅是信息，还是人，人成为信源、通道、信宿的统一体。泛媒介现象也折射出一个共创共享、渠道多样的媒介环境，人们的日常生活因信息传播技术的渗透性影响发生了许多变化。[②]

泛媒介的认知告诉我们，媒介的边界不断在拓展，更重要的是，泛媒介论引导我们认识和关注到不同的媒介技术的偏向与人的接受体验，关注到因为媒介的广泛存在而引发的人的接受行为以及社会与文化的互动变迁。放置到当下中国的城乡发展实践，“泛媒介论”的思路更能引导我们思考，在技术驱动的各种新媒介的产生和应用之外，城乡间新的交往方式、新的信息互动模式，以及新的文化空间和生态的生成，也是传播角度审视城乡融合发展的理论和现实基础。

在以往城乡传播的相关研究和城乡关系的影响因素中，人们较少地关注

① 彭兰.万物皆媒：新一轮技术驱动的泛媒化趋势[J].编辑之友，2016(3)：6.

② 徐桂权，雷丽.理解“泛媒介”时代：媒介环境学、媒介学与媒介化研究的三重视角[J].现代传播，2019(4)：55.

传播的技术与媒介，而传播媒介和信息方式对于社会形态的影响已在其他领域日益成为共识。[①] 在当下的传播学范式演进与媒介学转向等新学术语境下，我们更需要看到媒介的作用：正是传播媒介的支持或限制，参与形塑了城乡网络的形态。因为，城市与乡村相对分隔的状态和不同的文化形式在很大程度上正反映了传播媒介与传播方式的限制作用。同时，不同的传播媒介支持形成了不同的城乡网络形式。尤其是城市，其独特的传播网络构成，从本质上说是一种"交流系统"，让其在城乡关系中处于主导的优势地位，也使其本身成为一种媒介，连接了城乡及其更大的网络。[②]

在这方面，城市传播、媒介学等学术理论和方法均可以为我们提供基础。城市传播致力于从理论建构与经验分析两个方面重塑传播的意义。概而言之，是力争打破大众传播理论基于结构——功能主义对于传播的理解——传递信息的过程，试图将对传播的理解拓展至人的根本性存在。在城市传播的视野里，传播是一种日常生活实践，是生产性与构成性的——构成社会及主体的基础性要素。城市传播为我们提供了一种新的视野和思维逻辑去重新考察媒介的历史，重新思考媒介、传播和人类的关系。立足中国本土化的历史与经验，在城市化、新技术、全球化浪潮互相激荡的时代，重建传播与人的根本性关系。[③] 城市传播眼中的媒介，包括以下四个方面：一是媒介的含义包括连接、中介、居间，这是一种打破两元的存在。二是媒介是生产性的，它并非透明的容器，即常识意义上的"载体""渠道""工具"，媒介参与意义的生产。三是媒介作为专业化、建制化的大众媒介机构的意义，是产生于特定的历史阶段，它无法垄断媒介的所有含义。在具体的历史条件发生变化时，媒介不可能仅仅限于专业机构。四是城市作为交流系统，本身就是一种媒介，它中介了人与人、人与自然、人与实体、虚拟世界的多重关系。[④]

城市传播持续不断地进行研究和创新，也给出了对媒介的新定义和新拓展。城市传播对媒介的新定义非常贴合中国当下实践，与媒介环境学、泛媒介的理论具有相通性和连续性。将传播视为"人的根本性存在"，也为传播学回应中国当代现实发展中的实践和理论问题提供了更广阔的学术视野。

---

① 马克·波斯特.信息方式：后结构主义与社会语境[M].范静哗，译.北京：商务印书馆，2000：13.

② 谢静.连接城乡：作为中介的城市传播[J].南京社会科学，2016(9)：112.

③ 孙玮.城市传播的研究进路及理论创新[J].现代传播，2018(12)：38-39.

④ 孙玮.城市传播的研究进路及理论创新[J].现代传播，2018(12)：36.

## 二、紧抓城乡数字新基建契机 布局融合媒介传播体系

新基建是夯实数字经济发展基础的有效抓手。伴随着智能技术集群的迭代融合和产业变革，新基建规模效应和带头作用进一步发挥，以数据中心、人工智能，尤其是5G为代表的新基建是经济增长的重要引擎，是促进数字经济发展的重要着力点，传媒产业在新基建中可以获得提质增效的赋能。新基建推进"计算、网络、媒介"的融合叠加并释放出强劲动能，通过全国范围内统筹与整合行业要素资源，助推用户的个性化需求与智能传播的深度融合，助推不同的标准、制式融为一体、互联互通和双向互动。一方面，构筑起数字化协作新体系、一体化综合平台；另一方面，5G基于传媒产业的供给驱动模式，可以提升整个行业的产品体验和品质升级，寻求终端融合的新发展机遇，并催生传媒产业中的新业态。

传统媒体、融媒体、社交媒体、短视频平台均有基于各自不同技术偏向的发展特点，以不同的方式影响着人类的感知、情感和价值。在新基建和城乡融合语境下，要积极抢占媒体融合发展的制高点，加快谋划、布局和培育新一代全媒体融合传播体系，从传统的运营服务向智能综合信息服务转型，基于共享、协同、共赢的综合性平台、数据中心的建立是新方向和新模式。这样的平台可在构建和内容传播中带动城乡融合发展板块。

从传播视角审视城乡融合的新基建，可包括文化装备制造、用于传播和直播的超高清播放设备、5K＋8K超高清视频、文化智能制造体系，以及各类智能机器人、智慧屏显示设备、8K电视与屏显设备、多感官交互设备、游戏主机等。相关的新型技术设施还包括文化大数据体系，如中华民族文化基因库、文化遗产标本库、中华文化素材库等；文化数字平台，如公共文化云、媒体云、文化产业大数据监测分析平台等；智能创作工具，如智能内容生产应用、VR、AR方案、游戏引擎、影视工业化应用等；内容安全方案，如区块链内容加密、人工智能审核、信息安全芯片、4K播出监控系统等。[①]

在实践中，着力搭建去边界化、致力于融合的各类互动融合数字化平台，各主体、各行业基于自身的核心业务功能，都要寻求拓展新的增量空间，带来用户内容消费的泛在化产业边界消融；在媒体方面，覆盖城乡的文化和旅游公

① 腾讯研究院和清华大学文化创意发展研究院联合课题组.《文化科技融合2021 迈向数字文化经济时代》报告重磅发布[EB/OL].(2021-03-18)[2021-07-20].https://new.qq.com/omn/20210318/20210318A0B9V600.html.

共服务平台、智慧广电平台，以及文化和旅游信息系统，打造基于大数据共享的文化和旅游公共服务体系。以数字化形式的公共文化传播和接受的过程来改变城乡的认知行为联系，促进基于文化的交流。智慧广电文化和旅游信息系统、乡村的文化遗产、民间工艺、民间民俗等文化和旅游资源，各种云展览、数字博物馆、音像工程建设、云阅读、云视听、云演艺等活动，将各种文化服务场馆“上云用数赋智”。通过研发 App、创建城乡边界的融合数字化平台，在用户接受信息的行为过程中去塑造互动，更加频繁深入、更加有效地促进融合发展的新路径。

县域城镇化将是城乡融合发展的新动能，也是新阵地。推动成立省级、县级广播电视联盟、网络视听节目共享云平台，实施智慧广电乡村建设、广播电视无线发射、台站基础设施改造等项目。采取广电加电商、网店加企业、广电加农户等形式，支持广电媒体开展直播带货等活动，致力创新平台搭建，以促进城乡融合。

新基建在数字城乡融合的命题中是作为“基石”的存在。通过新基建赋能不仅将激活沉淀的“传媒资产”，打通渠道的链接，而且将引发媒体革命，并为其带来“整体的质变”和“化学反应”。未来，伴随着“内容科技”的迭代融合和产业变革，新基建将助推用户的个性化需求与智能传播的深度融合，助推传媒产业逐步进入一个“人、机、物、信、网”高度融合的新阶段。对传媒产业而言，要加快构建新一代全媒体融合传播体系，不仅应从内容、技术、平台、队伍等多维度深刻、科学地认知新基建，更应借力“数字思维”集成先进技术与平台能力，加快谋划、布局和协同培育，如此方能强化技术支撑，催化媒体融合发生质变，让新基建成为“新景观”。[①]

## 三、构建城乡新空间　打造数字时代的地理媒介

### （一）重视实体空间与具身交往

数字技术迅猛发展已经改变了人的行为方式。著名媒介哲学家基特勒曾论断：“我们的处境，是由媒介决定的。”[②]在数字媒介高度通达的当下，基特勒的这句话也给我们以启示：我们的处境是否已经被技术扼住咽喉？用户在技

① 许志强.新基建：赋能传媒产业高质量发展[J].中国出版，2021(4)：6.

② 弗里德里希・基特勒.留声机・电影・打字机[M].邢春丽，译.上海：复旦大学出版社，2017：1.

术中已经渐渐遗忘了现实社会交往的重要性，社会关系网络的缔结方式已经完全不同，群体参与度下降。积极参与群体活动，于个人而言是满足交往欲望与增加社会资本两方面受益的行为，这是虚拟空间交往所无法达到的。机器时代的书写媒介则是吞噬灵魂的黑洞，“在一个不仅仅是隐喻的幌子下，催生灵魂的新媒介技术最终被视为这个新发明的灵魂的消失点”①。“人”不仅由媒介建构，亦由媒介摧毁。当书写被普及化，且机器媒介取代手的书写之后，书写使得主体深处的灵魂完全暴露在可以捕捉声光信息的媒介之下，出现了“尽管身体竭力避免书写自我，却意外地留下了无法擦除的痕迹”②的现象。

身体之所以逃避书写，是因为这种可以真实记录和铭刻声音、画面、文字的媒介技术，产生了类似本雅明所指的“灵韵”消失的后果。机械复制时代，人必须在打字机的自动化书写中“接受机械训练而变得合乎规范”③。

我们都认识到了技术的双刃剑性质，也始终带着批判的眼光，因此必须要从技术的迷局中冲出，越是在自动化、数字化发展的同时，越要明确寻找人的主体性建构、实体空间行为、具身性交往、真实性参与的可能和契机的重要性。

### （二）构建基于城乡融合传播功能的新型空间

“现实空间交往所能在个体间形成精神共同体的可能性是普遍社会信任生成的唯一条件。”④空间作为媒介具有促进交往和形成精神共同体的作用，可以最大限度地促成和增加普遍社会交往，促成和增加现代城市人实践、体悟和分享共同体精神和效益的机会，促成和增加人类基本道德共同体的包容度和传承性，合理地改造每一个可利用的公共空间，并且进一步影响和建构“精神共同体”形成。精神共同体可以衍生出面对和反抗社会消极情绪和负面价值理念的积极信念，能够给予个体参与公共事务的兴趣、责任意识与成就感，最终有助于公民意识的形成。

空间媒介有助于个人普遍社会信任的生成，并使个体作为社会信任的传播媒介而起作用。通过在城乡之间的新空间建构和重构，城乡各类新型空间

---

① ]Kittler F. Optical Media: Berlin Lectures[M]. Malden: Polity Press, 1999:35.

② 弗里德里希·基特勒.留声机·电影·打字机[M].邢春丽，译.上海：复旦大学出版社，2017:8.

③ 瓦尔特·本雅明.发达资本主义时代的抒情诗人[M].张旭东，魏文生，译.北京：生活·读书·新知三联书店，2007:19.

④ 樊中华.城市空间：传播与社会信任[D].上海：上海大学，2017.

成为传播文化、促成新交往、建立新连接的地理媒介。例如，体现农村生态优势和在地文化特色的各类教育空间、研学空间、艺术空间、文创空间、农家书屋、乡村戏台、文化村史馆、农耕博物馆，以及非遗传习场所、农民文化公园等主题功能空间。此类空间通过品牌化的宣传推介和各类项目的扶持，突破了农村原先固定的模式，以此重新构建城市与乡村的人之间的社会关系和行为模式，并以更多可预见的可能性，促进人和产业之间的流动和融合。

保持城市与乡村的空间媒介效用，增加空间使用者之间的互动的同时，也要克制无度的扩张，留存有社会记忆价值的空间。对社会历史和集体记忆的保存，是城市空间作为容器的重要作用之一。哈布瓦赫认为集体记忆是“一个特定社会群体之成员共享往事的过程和结果，保证集体记忆传承的条件是社会交往及群体意识需要提取该记忆的延续性”[①]。人类依靠具有时间延续性的空间来共享集体记忆的社会财富，一些古旧的、地方性的、小群体记忆化的空间，是城市与乡村的历史和发展见证，也许与日新月异的城市变革需求并不相符，但是从社会和集体记忆的角度，要给予此类空间以重视。更重要的是，这些空间不仅是指具有历史文物价值的建筑和区域，能够挖掘出城市历史文明、成为城市名片的景观，还更多地作为一种维系社会关系的空间环境。对社会记忆有价值的空间，不仅在于其形式，更在于其形式之下包含的社会关系的实质。在空间中寻找保护那些稳定的、长久的社会关系，促进建立新的、普遍的社会交往网络，让空间媒介不因剧烈的性质和功能变革而被彻底重塑。

法国哲学家保罗·维利里奥在《视觉机器》一书中曾指出：事实上人的大部分情感记忆都可以算是地形记忆，每一次情感的付出与经营都与某个地点有着密切的联系，浅层记忆可以抹去，一旦进入某个特定空间，又会勾连起深层记忆。更有意思的是“有了地形记忆，人们就可以谈论视觉的年代，甚至谈论另一代人的视觉遗传”[②]。记忆具有交往性、集体建构性和社会适应性，个人的记忆是在与他人的交往中被唤醒和加强的，只有与集体记忆的社会框架相吻合的个人记忆才能够最终被保留下来，而集体记忆则是维系群体精神信仰，使之团结和延续的要素。集体记忆是一个建构的过程，它体现在物质及物质被赋予的象征性意义上，因而物质性与被群体公认共享的象征意义在这一过程中是缺一不可的。记忆依附于空间形成和变化，也需要空间进行不断地

---

① 莫里斯·哈布瓦赫.论集体记忆[M].毕然，郭金华，译.上海：上海人民出版社，2002：335.

② 保罗·维利里奥.视觉机器[M].张新木，魏舒，译.南京：南京大学出版社，2014：27.

巩固，因此构建基于城乡融合传播功能的新型空间，是有效建构集体记忆的途径。

## 第二节 文化作为城乡互动融合的对话机制

著名的人类学家爱德华·伯纳特·泰勒对文化下了一个影响深远的定义：一个包括了知识信仰、艺术、道德、法律、风俗和人类作为社会成员所必须具备的其他能力以及习惯的集合体。[①] 传播的过程中，始终在与文化互动。在詹姆斯·凯瑞看来，传播的起源及最高境界并不是指智力信息的传递，而是建构并维系一个有秩序、有意义，能够用来支配和容纳人类行为的文化世界，语言（也就是传播）是一种行为方式，是一种互动，它（传播）不仅仅再现或描述事实，它是对世界的形塑与建构。[②] 在融合发展的实践中，人并不是只作为旁观者加入，简单地接受媒体信息，而是在接触这个媒介的过程中，人的生活与实践中扮演的角色得以呈现和建构。媒介给人以对世界基本面貌呈现的满足感，文本本身可能已经不是媒介唯一的研究对象。更重要的是这种传播行为对现实的呈现，为生活提供了一种整体的形式秩序和调子。[③] 文化是传播的目标和结果，通过传播的符号化，社会现实得以生产、维系、修正和改造。传播最终形成一种共同体文化，这种文化是城乡互动融合的背景和动力。

因此，在城乡的融合发展中，对文化的关注和重视要贯穿始终。一方面，需要强化城市与乡村的文化认同，城市应有自己的城市精神和文化认同，乡村也要有典型的传统元素和在地文化，要有人与环境的良性互动和深刻认同，不能在融合的过程中失去文化底色；另一方面，城乡融合是制度、经济、空间的融合，更是行为、交往的融合，以及认同、文化的融合。因此，文化是城乡互动融合的对话机制和底层逻辑。

---

① Tylor Edward B. Primitive Culture: Researches into The Development of Mythology, Philosophy, Religion, Art and Custom[M]. London, John Murray, 1871.

② 詹姆斯·W.凯瑞.作为文化的传播[M].丁未，译.华夏出版社，2005:19.

③ 詹姆斯·W.凯瑞.作为文化的传播[M].丁未，译.华夏出版社，2005:20.

## 一、强化城市与乡村各自的文化认同

### (一)城市:从城市文化和形象传播说起

城市中的媒介要着力于展示城市的地理样态,同时也促成着城市人与地理之间的互动。一方面,展示城市现代生活的新格局,呈现城市形象的同时,体现城市精神和市民人格,展示城市中各种空间的呈现与相互连接,城市中的人在特定的空间中的行为,传递给受众地方感审美和城市精神认知的双重体验。另一方面,传承弘扬城市历史传统,继而打造集体记忆,蕴含着城市现代生活的市民话语,牵动市民的集体记忆和情感共鸣。

同时,对外树立起自己的城市品牌形象,直至推动城市现代化进程。尤其是在当前数字化时代,传播全球化和文化同质化趋势明显,地域差异性面临着被同化和消解风险的大环境下,建构城市形象、唤醒城市意识,以及书写文化记忆的使命感就更强了。对抗消解传播全球化和文化同质化、增强本土文化凝聚力、构建地域特色媒介,以及探索新的城市形象传播路径,是城市文化认同建立非常重要的渠道。

在融合发展的部分,打造可以沟通城市与乡村的公共文化产品,促进城乡基本公共服务均等化,改善各类公共产品在城乡间的不平衡配置。增强各领域的城乡之间的互动,如空间建设对融合的促进,福州的"十四五"文化规划中强调的美术馆、艺术馆、图书馆、戏曲博物馆等重点公共文化设施的建设,既是城乡文化新地标的打造,又是融合发展的空间构建。

### (二)乡村:寻找在地文化,发扬传统文化

所谓文化认同,是指个人之间或个人与群体之间对于本土文化的思想观念、价值理念所持有倾向性的共识与接受。乡村文化认同是农民对村村文化的确认与接受,是对乡村生活方式、文化行为、思维模式的认可与遵守。[①] 正如费孝通所说,文化认同是乡村社会得以有序运行的重要基础,文化认同的缺乏主要源于人与人之间,以及个人与群体之间的文化隔阂。[②] 当前的乡村社会,人与人之间、个人与家庭之间、代际之间、与城市的关系之间,都出现了不同程度的文化隔阂,造成农民身份认同危机、乡村文化自身的聚合力缺乏,以

---

① 贺雪峰.新乡土中国[M].北京:北京大学出版社,2013:53-57.

② 费孝通.乡土中国[M].上海:上海人民出版社,2007:67-78.

及乡村文化符号和乡村形象传承和建构危机等一系列乡村文化认同的危机。

实际上，乡村具有不可替代的文化资源优势：具有丰富的在地农耕文化、非物质文化遗产、民间工艺、节日民俗、产业、生态景观文化等文旅资源；是中华文化的宝库和力量来源，是中华传统文化的载体，是城乡融合文化数字化建设的资源宝库。农耕文明孕育的生活方式、文化传统、道德规范与人文精神，与今天提倡的和谐、共享、低碳等理念十分契合，可见乡村传统文化有着极强的生命力。第18个指导"三农"工作的中央一号文件充分强调深入挖掘、继承创新优秀传统乡土文化的重要性，强调文化乡村振兴，强调在开发利用的同时重视保护传承，赋予中华农耕文明新的时代内涵。

融合发展方面，通过借助数字化的方式发掘与传播乡村文化和资源，融合城市和乡村的边界，建构一种新的组织形式以促进文化的交流，并依托于此建立各类配置体制机制。推进公共文化服务的均等化，创造城乡流动的就业机会，从农村的劳动力结构改善入手，发展农村的新型经营主体，改变产业形态，打造新的经济增长点。对这些城乡融合的重要指标的追求过程中，始终要注意：所有的这些策略均应建立在乡村有自己的传统文化、在地文化，有自己的文化自信并紧紧围绕乡村自己的文化核心的基础上。

## 二、文化作为城乡互动融合的对话机制

文化要成为城乡融合的任务和价值追求，同时也是融合发展战略的路径和抓手。数字时代，要关注到数字技术对文化的影响，关注以生产符号价值为主要手段的文化如何界定新的社会分野，寻求通过文化消费促进生产、解决过剩产能的文化形态；也要关注网络平台上的文化传播思潮，数字技术带来了传播主体多元化的传播新环境、新格局，社交媒体的作用凸显，文化中呈现出非制度化的、非中心化的传播行为。这类传播带来的文化影响也是值得关注的部分。

数字城乡融合时代的文化，更应该是能对新的历史发展需求、新的社会发展实践做出新文化阐释的一种文化形态，包括对传播环境特别是文化机制生成的历史性思考，即新历史主义思潮的媒介文化研究。[①]

从实践层面来讲，通过政府出台政策规范培育一批设计精良、品质过硬、市场认可的民族民间文创商品品牌，培育一批民族民间文创商品设计人才，搭建民族民间文创商品展示推广平台。鼓励各级各类物质性空间，如博物馆、美

① 隋岩.媒介文化研究的三个路径[J].新闻大学，2015(4):78.

术馆、图书馆、文化馆、非物质文化遗产保护中心等能参与民族民间文创商品的开发和推广，支持成立民族民间文创商品开发行业组织，促进资源共享、渠道共用、文化传承。

社会创新和协作组织发起的各种以地方为导向的活动正在产生一种关于"地方性"的概念：一方面，扎根于特定的场所和社区；另一方面，向全球信息以及人群保持开放，实现两者之间的平衡，这样得到的地方性将有助于推广新的地域生态和弹性生态系统。①

# 第三节　数字时代的技术反思

## 一、厘清人与技术的关系与提升媒介素养

20世纪后半叶的信息技术革命后，城市被塑造成为超工业城市，21世纪前20年以来，在数字化技术席卷下，智慧城市、数字乡村的发展势头迅猛，关于人与技术关系的思辨，是当下时代无法绕过的话题。技术哲学思想家斯蒂格勒认为："新的全球技术网络体系与基础设施已经建立起来，流动性、数字化的'第三持存'②构成了自动化社会的基础设施和经济动力。""第三持存"就是一种"人的存在遗迹在外部物性存在上保留而形成"的状态，是技术发展的一种阶段和结果。

斯蒂格勒提出的"自动化的社会"，是数字经济与信息技术发展到一个很高的阶段出现的。"随着互联网协议第六代标准建立，网线将被更深入地嵌入物联网中，它将构成智能城市的基础设施，并迅速成为普遍现象。"③

"自动化"带给城市颠覆式的变化，然而在这个自动化社会中，人和空间面临着被算法治理和数字化，这将导致城市空间的"殖民化"——这种殖民化正是通过算法治理的基础设施来促进区域空间的数字化发展，从智能城市渗透

---

① 埃佐.曼奇尼.设计，在人人设计的时代[M].钟芳，译.北京：电子工业出版社，2016：242.

② Bernard Stiegler. Automatic Society(vol.1)，The Future of Work[M]. Cambridg：Polity，2016：10.

③ Bernard Stiegler. Automatic Society (vol.1)，The Future of Work[M]. Cambridg：Polity，2016：93-94.

到社会环境的计算和家庭空间的管理，导致了日常生活中人与人之间关系的短路与跨个体化的毁灭。从某种意义上说，智能城市犹如一个现代版的更加广泛而精确的“圆形监狱”，智能技术不仅侵蚀了列斐伏尔意义上的日常生活，同时也瓦解了私人领域与公共领域，公和私的边界在充斥着信息技术的大环境下被反复突破。装载在智能手机和智能汽车上的示踪技术（tracer technique）使得隐私已经难以保障，实时化社交网络操控了我们的生活，此外，人们的思维、情感、认知等也被大数据分析“私人定制”①。

在享受智能带来的便利时，人类也必须深刻地意识到：自动化、数字化、算法治理减少了人的大脑做决定的时间，并清除了大脑反思和沉思的时间，将大脑的思考和理性的官能过程省略了。算法治理将人们的理性思考能力排除在做判断的过程之外，这种数字技术剥夺了心理器官“怎样去思考”的能力，人们成了懒得去思考和不知道怎样思考的无知者。② 正如斯蒂格勒所言：“数字自动化短路了大脑的沉思功能，而造成了系统性的愚蠢。”③自动化社会的不断加速必然会破坏社会生活与生命的有机组织，并导致普遍的知识的丧失，以至于人类日常生活的所有活动与认知都通过机器编码程序中系统性、重复性操作的数字符码，成了大数据算法程序生产出来的标准模式和数码拟像。④ 人的主体性、具身性体验在自动化社会中大幅度减少，人对实体空间中的行为交往、参与的积极性都大幅降低。人的深度记忆、思考的能力大幅下降，这不仅不利于融合，也不利于人本身的发展。在数字城乡融合的发展中，始终要秉持对技术与人关系的冷静观照。

当寻求人和技术之间问题的解决方案时，当讨论到人面对各类信息的不确定性和在媒介化环境中要应对的问题时，从个体的角度看，必须要求个体建立批判和认知能力，这就落在了“媒介素养”的关注视野内了。城市的海量信息泛滥、真假信息充斥等复杂的媒介环境也许并不会让人意外，而数字化时代下的乡村也同样面临着严峻的问题。数字时代，乡村公共结构、社会关系、生产关系等在信息技术的作用下发生改变和重构，乡村的媒介环境变得更为复

---

① 王嘉.论斯蒂格勒及其城市思想[J].文化研究，2019(39)：58.

② 辛塞波.智能城市的未来：斯蒂格勒技术哲学视野下的“新城市智能”[J].公共艺术，2020(8)：67.

③ Bernard Stiegler. Automatic Society(vol.1)，The Future of Work[M]. Cambridg：Polity，2016：25.

④ 鲁宝.自动化社会与智能城市的未来：斯蒂格勒对列斐伏尔城市哲学的当代阐释与发展[J].南京邮电大学学报(社会科学版)，2021，23(2)：93.

杂，表现为资本驱使下的乡村文化异化，村落文化"脱域化"，基层治理难度加大，乡村文化向心力、凝聚力趋于淡化，媒介信息逐渐沦为消费主义的工具，乡土文化生产传播陷入"信息茧房"等。推动乡村文化振兴，必然要直面农民对于媒介化生活环境的应对问题。农民媒介素养直接关系到乡村文化资源的发掘和利用、乡村文明社会的构建与治理。因此，在当前形势下，只有不断提升农民的媒介素养，才能更好地推动实现乡村文化振兴的战略目标。①

对媒介的认知和选择能力是保障群体能够拥有更多交往和社会参与的机会，使个体的生活达到时空平衡的重要能力。20 世纪 30 年代提出的媒介素养理论，在伴随着大众媒介与大众媒介传播效果研究的发展而经历了大半个世纪的理论视角修正后，最终被定义为"使用、批判性分析媒介信息和运用媒介工具创造信息的过程"。只有通过媒介素养提升，通过分析、推理、传播和自我表达技能的发展，人对媒介的反思与批判性选择才能具有主动性和建设性的内涵。对于无论是强势出现的大众传播媒介、科技形态包裹的各类数字平台，还是始终隐含于社会生活之中的空间媒介，人都能通过媒介素养这个解决方案去提升应对能力。

## 二、反思融合发展中文化的挪用以及拒绝同化

从文化接受层面看，由于强调文化的接近性与接受性，文化挪用必然要经历一个符号化、扁平化与本土化的过程。这是文化挪用的本质特征，也是文化挪用的必然结果。文化挪用的这一内在本质使得文化输出常以一种浅层次的、表面的形式为人们所认知，因此，文化挪用也被视为文化、民族、种族刻板印象的来源与加固器。

当两种文化相碰撞的时候，就会发生文化之间的挪用。因此，我们在数字城乡融合的语境中讨论文化挪用的问题合理且必要。文化挪用指涉的范围很广，在艺术、文学等形式之外，还涉及与文化相关的一个整体的维度。詹姆斯·O.扬定义的挪用行为指"一种文化的成员对另一种文化的另一个成员或多个成员所创作的作品的占有或使用"②。文化是持续发展的，并非保持静止不变，当前的社会文化一直都处于不断地融合和联系中，但是某些文化在某个时间阶段会有其独特性。詹姆斯·O.扬在书中提到的土著和少数民族，结合中国实践可以对应到我国的乡村，这些地区随着融合发展逐渐纳入全球经济

① 秦艳华，杜洁.媒介素养：乡村文化振兴的重要推动力[J].中国编辑，2021(11)：11.

② 詹姆斯·O.扬.文化挪用与艺术[M].杨冰莹，译.武汉：湖北美术出版社，2019：4.

的过程中，面临着被卷入陌生的外来文化，并发生翻天覆地变化的考验。现代文化最关心的不仅仅是挪用，还有此地区的文化的命运。

批判地看文化挪用现象时，支持的一方认为，不同地区彼此之间的题材借鉴和内容借鉴，铸就了文化活动中的更多灵感和观念，带来了更丰富的文化产品和文化交流。然而反对的一方也明确指出，文化挪用行为至少会在两个方面造成危害：一个是挪用其他文化成员的东西，有可能造成偷盗行为；另一个是文化挪用即使在没有剥夺他人文化产品的情况下，也会对该文化成员造成危害，当地的经济教育等机遇也会受到损害，更严重的是他们保护自身文化的能力也可能会被削弱。[①] 外来者的确会以某些错误的再现方式对当地人造成伤害。比如我们前面章节探讨过的乡村题材影视剧中，部分作品对农民的形象进行表现时，塑造出的个体都是落后、愚昧、笨拙的形象，这对当前乡村振兴中新农民的形象会造成不良的影响；对城市人或景观的再现时，精明、自私、冷漠、无情等刻板印象也带有着一种歪曲的作用。如果外来者对某一文化的风格或其他艺术元素挪用不当，会直接导致该文化给人留下失真和歪曲的印象。再如一些乡村传统文化或非物质文化遗产的元素在被城市等外来文化挪用的过程中，一些未经传承人把关的渠道或失真再现传统元素的艺术作品，本并不能代表民间艺术的原貌和精神，却通过文旅行业等途径卖给旅游者，这就会造成外来者对某乡村传统文化或非物质文化遗产的错误认知和不良影响。

文化挪用与同化的现象更值得我们关注。在文化的碰撞中，原住民艺术家将会丧失他们的文化身份，他们和他们的观众也许会渐渐被主流文化同化，这就是同化论。[②] 同化论本身是不平衡的，因为在两者都可以进行文化挪用的前提下，主流文化可以大肆同化边缘文化，而边缘文化却不能同化主流文化，这造成了一种很大的不平等。正如密歇根大学哲学教授、乔克托族(Choctaw)后裔劳丽·安妮·惠特(Laurie Anne Whitt)在她的论文《文化帝国主义和印第安人的营销》(Cultural Imperialism and the Marketing of Native America)中分析的那样，挪用的策略依赖于文化所有权和财产权相关的观点，是一种使美洲印第安人服从于欧美文化的能动性行为。美国的公司和个人利用“文学、艺术、学术和商业产品”以便在文化中为文化精英传播，是“占统治地位的社会对其他文化施加的一种压迫，通常是经济利益的来源，它巩固并加深了这些文化的从属地位。在本土文化方面，它破坏了本土文化的

① 詹姆斯·O.扬.文化挪用与艺术[M].杨冰莹，译.武汉：湖北美术出版社，2019：15.

② 詹姆斯·O.扬.文化挪用与艺术[M].杨冰莹，译.武汉：湖北美术出版社，2019：98.

完整性和独特性，通过攫取和加工重要的文化资源，将本土文化同化为主流文化，然后在主流文化的形象和市场中重塑本土文化”。[1]

具体放到城乡融合的语境下来看，城市中的文化艺术从业人员，他们挪用了某种文化中具有代表性的图像、风格、主题模式等艺术元素，在使用过程中也许并不能完全原样复刻和还原当地民间艺术家或非物质文化遗产传承人的做法，那么就会出现夹杂其他文化元素以及个人的某种改变和改良的现象。在面对外来者，尤其是主流文化、城市文化的人创作的作品时，当地人也许会首先模仿外来的创作方法来使用自己文化的艺术元素，其结果便是当地人的文化渐渐地失去了独特性，与外来者的文化趋于相同。“同化论”非常值得认真地对待，因为它非常准确地指出了边缘文化所遭受的最大的也是唯一的威胁，就是由同化论带来的毁灭。

文化挪用对促进文化之间的交流具有重大的意义。文化之间的冲突越多，就越需要内容挪用，艺术家通过内容挪用创作艺术作品，而这些艺术作品的观众可以由此对其他文化产生更多的了解和欣赏。更多更好的题材挪用也会增加文化之间的理解和交流。[2] 对乡村文化来说，要注意保护在地文化，杜绝侵犯和同化，拒绝挪用与渗透，谨防在地文化元素的实用意义或仪式意义的消失。同时，被视为“他者”的弱势文化或乡村文化，还可以对文化进行反向挪用和重新阐释，从本土出发，发展出更富有活力的、独特的原创风格。

这本书集合了我过去10余年间在媒介文化以及城市传播领域的学术兴趣和已形成的成果，同时也结合了我近年在所供职的福建江夏学院“乡村文化研究院”的科研经历和田野经验，以交叉、融合的视角共同审视当前乡村振兴和城乡传播中的问题。我们需要建立一个共识，那就是在城乡融合这样的国家大政策背景中，传播学的学术思考深具意义并大有可为。传播学的学术范式创新以及与其他学科交叉之后形成的更全面的学术视野，可以支撑从传播视角为城乡融合发展提出更多理论的见解和实践的参考。在数字时代，结合传播学的媒介学转向，促使我们在对以上问题进行关注时，更须持有文化与技术互动的关系视角，而这正是城乡融合发展的重要中介、关键问题，甚至是终极目标。

---

① Whitt，Laurie Anne. Cultural Imperialism and The Marketing of Native America [J]. American Indian Culture and Research Journal，2007(19)：1-31.

② 詹姆斯·O.扬.文化挪用与艺术[M].杨冰莹，译.武汉：湖北美术出版社，2019：128.

所以在本书中，不管是城市还是乡村，笔者都首先从媒介入手，进行传播学传统范式意义下的研究，再结合媒介学、文化地理学、空间理论等学术思想，去发现更广义上的“媒介”——具有中介作用的、作为散播的场地和关键因素的、作为感觉的介质和社交性的模具的各种渠道，因为在媒介学看来，在特定的物质和技术条件下，载体关系和运输手段担保思想在每个时代的社会存在，中介或载体则包括从媒体(传统媒体、数字媒体、社交媒体、影视剧等)到各种能推动媒介化以及文化长期传承的地表系统(博物馆、休闲空间，怀旧空间，数字地标等)。借助媒介学这种研究文化技术和文化体制的中介化理论，本书对城乡融合发展的研究，从传播反映论的基础上，提升到了文化、技术的互动和文化传承的学术维度，也算是一种突破。

当然本书仍然存在着很多的不足。虽然在对研究对象审视时，已经秉承着拓展媒介的边界，将一切可中介化的内容都看作媒介，但是在对具体对象进行中介化的分析时，更多地关注到了空间、活动等地表系统在文化传承中的作用和价值这方面，对此给出了确定性的论证，但还欠缺更有针对性的、系统性的梳理和发掘。例如，对于无人机这一种载体，目前的研究仅仅是对其文化传播的功能进行了确认和分析，至于其背后所形成的组织如何承担起技术与文化之间具体的关系，在加快社会发展的进程和承担政治文化的媒介化等功能的过程中是如何发挥作用、创造勾连关系的，仍然可以进一步深入梳理。再如，对于非物质文化遗产在城乡融合中的作用，虽以福建省柘荣县靴岭尾村的实践进行了个案研究，但是“剪纸非遗＋乡村振兴”的价值仍有更大的可挖掘的空间，其中的工具、模式价值还能进一步总结。对于城市与乡村文化的建构、传播、融合，以及媒介的研究，后续还有大量的研究工作可以延伸，相信本书会承担起抛砖引玉的功能。

# 后 记

我多年来一直从事城市传播、媒介文化的研究与实践，积累了一些理论和研究成果，加之近年来在福建江夏学院设立的“乡村文化研究院”供职时，将城市传播的研究与乡村融合的工作实践，让我开始重新审视传播中的城乡关联。数字化时代技术发展的狂飙突进，媒介环境变化如此之大，这为城市传播视角、乡村文化研究，以及城乡融合发展又带来哪些新的问题和新的可能？

从教15年来，所幸我始终未间断学习。2022年初，我赴英国威尔士三一圣大卫大学艺术与科学学院进行博士阶段的学习，进一步深入和拓展了自己的理论研究。对艺术学与传播学等多维度理论的吸收学习，让我从之前的焦虑彷徨到慢慢内化并明确方向，国外学习的经历以及理论素养的提升开拓了我看待学术问题的视野。

这本书的框架和部分内容成文于我留学之前，读博期间我有了更多的时间去深入研究理论，并且受到了国际化视野和理论的启发，因此在对融合发展问题的认知上取得了一些新的突破，这非常有助于书稿的完成和质量的提升。

在对城市传播和媒介文化领域的长年关注中，我零星写下一些文字，久而久之竟也有些规模。偶尔想到通过出版的形式来呈现，但也一直诚惶诚恐，唯恐自己的浅薄带来表述上的不严谨。这本书的成型，既是我的学术兴趣和研究工作相碰撞擦出的火花，也是自己浅薄却也很坚持的学术历程的总结。此外，还有一点儿私心，那就是，作为从传统媒体时代走到数字时代的亲历者，我本人其实就是一个时代发展和技术变迁的见证人。作为一名学者，我有责任和使命将这些记录下来，笔下的思考虽然浅薄，但却是中国文化变迁、技术迭代，以及媒介文化和城市传播领域研究对象发展变化最典型的缩影。

本书的前两章是研究背景和理论的综述，中间的三章则是泛媒介论理念下的媒介和功能拓展的学术研究，最后一章为建立城乡新型关系提出传播学的主张。

本书是我结合多年的学术研究经验，以及自己的感悟做出的切实的分析。

作为众多默默无闻、潜心于教学与科研的学者中的一个普通的耕耘者，我的这本书的呈现就是不停止思考，不抛弃不放弃的成果。

本书付梓，得到了厦门大学出版社的大力支持与帮助，感谢编辑在本书的出版过程中所做的大量细致入微的工作，感谢科研处老师的帮助。感谢复旦大学，孜孜不倦地引进和讨论城市传播的理论让我在迷茫之中醍醐灌顶并获得了方向。感谢我的儿子和女儿，是他们能够专注于自己的生活，才让人到中年的我有这么大的空间去找寻自己的力量。水平有限，但敝帚自珍。恳请各位专家、读者批评指正。

写下这段文字的时候，我身在英国威尔士斯旺西市。作品完成的后期我经常四五天不出户，在书房的窗边看日升日落，也经历了英国30年不遇的大风暴尤尼斯，阁楼结实的窗户让我没有受到风暴的影响。未来，我还会继续怀着这份坚定，在学术路上前行。

**贾雯霞**

2022年2月20日

于英国威尔士斯旺西 Mount Pleasant Campus